Die ärztliche Therapiebegrenzung lebenserhaltender Maßnahmen auf Wunsch des Patienten

Schriftenreihe zum deutschen und internationalen Erbrecht

Herausgegeben von
Christina Eberl-Borges und Rudolf Meyer-Pritzl

Band 2

PETER LANG
Frankfurt am Main · Berlin · Bern · Bruxelles · New York · Oxford · Wien

Anna-Kathrin Schwedler

Die ärztliche Therapiebegrenzung lebenserhaltender Maßnahmen auf Wunsch des Patienten

Ein Rechtsvergleich zwischen Deutschland und Frankreich unter besonderer Berücksichtigung des Patientenverfügungsgesetzes in der Bundesrepublik Deutschland

PETER LANG
Internationaler Verlag der Wissenschaften

Bibliografische Information der Deutschen Nationalbibliothek
Die Deutsche Nationalbibliothek verzeichnet diese Publikation in der Deutschen Nationalbibliografie; detaillierte bibliografische Daten sind im Internet über http://dnb.d-nb.de abrufbar.

Zugl.: Kiel, Univ., Diss., 2009

Gedruckt auf alterungsbeständigem,
säurefreiem Papier.

D 8
ISSN 1868-694X
ISBN 978-3-631-60272-0

www.peterlang.de

Vorwort

Die vorliegende Arbeit wurde von der rechtswissenschaftlichen Fakultät der Christian-Albrechts-Universität zu Kiel im Sommersemester 2009 als Dissertation angenommen. Der französische Teil der Arbeit wurde im Rahmen mehrerer Studienaufenthalte an den rechtswissenschaftlichen Fakultäten der Universitäten Paris und Montpellier ausgearbeitet. Berücksichtigt wurde in der Arbeit auch das neue Patientenverfügungsgesetz, welches im Sommer 2009 vom Deutschen Bundestag verabschiedet wurde. Rechtsprechung und Literatur konnten bis zum Herbst 2009 eingearbeitet werden.

Mein besonderer Dank gilt meinem Doktorvater und Erstgutachter, Prof. Dr. Rudolf Meyer-Pritzl, der mir stets mit Rat und Tat zur Seite stand. Mein Dank gilt auch Prof. Dr. Andreas Hoyer für die zügige Erstellung des Zweitgutachtens.

Bedanken möchte ich mich an dieser Stelle auch bei Ina Schürmann, Kerstin Echternacht, Jan Homann und Hanns Georg Hefner für die intensiven Gespräche und Ratschläge. Besonders hervorheben möchte ich Thomas Venet für die Hilfe bei der Erstellung des französischen Teils.

Widmen möchte ich die Arbeit meinen Eltern und Großeltern, die mir während meines gesamten Studiums und der Ausarbeitung der Dissertation sehr geholfen haben.

Anna-Kathrin Schwedler

Inhaltsverzeichnis

Abkürzungsverzeichnis 15

Einleitung 17

Erstes Kapitel: Verschiedene Patientengeschichten 21

A. Anfänglicher Behandlungsverzicht einer willensäußerungsfähigen Patientin (Fall A) 21

B. Nachträglicher Behandlungsabbruch einer willensäußerungsfähigen Patientin (Fall B) 21

C. Behandlungsabbruch oder Behandlungsverzicht eines zur Willensäußerung unfähigen Patienten (Fall C) 22

D. Behandlungsabbruch oder Behandlungsverzicht eines minderjährigen oder betreuten Patienten (Fall D) 23

E. Der Wunsch einer Patientin, mittels eines tödlich wirkenden Medikamentes getötet zu werden (Fall E) 23

F. Kurze Analyse der Patientengeschichten 24

Zweites Kapitel: Die Gebotenheit der ärztlichen Therapiebegrenzung lebenserhaltender Maßnahmen vor und nach Verabschiedung des Patientenverfügungsgesetzes 27

A. Gebotenheit der ärztlichen Therapiebegrenzung 27
- I. Rechtliche Bewertung medizinischer Maßnahmen 28
  - 1. Körperverletzung nach §§ 223 ff. StGB und §§ 823 ff. BGB 28
  - 2. Exkurs: Einwilligung 29
  - 3. Herrschende Lehre in der strafrechtlichen und zivilrechtlichen Literatur 30
  - 4. Stellungnahme 30
- II. Konsequenzen einer Anweisung, lebenserhaltende Maßnahmen zu unterlassen oder abzubrechen 31
- III. Zusammenfassung 32

B. Therapiebegrenzung bei willensäußerungsfähigen Patienten 33
- I. Voraussetzungen der Gebotenheit einer Therapiebegrenzung 33

1. Einwilligungsverweigerung und Einwilligungs-
verweigerungsfähigkeit ... 33
a) Fähigkeit, eine Einwilligung zu geben bzw. zu verweigern ... 34
aa) Rechtsnatur einer Einwilligungsverweigerung ... 34
bb) Voraussetzungen an die Einwilligungsverweigerungsfähigkeit ... 34
b) Notwendigkeit einer vorherigen Aufklärung ... 36
2. Krankheitsbild und Krankheitsstadium ... 37
a) Sterbeprozess hat bereits begonnen ... 37
b) Sterbeprozess hat noch nicht begonnen ... 37
3. Zusammenfassung ... 38
II. Strafrechtliche Konsequenzen für den Arzt ... 38
1. Widerspruch zu den Tötungsdelikten ... 39
a) Dogmatische Begründung der Straflosigkeit ... 39
aa) Unterlassen oder aktives Tun? ... 40
(1) Ontologische Abgrenzungslehren ... 41
(a) Körperbewegung ... 42
(b) Einsatz von Energie ... 42
(c) Zusammenfassung ... 43
(2) Normative Abgrenzungskriterien ... 43
(3) Unterlassen durch Tun ... 44
(4) Lösungsweg von Schneider ... 46
(a) Erste Stufe ... 46
(b) Zweite Stufe ... 46
(5) Stellungnahme ... 47
bb) Anfängliche und nachträgliche Therapiebegrenzung ... 48
(1) Garantenstellung bei einer anfänglichen Therapiebegrenzung ... 48
(2) Garantenstellung bei einer nachträglichen Therapiebegrenzung ... 49
(3) Zusammenfassung ... 49
cc) Lösungswege zur Begründung der Straflosigkeit ... 49
(1) Tötung auf Verlangen durch Unterlassen ... 50
(2) Tatbestandsausschluss ... 52
(a) Schutzzweck der Norm ... 52
(b) Kausalität ... 54
(c) Garantenstellung ... 54
(d) Eigenverantwortungsprinzip ... 55
(e) Zusammenfassung ... 56
(3) Rechtfertigungsgründe ... 57
(a) Garantenpflicht ... 57
(b) Einschub: Garantenstellung und Garantenpflicht ... 58
(c) Rechtfertigender Notstand ... 58
b) Ergebnis: Kein Widerspruch mit den Tötungsdelikten ... 61
2. Widerspruch zu § 323 c StGB ... 61

III. Zusammenfassung der Therapiebegrenzung bei willensäußerungsfähigen Patienten ... 62

C. Die Gebotenheit der ärztlichen Therapiebegrenzung eines zur Willensäußerung unfähigen Patienten ... 63
I. Die Therapiebegrenzung bei willensäußerungsunfähigen Patienten vor der Verabschiedung des Patientenverfügungsgesetzes ... 63
1. Die Therapiebegrenzung bei willensäußerungsunfähigen Patienten ... 64
a) Wann war eine Therapiebegrenzung bei willensäußerungsunfähigen Patienten zulässig? ... 65
aa) Wessen Wille war maßgeblich? ... 65
(1) Mutmaßlicher Patientenwille ... 67
(a) Kriterien zur Ermittlung des mutmaßlichen Patientenwillens aus der Sicht des BGH ... 67
(b) Kritik an den vom BGH entwickelten Kriterien zur Bestimmung des mutmaßlichen Patientenwillens ... 68
(aa) Kritikpunkte und Lösung von *Taupitz* ... 68
(bb) Kritikpunkte und Lösung von *Thias* ... 68
(cc) Kritikpunkte und Lösungen von *Rieger* und *Merkel* ... 69
(c) Stellungnahme ... 71
(2) Patientenverfügung ... 71
(a) Wirksamkeitsvoraussetzung ... 72
(b) Verbindlichkeit ... 73
(c) Reichweite ... 75
(d) Zusammenfassung ... 75
(3) Vorsorgevollmacht ... 76
bb) Zusammenfassung ... 77
b) Krankheitsstadium des Patienten ... 77
c) Irreversibilität der Krankheit als Voraussetzung ... 78
d) Welche lebenserhaltenden Maßnahmen durften unterlassen oder abgebrochen werden? ... 79
2. Strafrechtliche Konsequenzen für den Arzt ... 81
a) Patientenverfügung existiert nicht ... 82
aa) Tatbestandsausschluss durch den mutmaßlichen Willen ... 83
bb) Keine Rechtswidrigkeit des Behandlungsabbruches oder des Behandlungsverzichtes ... 83
(1) Mutmaßliche Einwilligung oder § 34 StGB ... 84
(2) Rechtfertigender Notstand gemäß § 34 StGB ... 85
(3) Wegfall der Garantenpflicht ... 85
cc) Zusammenfassung ... 86
b) Patient hat eine Patientenverfügung erstellt ... 86
3. Widerspruch zu § 323 c StGB ... 87

4. Gebotenheit oder Zulässigkeit der Therapiebegrenzung ... 87
a) Bindung an den mutmaßlichen Patientenwillen ... 87
b) Bindung an die Patientenverfügung ... 88
c) Erforderlichkeit einer Betreuerbestellung ... 88
5. Zusammenfassung zur Therapiebegrenzung bei willensäußerungsunfähigen Patienten vor Verabschiedung des Patientenverfügungsgesetzes ... 89
II. Therapiebegrenzung eines zur Willensäußerung unfähigen Patienten nach der Verabschiedung des Patientenverfügungsgesetzes ... 90
1. Wann ist eine Therapiebegrenzung bei willensäußerungsunfähigen Patienten zulässig bzw. geboten? ... 90
a) Wessen Wille ist maßgeblich? ... 90
b) Krankheitsstadium ... 91
c) Irreversibilität des Krankheitsstadiums ... 91
d) Welche lebenserhaltenden Maßnahmen dürfen unterlassen oder abgebrochen werden? ... 91
e) Erforderlichkeit einer Betreuerbestellung ... 92
aa) Therapiebegrenzung und Betreuerbestellung ... 92
bb) Betreuungsgerichtliches Verfahren ... 95
2. Strafrechtliche Konsequenzen des Patientenverfügungsgesetzes ... 95
3. Gebotenheit oder Zulässigkeit der ärztlichen Therapiebegrenzung ... 95
4. Zusammenfassung der Therapiebegrenzung bei willensäußerungsunfähigen Patienten nach der neuen Rechtslage ... 96
III. Unterschiede zu der vorherigen Rechtslage ... 96

D. Zulässigkeit bzw. Gebotenheit eines Behandlungsverzichtes oder Behandlungsabbruches eines minderjährigen und betreuten Patienten ... 97
I. Die Situation vor Verabschiedung des Patientenverfügungsgesetzes ... 97
1. Der betreute Patient ... 97
a) Maßstäbe für eine Entscheidungsbefugnis des Betreuers ... 98
b) Betreuungsgerichtliche Genehmigung ... 99
aa) Analyse der Rechtsprechung ... 99
bb) Ansicht der Literatur ... 102
c) Krankheiten und Krankheitsstadien ... 103
d) Strafrechtliche Rechtfertigung ... 103
2. Der minderjährige Patient ... 104
a) Einwilligungsfähigkeit des minderjährigen Patienten ... 104
b) Therapiebegrenzung bei einem minderjährigen Patienten ... 105
3. Gebotenheit oder Zulässigkeit einer Therapiebegrenzung ... 106
II. Situation nach Verabschiedung des Patientenverfügungsgesetzes ... 106

Drittes Kapitel: Ausnahmen von der Bindungswirkung an den Patientenwillen ... 109

Viertes Kapitel: Zivilrechtliche Reformen und strafrechtliche Reformvorhaben zur Lösung der dargestellten Patientengeschichten ... 113

A. Zivilrechtliche Reform des §§ 1901 a ff. BGB ... 113
I. Gesetzentwurf von *Wolfgang Bosbach, René Röspel, Katrin Göring-Eckhardt* und anderen ... 113
1. Voraussetzungen einer verbindlichen Patientenverfügung ... 114
2. Notwendigkeit einer betreuungsgerichtlichen Genehmigung ... 114
II. Gesetzentwurf von *Joachim Stünker, Michael Kauch, Dr. Lukrezia Jochimsen* und anderen ... 115
1. Voraussetzungen einer verbindlichen Patientenverfügung ... 116
2. Notwendigkeit einer betreuungsgerichtlichen Genehmigung ... 116
III. Gesetzentwurf von *Wolfgang Zöller, Dr. Herta Däubler-Gmelin, Dr. Angela Merkel und anderen* ... 117
1. Voraussetzungen einer verbindliche Patientenverfügung ... 117
2. Betreuungsgerichtliche Genehmigung ... 117
3. Ermittlung des Patientenwillens nach eingetretener Entscheidungsunfähigkeit des Patienten ... 117
IV. Unterschiede zwischen den Gesetzentwürfen und Entscheidung des Bundestages für den Gesetzentwurf von *Joachim Stünker, Michael Kauch,Dr. Lukrezia Jochimsen* und anderen ... 118
V. Verabschiedung des Patientenverfügungsgesetzes ... 119
1. Die neu eingefügten §§ 1901 a ff. BGB ... 120
2. Anwendung des Patientenverfügungsgesetzes auf die Fallbeispiele ... 121
3. Würdigung der neu eingefügten §§ 1901 a ff. BGB ... 123

B. Strafrechtliche Reformvorhaben ... 125

Fünftes Kapitel: „*La loi sur la fin de vie*" ... 127

A. Zulässigkeit beziehungsweise Gebotenheit eines Behandlungsverzichtes oder eines Behandlungsabbruches lebenserhaltender Maßnahmen ... 127
I. Behandlungsabbruch oder Behandlungsverzicht nach der „*loi Leonetti*" . 129
1. Personen, die zur Willensbildung fähig sind gemäß Artikel L 1111-4 al. 2 CSP ... 130
a) Anforderungen an den Willen an sich (*volonté de refuser ou d'interrompre*) ... 130

b) Krankheitsstadium des Patienten (*personne malade*) 131
aa) Sterbeprozess hat bereits begonnen (*personne en fin de vie*)........ 131
bb) Sterbeprozess hat noch nicht eingesetzt (*personne n'est pas en fin de vie*) 132
c) Welche lebenserhaltenden Maßnahmen dürfen abgebrochen oder abgelehnt werden?.. 133
d) Zusammenfassung 134
2. Personen, die zur Willensbildung nicht mehr fähig sind (*hors d'état s'exprimer*).. 135
a) Konsultieren von Vertrauensperson, Familie, Nahestehenden und Patientenverfügungen.. 135
aa) Konsultieren von Vertrauensperson, Familie oder weiteren Nahestehenden 136
(1) Rolle der Vertrauensperson 136
(2) Rolle der Familie und der anderen nahestehenden Personen..... 137
(3) Zusammenfassung 137
bb) Patientenverfügungen (*anticipées directives*) 138
(1) Voraussetzungen einer Patientenverfügung................................ 139
(2) Bindungswirkung einer Patientenverfügung für den Arzt 139
cc) Zusammenfassung 140
b) Weitere Voraussetzungen für einen Behandlungsabbruch oder einen Behandlungsverzicht.. 140
aa) Sterbeprozess hat noch nicht begonnen (*la personne n'est pas en fin de vie*).. 141
(1) Welche lebenserhaltenden Maßnahmen dürfen abgebrochen oder unterlassen werden?.. 141
(2) Unter welchen Voraussetzungen ist ein Abbruch oder das Unterlassen lebenserhaltender Maßnahmen zulässig bzw. geboten? 143
bb) Sterbeprozess hat bereits begonnen (*la personne en fin de vie*) ... 144
(1) Welche lebenserhaltenden Maßnahmen dürfen abgebrochen oder unterlassen werden? 144
(2) Unter welchen Voraussetzungen ist ein Abbruch oder ein Unterlassen lebenserhaltender Maßnahmen zulässig bzw. geboten?... 145
c) Zusammenfassung 145
3. Minderjährige und betreute Patienten 145
4. Zusammenfassung der Voraussetzungen 146
II. „Sterbenlassen" kein Widerspruch zum Code pénal 146
1. Welche Straftatbestände sind durch das Abbrechen oder das Unterlassen von lebenserhaltenden Maßnahmen verwirklicht?............ 147
a) Tötungsdelikte.. 147

aa) *meurtre, meurtre aggravé, assassinat* ... 147
bb) Tatbestandsvoraussetzungen ... 148
b) Verwirklichung eines Tötungsdeliktes ... 148
aa) Aktives Tun oder Unterlassen ... 148
bb) *préméditation* ... 150
c) Unterlassene Hilfeleistung ... 151
2. Begründung der Straflosigkeit ... 152
a) Begründung der Straflosigkeit bei einem Abbruch lebenserhaltender Maßnahmen ... 153
b) Begründung der Straflosigkeit bei einem anfänglichen Verzicht von lebenserhaltenden Maßnahmen ... 153
3. Zusammenfassung ... 154
III. Konsequenzen des nicht beachteten Patientenwillens ... 154
1. Zur Willensäußerung fähige Patienten ... 155
a) Anspruch auf Schadensersatz nach dem Code civil ... 155
aa) Vertraglicher Schadensersatzanspruch ... 156
bb) Zusammenfassung ... 157
b) Strafrechtliche Verantwortung ... 157
aa) Einwilligung als Rechtfertigungsgrund ... 158
bb) Rechtswidrigkeit des handelnden Arztes ... 159
c) Disziplinarische Konsequenzen ... 160
2. Patienten, die zur Willensäußerung nicht mehr in der Lage sind ... 162
a) Schadensersatzanspruch nach dem Code civil ... 162
b) Strafrechtliche Konsequenzen ... 163
c) Disziplinarische Konsequenzen ... 163
3. Minderjährige und betreute Patienten ... 163
4. Zusammenfassung ... 163

B. Ausnahmen von der Bindung an den Patientenwillen bei willensäußerungsfähigen Personen ... 164
I. Ausnahme von der Bindung an den Patientenwillen ... 164
1. Rechtsprechung des *Conseil d'État* ... 164
2. Ausnahmen nach Artikel L 1111-4 al. 2 CSP ... 166
3. Zusammenfassung ... 166
II. Wie weit darf der Wille des Patienten gehen? ... 167
1. Vergabe einer tödlichen Dosis (*l'injection d'une substance mortelle*) auf Verlangen des Patienten ... 167
2. Patient bittet um Hilfe zum Suizid (*l'aide au suicide ou suicide assisté*) ... 169
a) Provokation zum Suizid und Werbung oder „Propaganda" zum Suizid ... 170
b) Unterlassene Hilfeleistung ... 173

3. Zusammenfassung 175

C. Analyse und Bewertung der *„loi sur la fin de vie"* 175

Sechstes Kapitel: Vergleich der *„loi sur la fin de vie"* mit der deutschen Rechtslage 177

A. Unterschiede zwischen willensäußerungsfähigen, willensäußerungsunfähigen und minderjährigen oder betreuten Patienten 177

B. Gegenüberstellung der fünf Fallbeispiele 179

C. Zulässigkeit oder Gebotenheit der Therapiebegrenzung lebenserhaltender Maßnahmen 181

D. Begründung der dargestellten Unterschiede 181
I. Unterschiedliche Reichweite des Selbstbestimmungsrechtes 182
II. Unterschiedliches Arzt-Patienten-Verhältnis in Deutschland und Frankreich 185

E. Vorbildfunktion der *„ loi sur la fin de vie"*? 186

Siebentes Kapitel: Eigene Gesetzentwürfe zur Lösung der diskutierten Probleme 189

A. Gesetzentwürfe 189
I. Gesetzentwurf zur Änderung des StGB 189
II. Gesetzentwurf zur Änderung des BGB 191
III. Begründung der Gesetzesvorschläge 193
1. Allgemeines 194
2. Einzelbegründung 195

B. Anwendung der hier vorgestellten Gesetzesvorschläge auf die Fallbeispiele 198

C. Unterschiede zwischen dem verabschiedeten Patientenverfügungsgesetz und den eigenen Entwürfen 199

Schlussbetrachtungen 201

Literaturverzeichnis 203

Abkürzungsverzeichnis

AcP	Archiv für die civilistische Praxis
AG	Amtsgericht
BGB	Bürgerliches Gesetzbuch
BGH	Bundesgerichtshof
BGHSt	Entscheidungen des Bundesgerichtshofs in Strafsachen
BGHZ	Entscheidungen des Bundesgerichtshofs in Zivilsachen
BtBrax	Betreuungsrechtliche Praxis
BverfG	Bundesverfassungsgericht
BverfGE	Entscheidungen des Bundesverfassungsgerichts
CSP	Code de la santé publique
DRiZ	Deutsche Richterzeitung
et al.	et alii (und andere)
FamRZ	Zeitschrift für das gesamte Familienrecht
FS	Festschrift
GA	Goltdammer's Archiv
GG	Grundgesetz für die Bundesrepublik Deutschland
h. L.	herrschende Lehre
h. M.	herrschende Meinung
JR	Juristische Rundschau
JZ	Juristenzeitung
JuS	Juristische Schulung
LG	Landgericht
LK	Leipziger Kommentar zum Strafgesetzbuch
MedR	Medizinrecht
MüKo	Münchner Kommentar
NJW	Neue Juristische Wochenschrift
NJW RR	Neue Juristische Wochenschrift Rechtsprechungsreport
NStZ	Neue Zeitschrift für Strafrecht
OLG	Oberlandesgericht
RG	Reichsgericht
RGSt	Entscheidungen des Reichsgerichts in Strafsachen
Rn.	Randnummer
StGB	Strafgesetzbuch
Vorbem	Vorbemerkungen
ZRP	Zeitschrift für Rechtspolitik
ZStW	Zeitschrift für die gesamte Strafrechtswissenschaft

Einleitung

In der Bundesrepublik Deutschland ist lange Jahre intensiv und kontrovers über eine gesetzliche Regelung der Patientenverfügung diskutiert worden. Am 18. Juni 2009 konnte schließlich eine Einigung erzielt werden. Der Deutsche Bundestag verabschiedete das Patientenverfügungsgesetz. In Kraft getreten ist das neue Gesetz, nach Zustimmung des Deutschen Bundesrates, am 01. September 2009. Es ist den Abgeordneten des Deutschen Bundestages nicht leicht gefallen, sich für ein Patientenverfügungsgesetz zu entscheiden. Dies liegt unter anderem daran, dass in einer Patientenverfügung der Wunsch eines Menschen festgehalten wird, welche lebenserhaltenden medizinischen Maßnahmen von einem Betroffenen abgelehnt werden können, wenn dieser seinen Willen nicht mehr äußern kann. Im Extremfall kann dies dazu führen, dass ein Mensch früher verstirbt, als dies aus medizinischer Sicht der Fall gewesen wäre. Eine Patientenverfügung ist somit ein wichtiger Teil des in unserer Gesellschaft stark umstrittenen und sensiblen Themenbereiches der Sterbehilfe.

Die Schwierigkeiten im Bereich der Sterbehilfe fangen bereits mit der Wortwahl an. Sowohl umgangssprachlich als auch in der Fachsprache werden die Wörter aktive, passive und indirekte Sterbehilfe oftmals in einem Satz verwendet, ohne dass man jedoch genau weiß, worin die Unterschiede bestehen. Hinzu kommt, dass die Öffentlichkeit von den in den Medien beschriebenen Schicksalsschlägen todkranker Menschen tief berührt wird. Erinnert sei in diesem Zusammenhang an die französische Patientin *Chantal Sébire*. Sie litt an einem unheilbaren Gesichtstumor. Sie wollte sterben und fragte ihren Arzt, ob dieser ihr ein tödlich wirkendes Medikament verschreiben könne, welches sie dann im Kreise ihrer Familie selbst einnehmen wollte. Aus Angst vor strafrechtlicher Verfolgung und disziplinarischer Konsequenzen für den behandelnden Arzt beantragte *Chantal Sébire* eine gerichtliche Genehmigung, welche ihr nicht erteilt wurde[1]. Erwähnenswert ist an dieser Stelle auch die 36-jährige Patientin *Eluana Englaro* aus Italien. Sie hat 17 Jahre lang im Wachkoma gelegen, bevor ein Mailänder Gericht dem Pflegeteam und den Ärzten gestattete, die künstliche Ernährung zu beenden[2]. Der Vater der Patientin kämpfte viele Jahre um diese Genehmigung. Nicht vergessen werden dürfen aber auch die Ärzte und Pflegeteams, die einerseits den Wünschen der Betroffenen gerecht werden möchten, andererseits alles medizinisch Machbare vornehmen wollen, um das Leben des Betroffenen zu verlängern oder es gar zu retten. Ein Beispiel hierfür ist der

---

1 http://www.lefigaro.fr/actualite-france/2009/03/23/01016-20090323ARTFIG00449-la-justice-referme-le-dossier-chantal-sebire-.php.

2 http://www.faz.net/s/RubCD175863466D41BB9A6A93D460B81174/Doc~E39D8816D794741AA8468DFC1FC950500~ATpl~Ecommon~Scontent.html.

Chefarzt Prof. Dr. S. aus Magdeburg. Als der Bruder des 26-jährigen Komapatienten *Timothy Sch.* dessen Beatmungsgerät abschaltete, hat Prof. Dr. S. es unterlassen, Wiederbelebungsmaßnahmen vorzunehmen[3]. Er unterließ die Wiederbelebung, weil die Eltern des Patienten ausdrücklich sagten, dass *Timothy Sch.* so nicht weiter leben wollte. Dies habe der Patient persönlich ihnen gegenüber geäußert, nachdem er bereits einmal aufgrund eines Unfalles auf der Intensivstation gelegen hatte. Die Staatsanwaltschaft Magdeburg erhob dennoch Anklage beim Landgericht Magdeburg. Der betroffene Chefarzt verlor daraufhin seinen Arbeitsplatz, obwohl er vom Landgericht Magdeburg freigesprochen wurde, und zwar auch auf Antrag der Staatsanwaltschaft hin, der die Widersprüche im Laufe des Verfahrens zunehmend bewusst geworden sind.

Ziel dieser Arbeit ist es, auf diese verschiedenen Positionen einzugehen sowie die Rechtslage der Sterbehilfe darzustellen. Im Vordergrund steht dabei die passive Sterbehilfe bzw. die Therapiebegrenzung lebenserhaltender Maßnahmen. Um das neue Gesetz über die Patientenverfügung einer kritischen Würdigung unterziehen zu können, wird zunächst die vorherige Rechtslage beschrieben, um dann im Anschluss herauszuarbeiten, welche Sachverhalte durch das neue Gesetz berührt werden. In diesem Zusammenhang wird auch kurz auf den Verlauf des Gesetzgebungsverfahrens eingegangen, um noch einmal die unterschiedlichen Positionen der Abgeordneten des Deutschen Bundestages deutlich zu machen. Dies ist der Grund dafür, alle in den Deutschen Bundestag eingebrachten Gesetzentwürfe im Überblick darzustellen. Anzumerken ist hierzu, dass das Patientenverfügungsgesetz nur bei willensäußerungsunfähigen Patienten Anwendung findet, so dass bei Patienten, die zur Willensäußerung fähig sind, das neue Gesetz nicht einschlägig ist.

Abschließend soll die neue Rechtslage der Sterbehilfe mit der französischen Rechtslage verglichen werden. Dieser Vergleich mit Frankreich bietet sich an, da sich der französische Gesetzgeber bereits im Jahre 2005 zu weitgehenden Reformen des Gesetzes über das Lebensende, die *loi relative aux droits des malades et à la fin de vie*[4], durchgerungen hat, während der Gesetzgeber in Deutschland erst 2009 tätig geworden ist.

Um die Gemeinsamkeiten und Unterschiede zwischen Frankreich und Deutschland sowie zwischen den verwendeten Begriffen der aktiven, passiven und indirekten Sterbehilfe und den damit verbundenen Konsequenzen für die beteiligten Personen deutlich herauszuarbeiten, wird im ersten Kapitel die Situation von fünf fiktiven Patienten dargestellt. So unterschiedlich die Patientengeschichten auch sind, alle Betroffenen haben den Wunsch, menschenwürdig zu

3 http://www.zeit.de/2008/48/LS-Prozess.

4 *La loi du 22 avril 2005* oder auch „*loi Leonetti*", siehe unter: http://www.legifrance.gouv.fr/affichTexte.do?cidTexte=JORFTEXT000000446240&dateTexte=, heute ist dieses in den Code de la santé publique (CSP) integriert. Im Folgenden als „*loi sur la fin de vie*“ bezeichnet.

sterben. Auf diese Patientengeschichten wird im Laufe der Arbeit immer wieder Bezug genommen. Im Mittelpunkt des zweiten und dritten Kapitels steht die Rechtslage der Sterbehilfe in Deutschland. Im vierten Kapitel wird auf die zivilrechtlichen Reformen und auf die strafrechtlichen Reformvorhaben in Deutschland eingegangen, insbesondere wird der Weg zum Patientenverfügungsgesetz erörtert und das neue Gesetz kritisch analysiert. Das fünfte Kapitel beschreibt die Rechtslage der Sterbehilfe in Frankreich. Im sechsten Kapitel erfolgt ein Rechtsvergleich zwischen Deutschland und Frankreich. Abschließend werden im siebenten Kapitel eigene Rechtsvorschläge unterbreitet, die sich aus der vorherigen Analyse ergeben.

1. Erstes Kapitel: Verschiedene Patientengeschichten

Wie bereits in der Einleitung erwähnt, handelt es sich bei den im Folgenden dargestellten Patientengeschichten um fiktive Personen. In Wirklichkeit verbergen sich dahinter aber menschliche Schicksale, wie die eingangs beschriebenen Situationen von *Chantal Sébire* oder von *Eluana Englaro* verdeutlichen. Bei den fiktiven Fällen wird im Rahmen dieser Untersuchung unterschieden, ob die jeweilige Person zur Willensäußerung fähig ist oder nicht, bzw. betreut wird oder noch minderjährig ist.

A. Anfänglicher Behandlungsverzicht einer willensäußerungsfähigen Patientin (Fall A)

Eine 40-jährige Patientin erkrankt an Brustkrebs. Nach langem Überlegen entscheidet sie sich, bei vollem Bewusstsein, gegen eine operative Entfernung der malignen Geschwulst sowie gegen eine Chemo- und Bestrahlungstherapie. Sie verlangt lediglich schmerzstillende Medikamente. Die Patientin verstirbt ein Jahr später. Der Wunsch der Patientin ist darauf gerichtet, die notwendigen medizinischen Maßnahmen von Anfang an zu unterlassen. Es handelt sich um einen so genannten anfänglichen Behandlungsverzicht[5] einer zur Willensäußerung fähigen Patientin.

B. Nachträglicher Behandlungsabbruch einer willensäußerungsfähigen Patientin (Fall B)

Eine 65-jährige Patientin erkrankt an Darmkrebs. Die Entfernung des bösartigen Tumors gelingt. Es bilden sich im Laufe der folgenden Monate Lungen- und Lebermetastasen. Es folgen weitere, jedoch erfolglose Operationen. Die anschließende Chemotherapie verspricht ebenfalls kaum Aussicht auf eine Heilung. Der Gesundheitszustand der Patientin verschlechtert sich innerhalb weni-

5 Es werden verschiedene Begriffe hierfür benutzt: *Eser*, in: Schönke/Schröder, Vorbem §§ 211 ff, Rn. 28 spricht von einem einseitigen Behandlungsverzicht; *Thias*, S. 88 spricht von einem anfänglichen Behandlungsverzicht, *Lackner/Kühl*, Vor § 211, Rn. 8 benutzt Nichtaufnahme einer Intensivbehandlung, *Schneider*, in: MüKo-StGB, Vor §§ 211 ff, Rn. 104 verwendet Unterlassen einer lebensverlängernden Operation oder die Beendigung der Therapie. Im folgenden Verlauf dieser Arbeit wird der Begriff *anfänglicher Behandlungsverzicht* verwendet.

ger Monate gravierend. Nach gründlichem Überlegen entscheidet sich die Patientin, ebenfalls bei vollem Bewusstsein, gegen die weitere Durchführung einer Chemotherapie. Als einzige Behandlungsmethode verlangt sie die Vergabe von schmerzstillenden Medikamenten. Nach wenigen Tagen erliegt die Patientin ihrem Leiden. Im Gegensatz zum ersten Fall ist der Wille der Patientin darauf gerichtet, bereits begonnene therapeutische Maßnahmen abzubrechen. Es handelt sich dabei um einen so genannten nachträglichen Behandlungsabbruch[6] einer zur Willensäußerung fähigen Patientin.

C. Behandlungsabbruch oder Behandlungsverzicht eines zur Willensäußerung unfähigen Patienten (Fall C)

Ein 80-jähriger Patient muss aufgrund eines erlittenen Schlaganfalles dauerhaft künstlich beatmet werden. Problematisch ist, dass sich der Patient aufgrund seiner Bewusstlosigkeit nicht mehr äußern kann, ob er diese Behandlung wünscht. Es muss aber eine schnelle Entscheidung getroffen werden. Seine Ehefrau und seine Kinder sagen, dass der Patient oft betonte, so nicht enden zu wollen. Deswegen beenden die Ärzte die künstliche Ernährung und künstliche Beatmung. Der Patient verstirbt innerhalb weniger Stunden aufgrund der fehlenden künstlichen Beatmung. Mit Hilfe einer künstlichen Beatmung und künstlicher Ernährung hätte der Patient sehr wahrscheinlich noch einige Tage, Wochen oder gar Monate länger am Leben erhalten werden können.

Der Fall soll im Folgenden dahingehend abgewandelt werden, dass die Ehefrau den Ärzten eine Patientenverfügung[7] überreicht, in welcher der Patient ausdrücklich sämtliche lebenserhaltenden Maßnahmen ablehnte. Nehmen wir an, die Ärzte weigern sich aber, dieser Patientenverfügung Beachtung zu schenken. Der Patient wird dann künstlich noch über mehrere Monate am Leben erhalten.

---

6 *Thias*, S. 89 verwendet nachträglicher Behandlungsabbruch; *Fischer*, Vor § 211, Rn. 19 spricht von Therapiebegrenzung; *Lackner/Kühl*, Vor § 211, Rn. 8 spricht von Beendigung einer Intensivbehandlung. Hierfür wird im Verlauf der Arbeit von einem nachträglichen Behandlungsabbruch gesprochen.

7 Verwendet werden die folgenden Begriffe: Patiententestament, Verfügung zu Lebzeiten und Patientenbrief. Im Rahmen dieser Arbeit soll der Begriff der Patientenverfügung benutzt werden, da auch die Abgeordneten des Deutschen Bundestages bei den jetzigen Gesetzgebungsdebatten lediglich von Patientenverfügung sprechen.

D. Behandlungsabbruch oder Behandlungsverzicht eines minderjährigen oder betreuten Patienten (Fall D)

Im vorletzten Fallbeispiel handelt es sich um einen minderjährigen oder betreuten Patienten, welcher aufgrund eines Unfalles aus medizinischer Sicht eindeutig irreversibel bewusstlos ist. Die irreversible Bewusstlosigkeit wird auch als apallisches Syndrom bezeichnet[8]. Unter einem apallischen Syndrom ist der Ausfall sämtlicher Großhirnfunktionen, bei intakter Tätigkeit des Hirnstammes und des Hypothalamus, zu verstehen. Die intakte Tätigkeit des Hirnstammes und des Hypothalamus führt dazu, dass vegetative Funktionen wie Temperatur-, Kreislauf- und Atemregulation regelmäßig erhalten bleiben. Die betroffenen Patienten reagieren weder auf optische noch auf akustische Reize. Teilweise zeigen sie jedoch unwillkürliche Reflexe, auch der Schlaf-Wach-Rhythmus bleibt erhalten, weshalb auch von „Wachkoma" gesprochen wird[9]. Ursache des apallischen Syndroms ist meistens eine unzureichende Sauerstoffzufuhr des Gehirnes oder eine Schädigung des Gehirnes aufgrund äußerer Einwirkungen[10]. Als nach mehreren Monaten keine Aussicht auf Besserung des Gesundheitszustandes mehr besteht, entscheiden sich die Eltern oder der Betreuer für einen Abbruch der künstlichen Ernährung, da sie davon ausgehen, dass dies dem Willen des Patienten entspricht. Der Patient verstirbt.

E. Der Wunsch einer Patientin, mittels eines tödlich wirkenden Medikamentes getötet zu werden (Fall E)

Eine 52-jährige Patientin leidet seit acht Jahren unter einem immer größer werdenden Tumor im Gesicht, welcher in der Fachsprache als Ästhesioneroblastom[11] bezeichnet wird. Zunächst deformierte der Tumor das Gesicht der Patientin, anschließend erfolgte der Verlust des Geruchssinnes und eine Erblindung trat ein. Eine Aussicht auf Heilung bestand nicht mehr. Die Patientin bat den Arzt, bei klarem Bewusstsein, um ein tödlich wirkendes Medikament, welches er ihr injizieren sollte, um ihren Schmerzen ein Ende zu bereiten. Denkbar ist auch, dass die Patientin lediglich verlangt, ein Rezept ausgestellt zu bekommen, um sich das tödliche Medikament selbst injizieren zu können. Der Arzt folgte beiden Wünschen nicht. Die Patientin verstarb nach monatelangem Leiden.

---

8 Pschyrembel, S. 1869.

9 Pschyrembel, S. 1869.

10 *Thias*, Fn. 93 ff.

11 Siehe unter: www.idr.med.uni-erlangen.de/HNORAD/HNONNH/HNONNH15.htm.

F. Kurze Analyse der Patientengeschichten

Den ersten vier Fällen ist gemeinsam, dass entweder ein anfänglicher Behandlungsverzicht oder ein nachträglicher Behandlungsabbruch verlangt wird. Sie fallen daher alle unter die so genannte passive Sterbehilfe[12], welche vom BGH und der Literatur als die Nichteinleitung oder als Abbruch lebensverlängernder Maßnahmen definiert wird[13]. Diese passive Sterbehilfe muss von der verbotenen aktiven Sterbehilfe abgegrenzt werden. Aktive Sterbehilfe ist nach den Grundsätzen der Bundesärztekammer die gezielte Lebensverkürzung durch Maßnahmen, die den Tod herbeiführen oder das Sterben beschleunigen sollen[14]. Eine aktive Sterbehilfe verlangt die 52-jährige Patientin, welche an einem Gesichtstumor erkrankte. Diese Art der Sterbehilfe ist nach einhelliger Meinung in Deutschland verboten[15]. Dies macht § 216 StGB deutlich, welcher eine Tötung, auch auf ausdrücklichen und ernsthaften Wunsch des Opfers, unter Strafe stellt. Natürlich gibt es auch hier Stimmen, die ausnahmsweise eine aktive Sterbehilfe zulassen wollen[16], jedoch kann im Rahmen dieser Arbeit nicht näher auf diese Problematik eingegangen werden. Von der aktiven Sterbehilfe ist wiederum die zulässige indirekte Sterbehilfe abzugrenzen. Darunter wird die gezielte Schmerzlinderung mit Medikamenten verstanden, welche auch eine lebensverkürzende Wirkung zur Folge haben kann[17].

Es fällt auf, dass die Abgrenzung zwischen passiver und aktiver Sterbehilfe anhand der oben genannten Definitionen nicht klar zu ziehen ist. Anhand dieser Definitionen könnte nämlich das Abstellen eines Respirators als Maßnahme, welche gezielt den Tod herbeiführen oder den Sterbeprozess beschleunigen kann, sowohl der aktiven als auch der passiven Sterbehilfe zugeordnet werden. Es wundert daher auch nicht, dass unter den Ärzten reichlich Verwirrung besteht, welche Maßnahmen der aktiven oder der passiven Sterbehilfe zuzuordnen sind[18]. Kritisiert wird, dass die ärztlichen Maßnahmen am Lebensende nicht hin-

---

12 BGHSt 37, S. 376 (37); BGHSt 36, S. 257 (260); *Roxin*, in: GA 153 (2006) , S. 549 (550); *Schneider*, in: MüKo-StGB, Vor §§ 211 ff, Rn. 104; *Dreier*, in: JZ 2007, S. 317 (321); *Holzhauer*, in: ZRP 2004, S. 41 (42); *Landau*, in: ZRP 2005, S. 50 (50).

13 BGHSt 37, S. 376 (379); *Schneider*, in: MüKo-StGB, Vor §§ 211, Rn. 104; *Fischer*, Vor § 211, Rn. 19; *Lackner/Kühl*, Vor § 211, Rn. 8; *Rieger*, S. 21.

14 Grundsätze der Bundesärztekammer zur ärztlichen Sterbebegleitung 2004, in: Sahm, S. 212 (213).

15 BGHSt 37, S. 376 (379); *Eser*, in: Schönke/Schröder, Vorbem §§ 211 ff, Rn. 24; *Fischer*, Vor § 211, Rn. 17; Grundsätze der Bundesärztekammer zur ärztlichen Sterbebegleitung 2004, in: Sahm, S. 212 (213).

16 *Hirsch*, in: FS für Lackner, S. 596 (610).

17 *Neumann*, in: Nomos-StGB, Vor § 211, Rn. 95; *Schneider*, in: MüKo-StGB, Vor §§ 211 ff, Rn. 95; *Eser*, in: Schönke/Schröder, Vorbem §§ 211 ff, Rn. 26.

18 *van Oorschot, Lipp, Tietze, Nickel, Simon*, in: MedR 2004, S. 303 ff.

reichend mit den Adjektiven passiv, aktiv und indirekt beschrieben werden könnten[19]. Stattdessen spricht die Bundesärztekammer von Änderung des Therapiezieles und der Begrenzung spezifischer Therapiemaßnahmen[20]. Zum einen soll mit diesen Bezeichnungen die Intention des Arztes in den Vordergrund gestellt werden, niemanden töten zu wollen, sondern lediglich das Therapieziel zu ändern. Ziel ist nicht mehr die Lebensverlängerung, sondern die Leidensminderung. Zum anderen soll deutlich gemacht werden, dass es sich lediglich um die Begrenzung einzelner medizinischer Maßnahmen handelt. Die medizinische Basisverpflegung darf dagegen niemals abgebrochen oder unterlassen werden[21]. Zur Basisverpflegung gehören die menschenwürdige Unterbringung, Zuwendung, Körperpflege, das Lindern von Schmerzen, Atemnot und Übelkeit sowie das Stillen von Hunger und Durst[22]. Aus diesem Grund wird auch nicht von einem Behandlungsabbruch, sondern nur von der Begrenzung spezifischer Therapiemaßnahmen gesprochen[23].

Die Kritik an diesen Begrifflichkeiten wird in den letzten Jahren immer vehementer[24], so dass teilweise nur noch der Begriff der aktiven Sterbehilfe benutzt wird, während der Begriff der passiven Sterbehilfe ganz bewusst nicht mehr verwendet wird[25]. Meines Erachtens wäre die Benutzung des Begriffes „Therapiebegrenzung" lebenserhaltender Maßnahmen hilfreich. Dabei wird deutlicher, dass nur lebenserhaltende Maßnahmen abgebrochen oder unterlassen werden, die Vergabe von Schmerzmitteln und die medizinische Pflege dagegen weiter aufrecht erhalten wird. Des Weiteren wird so der verwirrende Begriff der passiven Sterbehilfe vermieden. Gerade bei aktiven Handlungen, wie das Drücken des Knopfes, welcher die künstliche Beatmung in Gang hält, entstehen immer wieder Probleme, warum dies lediglich eine passive Sterbehilfe darstellen soll. Das Wort Therapiebegrenzung erfasst dagegen sowohl Handlungen als auch Unterlassungen, welche sich gegen eine Verlängerung des Lebens richten und ist somit vorzugswürdig.

Doch zurück zu den oben dargestellten Situationen. Die Gemeinsamkeit der ersten vier Patientengeschichten liegt darin, dass lebenserhaltende Maßnahmen abgelehnt werden, und, um mit den neuen Begriffen zu arbeiten, es sich um eine

---

19 *Sahm*, S. 36, Fn. 78.

20 Grundsätze der Bundesärztekammer zur ärztlichen Sterbebegleitung 2004, in: *Sahm*, S. 212 (213).

21 Grundsätze der Bundesärztekammer zur ärztlichen Sterbebegleitung 2004, in: *Sahm*, S. 212 (213).

22 Grundsätze der Bundesärztekammer zur ärztlichen Sterbebegleitung 2004, in: *Sahm*, S. 212 (212).

23 *Sahm*, S. 44.

24 *Sahm*, S. 35 ff; *Otto*, in: NJW 2006, S. 2217 (2217).

25 Grundsätze der Bundesärztekammer zur ärztlichen Sterbebegleitung 2004, in: *Sahm*, S. 212 (213).

Änderung des Therapiezieles handelt. Der große Unterschied zwischen den ersten beiden und der dritten Patientengeschichte liegt darin, dass es sich in den ersten beiden Fällen um Patientinnen handelt, welche ihren Willen klar ausdrücken können. Sie können also selbst bestimmen, welche medizinischen Maßnahmen sie ablehnen. Der Patient in dem dritten Fallbeispiel ist dazu nicht mehr in der Lage. Es fragt sich, ob sein zuvor mündlich geäußerter Wille oder seine Patientenverfügung beachtet werden müssen. Oder entscheiden die Ärzte und Angehörigen allein über die weiteren Behandlungsmöglichkeiten des Patienten? Im vierten Fallbeispiel handelt es sich um einen minderjährigen und betreuten Patienten. Wessen Wille ist dann maßgeblich? Der Wille des gesetzlichen Vertreters, der Ärzte oder des Patienten? Die letzte Patientengeschichte unterscheidet sich von den anderen dadurch, dass nicht der Verzicht auf die Behandlung oder der Abbruch lebenserhaltender Maßnahmen, sondern ein tödlich wirkendes Medikament verlangt wird. Die ersten vier Fallbeispiele (Fälle A bis D) stehen im Mittelpunkt der Untersuchung und werden im zweiten Kapitel ausführlich behandelt. Das letzte Fallbeispiel (Fall E) wird im dritten Kapitel kurz diskutiert.

Zweites Kapitel: Die Gebotenheit der ärztlichen Therapiebegrenzung lebenserhaltender Maßnahmen vor und nach Verabschiedung des Patientenverfügungsgesetzes

Zunächst soll das Ergebnis voran gestellt werden, welches auch nicht durch die Einfügung des Patientenverfügungsgesetzes in das BGB geändert wurde: In den ersten vier vorgestellten Patientengeschichten ist eine Therapiebegrenzung der lebenserhaltenden Maßnahmen rechtlich zulässig. Die Ärzte sind sogar verpflichtet, die lebensnotwendigen Maßnahmen abzubrechen oder zu unterlassen, wenn dies dem Patientenwillen entspricht. Deswegen soll auch nicht nur von der Zulässigkeit der Therapiebegrenzung gesprochen werden, sondern von der Gebotenheit. Dies gilt, obwohl kein einziges deutsches Gesetz existiert, welches eine solche Verpflichtung der Ärzte explizit nennt. Im Gegenteil, die heutigen strafrechtlichen Gesetze lassen eher die Schlussfolgerung zu, dass das „Sterbenlassen", selbst auf Wunsch der Patienten, verboten ist. Auch die in das BGB neu eingefügten §§ 1901 ff. BGB, welche auch als Patientenverfügungsgesetz bekannt sind, haben diese Verpflichtung nicht wörtlich aufgenommen.

A. Gebotenheit der ärztlichen Therapiebegrenzung

Warum ist der Arzt an den Willen der Patienten gebunden, alle weiteren lebensnotwendigen Maßnahmen zu unterlassen oder abzubrechen? Zu überlegen ist, wodurch eine solche Bindungswirkung entstehen könnte. Wie bereits ausgeführt, existieren keine einschlägigen gesetzlichen Regelungen, welche die Verpflichtung der Ärzte zu einem Behandlungsabbruch oder zu einem Behandlungsverzicht lebenserhaltender Maßnahmen zum Inhalt haben. Dennoch kann diese Bindung juristisch fundiert werden, wenn auch nicht anhand von Gesetzestexten. Die Bindungswirkung des Arztes an den Patientenwillen entsteht durch eine Art Umkehrschluss: Zu prüfen ist, ob der Arzt befugt ist, einen Patienten gegen dessen Willen zu behandeln. Wenn es auf den Willen des Patienten ankommt, damit medizinische Eingriffe zulässig sind, muss dem Patienten im Umkehrschluss auch das Recht zustehen, medizinische Maßnahmen abzulehnen.

I. Rechtliche Bewertung medizinischer Maßnahmen

Welche Bedeutung dem Patientenwillen zukommt, hängt entscheidend von der rechtlichen Beurteilung medizinischer Maßnahmen ab. Dabei ist umstritten, ob medizinische Maßnahmen eine Körperverletzung im Sinne der §§ 223 ff. StGB und der §§ 823 ff. BGB darstellen. Um diesen Streitstand besser darzustellen, soll dies am Beispiel eines chirurgischen Eingriffes zur Entfernung bösartiger Geschwülste im Brustgewebe veranschaulicht werden. Je nach Sitz der Geschwulst wird die Brust entweder im Bereich der Brustwarze oder der Brustunterfalte aufgeschnitten, um die Geschwulst zu entnehmen. Dabei werden meistens auch gesunde Gewebezellen (Sicherheitssaum) entnommen, um diese auf mögliche Metastasen zu untersuchen. Anschließend wird meistens eine Strahlentherapie mit ergänzender Chemotherapie angeordnet.

1. Körperverletzung nach §§ 223 ff. StGB und §§ 823 ff. BGB

Die Entfernung bösartiger Geschwülste im Brustgewebe könnte zu einer Bestrafung wegen Körperverletzung gemäß §§ 223 ff. StGB und zu einem Schadensersatzanspruch nach den §§ 823 ff. BGB führen, wenn der ärztliche Eingriff als Körperverletzung angesehen wird.

Die strafrechtliche Rechtsprechung stuft jeden ärztlichen Heileingriff als Körperverletzung im Sinne der §§ 223 ff. StGB ein[26]. Dabei ist irrelevant, ob der Eingriff kunstgerecht durchgeführt wurde, missglückte oder erfolgreich war[27]. Hat der Patient der medizinischen Maßnahme zugestimmt, liegt dagegen eine Einwilligung vor[28]. Diese Einwilligung des Patienten ist ein Rechtfertigungsgrund[29], so dass eine Bestrafung des Arztes entfällt, wenn eine wirksame Einwilligung vorliegt.

Auch die Zivilgerichte sprechen sich einheitlich für die Einstufung der ärztlichen Heileingriffe als Körperverletzung im Sinne der §§ 823 ff. BGB aus, so dass grundsätzlich Schadensersatzansprüche entstehen könnten[30]. Auffallend ist, dass sich die Stimmen in der jüngsten zivilrechtlichen Literatur ebenfalls vermehrt für die Ansicht der Rechtsprechung aussprechen[31]. Da eine tatbestandsmäßige Körperverletzung vorliegt, ist die Rechtswidrigkeit an sich indiziert, so

26 RGSt 25, S. 375 (379); BGHSt 11, S. 111 (112); BGHSt 45, S. 219 (221).

27 BGH, NStZ 1996, S. 34 (35).

28 *Spickhoff*, in: Soergel, § 823 Anh I, Rn. 104.

29 *Eser*, in: Schönke/Schröder, § 223, Rn. 37; *Joecks*, Vor § 223, Rn. 11; *Krey/Heinrich*, BT 1, § 3, Rn. 215.

30 BGHZ 29, S. 46 (49); BGHZ 67, S. 48 (49).

31 *Posselt-Wenzel*, S. 26; *Wagner*, in: MüKo-BGB, § 823, Rn. 663; *Heyers*, S. 36; *Schöllhammer*, S. 34; *Reipschläger*, S. 19.

dass die Rechtswidrigkeit als gegeben angesehen wird[32]. Auch zivilrechtlich liegt keine rechtswidrige Körperverletzung vor, wenn der Arzt nachweisen kann, dass der Patient über die Behandlung aufgeklärt war und in diese eingewilligt hat[33]. Entfernt der Arzt die bösartige Geschwulst mit der Einwilligung seiner Patientin, kommen weder strafrechtliche Verfolgungen noch zivilrechtliche Schadensersatzansprüche in Betracht. Verweigert die Patientin dagegen die Einwilligung zur Entfernung der Geschwulst und nimmt der Arzt diesen Eingriff dennoch vor, führt dies zu strafrechtlichen und zivilrechtlichen Konsequenzen.

2. Exkurs: Einwilligung

Da hier zum ersten Mal von der Einwilligung des Patienten gesprochen wird, sollen an dieser Stelle Ausführungen hierzu folgen. Die Einwilligung als Rechtfertigungsgrund findet sich in keinem Gesetzestext. Als Rechtsfigur und als Rechtfertigungsgrund ist sie gewohnheitsrechtlich einhellig anerkannt[34]. Ihre die Rechtswidrigkeit beseitigende Wirkung basiert auf dem bereits im römischen Recht geltenden Grundsatz „*volenti non fit inuiria*“[35]. Als Rechtsfigur dagegen findet sie ihre Wurzeln im Verfassungsrecht. Aufgrund des verfassungsrechtlich verankerten Selbstbestimmungsrechtes wird grundsätzlich anerkannt, dass der Patient selbständig darüber entscheiden darf, welchen medizinischen Maßnahmen er zustimmt oder nicht[36]. Diese Zustimmung ist nichts anderes als die oben genannte Einwilligung. Somit ist die Einwilligung Bestandteil des Selbstbestimmungsrechtes und muss auch verfassungsrechtlich gewährleistet werden. Dies wird entweder aus Artikel 2 I in Verbindung mit Artikel 1 I GG[37] oder aus Artikel 2 II S. 1 GG hergeleitet[38].

---

32 *Schiemann*, in: Erman, § 823, Rn. 135; *Teichmann*, in: Jauernig, § 823, Rn. 48; *Sprau*, in: Palandt, § 823, Rn. 25.

33 *Schaub*, in: Prütting/Wegen/Weinrich, § 823, Rn. 197; *Laufs*, Rn. 173; *Sprau*, in: Palandt, § 823, Rn. 151.

34 *Teichmann*, in: Jauernig, § 823, Rn. 54/56; *Schiemann*, in: Erman, § 823, Rn. 146; *Sprau*, in: Palandt, § 823, Rn. 38; *Lackner/Kühl*, Vor § 32, Rn. 10; *Lenckner*, in: Schönke/Schröder, Vorbem §§ 32 ff, Rn. 33; *Kühl*, § 9, Rn. 20.

35 *Ohly*, S. 25. *Ohly* verweist auf *Ulpian* D. 47.10.1.5: „*Usque adeo autem iniuria, quae fit liberis nostris, nostrum pudorem pertingit, ut, etiam si volentem filium quis vendiderit, patri suo quidem nomine competat iniuriarum actio; filio vero nomine non competit, quia nulla iniuria est, quae in volentem fiat*“.

36 BVerfGE 52, S. 131 (178).

37 *Michael*, S. 97.

38 BVerfGE 52, S. 131 (171); *Heide*, S. 193; *Mayer*, Medizinische Maßnahmen, S. 109; *Hollenbach*, S. 52.

3. Herrschende Lehre in der strafrechtlichen und zivilrechtlichen Literatur

Die Argumente gegen die Ansicht der Rechtsprechung sind vielschichtig. Da der Arzt den Patienten heilen möchte, wird eine Gleichstellung mit dem „Messerstecher“ abgelehnt. Deswegen versucht die herrschende Lehre in der Literatur den ärztlichen Heileingriff schon tatbestandlich nicht der Körperverletzung zuzuordnen[39]. So unterscheiden einige Autoren zwischen gelungenen und missglückten ärztlichen Eingriffen[40]. Der missglückte Eingriff stellt eine tatbestandsmäßige Körperverletzung dar, der gelungene dagegen nicht[41]. Andere nehmen eine Körperverletzung nur an, wenn der Eingriff nicht kunstgerecht durchgeführt worden ist[42]. Das heißt, entfernt der Arzt die bösartige Geschwulst entweder kunstgerecht oder erfolgreich, handelt es sich schon tatbestandsmäßig um keine Körperverletzung im Sinne der §§ 223 ff. StGB.

Auch in der zivilrechtlichen Literatur gibt es Bestrebungen, ärztliche Heileingriffe nicht mit einer Körperverletzung gleichzusetzen[43]. Stattdessen stelle ein eigenmächtig vorgenommener ärztlicher Heileingriff eine Verletzung des allgemeinen Persönlichkeitsrechtes dar[44]. Begründet wird dies damit, dass vordergründig bei einem eigenmächtigen Heileingriff das Selbstbestimmungsrecht des Patienten verletzt werde, nicht dagegen die körperliche Integrität[45]. Das Selbstbestimmungsrecht wird aber auch von dem allgemeinen Persönlichkeitsrecht geschützt, so dass eine Einstufung als Körperverletzung überhaupt nicht notwendig wäre[46]. Nach dieser Ansicht könnte ein Anspruch auf Schadensersatz nach §§ 823 ff. BGB wegen einer Verletzung des allgemeinen Persönlichkeitsrechtes entstehen, wenn keine wirksame Einwilligung zur Entfernung der bösartigen Geschwulst vorliegt.

4. Stellungnahme

Die Motive der Literaturmeinungen sind durchaus nachzuvollziehen. Natürlich fällt es schwer, einen Arzt, der das Wohl seines Patienten im Auge hat, mit einem „Messerstecher“ zu vergleichen. Allerdings schneidet der Arzt absichtlich gesundes Brustgewebe auf, um sowohl gesundes als auch vom Tumor befallenes

---

39 *Eser*, in: Schönke/Schröder, § 223, Rn. 30 mit weiteren Verweisen.

40 *Gössel/Dölling*, S. 154; *Otto*, BT, § 15, Rn. 11.

41 *Joecks*, Vor § 223, Rn. 19; *Eser*, in Schönke/Schröder, § 823, Rn. 30.

42 *Welzel*, S. 289; *Lilie*, in: LK-StGB, Vor § 223, Rn. 6; *Schiemann*, in: Erman, § 823, Rn. 137; *Laufs*, Rn. 176.

43 *Taupitz*, S. 15; *Laufs*, Rn. 174.

44 *Laufs*, Rn. 176.

45 *Taupitz*, A 16.

46 *Taupitz*, A 15.

Gewebe zu entnehmen. Es erscheint konstruiert, diesen Schnitt und das Entfernen der Gewebezellen, nur aufgrund des therapeutischen Zieles, nicht als körperliche Misshandlung einzustufen. Denn dass ein Eingriff in die körperliche Integrität vorliegt, ist anhand des Beispiels offensichtlich. Des Weiteren ist zu bedenken, dass die Ansicht der Literatur für den Patienten negative Konsequenzen zur Folge hat. Das allgemeine Persönlichkeitsrecht ist ein so genanntes Rahmenrecht, bei welchem die Rechtswidrigkeit nicht durch die Verletzung indiziert wird[47]. Das heißt wiederum, dass der Patient beweisen muss, dass der Arzt ohne wirksame Einwilligung die Behandlung durchgeführt hat. Folgt man dagegen der Rechtsprechung, ist die Rechtswidrigkeit schon durch die Körperverletzung indiziert, so dass der Arzt den Gegenbeweis erbringen muss, den Eingriff rechtmäßig, also nach vorheriger Aufklärung und Einwilligung vorgenommen zu haben.

Da es für den Patienten schwer sein dürfte zu beweisen, dass der Arzt ihn entweder unzureichend oder gar nicht aufgeklärt hat und dadurch keine wirksame Einwilligung vorgelegen hatte, ist diese Auffassung abzulehnen. Auch muss hinsichtlich des Schmerzensgeldes beachtet werden, dass eine Geldentschädigung bei immateriellen Schäden durch Verletzung des allgemeinen Persönlichkeitsrechtes nur äußerst selten und unter schwierigen Voraussetzungen zugesprochen wird[48]. Eine Geldentschädigung bei Körperverletzungen wird jedoch durch §§ 823, 253 II BGB gesetzlich gewährleistet. Aus diesen Gründen ist der Ansicht der Rechtsprechung zu folgen und der ärztliche Heileingriff immer als Körperverletzung anzusehen.

II. Konsequenzen einer Anweisung, lebenserhaltende Maßnahmen zu unterlassen oder abzubrechen

Wie bereits erläutert, ist zur Durchführung medizinischer Maßnahmen die Einwilligung des Patienten erforderlich. Entscheidend ist aber, ob eine Einwilligung auch dann vorliegen muss, wenn die medizinische Maßnahme, wie in den Fallbeispielen A bis D, zur Lebenserhaltung notwendig ist. Anerkannt ist, dass das Selbstbestimmungsrecht nicht nur die Freiheit gewährleistet, in ärztliche Heileingriffe einzuwilligen, sondern auch die Freiheit, auf diese zu verzichten[49]. Diese Freiheit besteht auch, wenn die Entscheidung des Patienten unvernünftig oder lebensbedrohlich ist[50]. Der Arzt hat aufgrund des daraus folgenden Grund-

47 *Sprau*, in: Palandt, § 823, Rn. 95; *Schiemann*, in: Erman, § 823, Rn. 48.

48 *Wagner*, in: MüKo-BGB, § 823, Rn. 664; BGHZ 26, 349 (349 ff); *Posselt-Wenzel*, S. 27.

49 BGHSt 11, S. 111 (113); BGH, in: NJW 1995, S. 204 (204); BGHSt 40, S. 257 (260); OLG Karlsruhe/Freiburg, in: NJW 2002, S. 685 (685); *Bernsmann*, in: ZRP 1996, S. 87 (90); *Schöllhammer*, S. 30.

50 BGHSt 11, S. 111 (111 ff); *Laufs*, Rn. 144.

satzes „*voluntas aegroti suprema lex*" die Pflicht, die Entscheidung des Patienten zu akzeptieren[51]. Dies gilt auch dann, wenn der Wille des Patienten auf den Abbruch oder den Verzicht einer lebenserhaltenden Maßnahme gerichtet ist und folglich zu seinem Tod führt[52].

Wenn ein Patient lebenserhaltende Maßnahmen nicht wünscht, liegt genau genommen keine Einwilligung vor. Schließlich willigt der Patient nicht ein, dass eine der oben genannten lebenserhaltenden Maßnahmen durchgeführt wird, sondern er verweigert seine Einwilligung zur Durchführung der medizinischen Maßnahmen. Der Wunsch des Patienten, lebenserhaltende Maßnahmen zu unterlassen oder abzubrechen, stellt daher eine Einwilligungsverweigerung[53] dar. Behandelt der Arzt den Patienten, obwohl dieser den medizinischen Eingriff verweigerte, begeht der Arzt, wegen der fehlenden Einwilligung, eine Körperverletzung nach § 223 StGB und § 823 BGB. Im Ergebnis bedeutet dies, dass die Therapiebegrenzung immer zulässig sein muss, wenn der Patient die lebenserhaltenden Maßnahmen ablehnt. Deswegen sollte nicht von der Zulässigkeit der Einwilligung in eine Therapiebegrenzung gesprochen werden, sondern von deren Gebotenheit. Dies verdeutlicht, dass nicht die Therapiebegrenzung eine Einwilligung des Patienten benötigt, sondern dass diese immer zulässig und somit geboten ist, wenn der Patient den lebenserhaltenden Maßnahmen nicht zustimmt.

III. Zusammenfassung

Zunächst wurde nur festgestellt, dass die ärztliche Therapiebegrenzung geboten ist, wenn der Patient dies wünscht. Die Patienten in den vorliegenden Patientengeschichten sind nicht alle in der Lage, ihren Wunsch zu äußern. Folglich ist im weiteren Verlauf der Arbeit zwischen den Patienten zu differenzieren, welche zur Willensäußerung fähig sind oder nicht, und denjenigen, die zur Willensäußerung fähig, aber unter gesetzlicher Betreuung stehen oder minderjährig sind.

---

51 *Rieger*, S. 34; *Heyers*, S. 34; *Ingelfinger*, S. 277; *Hirsch*, in: FS für Lackner, S. 596 (600).

52 *Schneider*, in: MüKo-StGB, Vor §§ 211, Rn. 105; *Neumann*, in: Nomos-StGB, Vor § 211, Rn. 103; *Fischer*, Vor § 211, Rn. 23.

53 Auch der neu eingefügte § 1904 II BGB spricht von der Nichteinwilligung oder dem Widerruf der Einwilligung.

B. Therapiebegrenzung bei willensäußerungsfähigen Patienten

In den ersten beiden Patientengeschichten (Fälle A und B) lehnen beide Patientinnen die lebenserhaltenden Maßnahmen ab. Die 40-jährige Patientin entscheidet sich von Anfang an gegen einen chirurgischen Eingriff sowie gegen eine Chemotherapie. Die 65-jährige Patientin lehnt dagegen eine Weiterbehandlung ab, nachdem fast keine Aussicht auf eine erfolgreiche Heilung besteht. Die medizinischen Behandlungen wären für beide Patientinnen lebensnotwendig gewesen, um das Leben zumindest kurzfristig zu verlängern.

Es stellt sich die Frage, ob der Arzt grundsätzlich immer an den Willen der Patienten gebunden ist, lebenserhaltende Maßnahmen abzubrechen oder zu unterlassen, oder ob es diesbezüglich Einschränkungen gibt. So ist zum Beispiel zu klären, ob an den Patientenwillen, die Krankheit oder das Krankheitsstadium bestimmte Voraussetzungen zu stellen sind. Des Weiteren muss untersucht werden, wie diese Gebotenheit mit dem strafrechtlichen Tötungsverbot und der unterlassenen Hilfeleistung zu vereinbaren ist.

I. Voraussetzungen der Gebotenheit einer Therapiebegrenzung

Es ist zu prüfen, ob an die Einwilligungsverweigerung der beiden Patientinnen bestimmte Voraussetzungen gestellt werden. Danach ist zu prüfen, ob noch weitere Voraussetzungen für eine gebotene Therapiebegrenzung vorliegen müssen.

1. Einwilligungsverweigerung und Einwilligungsverweigerungsfähigkeit

In deutschen Gesetzen findet sich bis heute keine Definition des Begriffes der Einwilligungsverweigerung. Wie bereits erwähnt, ist den deutschen Gesetzen, auch nach Verabschiedung des Patientenverfügungsgesetzes, eine gesetzliche Verankerung der Einwilligung und ihrer Voraussetzungen fremd. Hinsichtlich der Einwilligung hat die Rechtsprechung und Literatur die weiteren Voraussetzungen entwickelt, so dass eine Analyse der Rechtsprechung und der Literatur erfolgen kann. Bezüglich einer Einwilligungsverweigerung und ihrer Voraussetzungen gibt es dagegen kaum Ausführungen. Da eine Einwilligungsverweigerung aber als Negation einer Einwilligung angesehen wird[54], könnten die Voraussetzungen der Einwilligung entsprechend Anwendung finden. Für eine wirksame Einwilligung ist anerkannt, dass zum einen die Einwilligungsfähigkeit und zum anderen eine vorherige Aufklärung des Patienten vorliegen muss[55]. Unklar

54 *Holzhauer*, in: FamRZ 2006, S. 518 (519).

55 *Spickhoff*, in: Soergel, § 823 Anh I, Rn. 95; *Eser*, in: Schönke/Schröder, § 223, Rn. 38, 40; *Taupitz*, A 59; *Thias*, S. 74/75.

ist allerdings, welche Voraussetzungen an die Einwilligungsfähigkeit bzw. an die Fähigkeit, eine Einwilligung zu verweigern, gestellt werden und welche Anforderungen an eine ärztliche Aufklärung zu stellen sind.

a) Fähigkeit, eine Einwilligung zu geben bzw. zu verweigern

Zuerst gilt es zu untersuchen, ob die Einwilligungsverweigerung ebenfalls die Einwilligungsfähigkeit beziehungsweise die Einwilligungsverweigerungsfähigkeit des Patienten voraussetzt, und wie diese bestimmt wird. Sowohl zum Schutz des Patienten als auch zum Schutz des Arztes muss der Patient fähig sein, eine Einwilligung zu verweigern. Schließlich führt die Therapiebegrenzung zum Tode des Patienten. Welche Anforderungen an diese Fähigkeit zu stellen sind, könnte sich danach richten, welche Rechtsnatur eine Einwilligungsverweigerung aufweist. Stellt diese eine Willenserklärung dar, könnten die §§ 104 ff. BGB direkt angewendet werden. Sollte die Einwilligungsverweigerung dagegen als geschäftsähnliche Handlung angesehen werden, kommt nur eine analoge Anwendung der §§ 104 ff. BGB in Betracht.

aa) Rechtsnatur einer Einwilligungsverweigerung

Während die Ausführungen zur Rechtsnatur der Einwilligung zahlreich sind, existierten bis zur Verabschiedung des Patientenverfügungsgesetzes kaum Erörterungen der Rechtsnatur einer Einwilligungsverweigerung. Es wird vertreten, es handele sich um eine Willenserklärung[56], während andere diese Einstufung ablehnen[57]. Im Ergebnis ist eine Einstufung als Willenserklärung oder nur als geschäftsähnliche Handlung hinfällig, da von beiden Ansichten, unabhängig von der Rechtsnatur, eine strenge Einzelfalluntersuchung gefordert wird. Das hat wiederum zur Folge, dass nach beiden Ansichten in jedem Einzelfall gesondert geprüft wird, ob die Regeln über Willenserklärungen angewendet werden können[58]. Folglich ist eine direkte und generelle Anwendung der §§ 104 ff. BGB schon deswegen abzulehnen.

bb) Voraussetzungen an die Einwilligungsverweigerungsfähigkeit

In Betracht kommen könnte, dass die Einwilligungsverweigerungsfähigkeit anhand der §§ 104 ff. BGB analog bestimmt wird. Das würde bedeuten, dass die Einwilligungsverweigerungsfähigkeit mit der Geschäftsfähigkeit gleichzusetzen ist. Ein geschäftsfähiger Patient ist dann auch einwilligungsverweigerungsfähig.

---

56 *Schöllhammer*, S. 47; *Heyers*, S. 74.

57 *Holzhauer*, S. 518 (519).

58 *Schöllhammer*, S. 47.

Voraussetzung für eine analoge Anwendung ist, dass Sinn und Zweck der Geschäftsfähigkeit gemäß §§ 104 ff. BGB mit der Einwilligungsverweigerungsfähigkeit vergleichbar sind[59]. Die §§ 104 ff. BGB haben in erster Linie den Zweck, den nicht oder beschränkt Geschäftsfähigen vor den eventuell nachteiligen Rechtsfolgen einer Willenserklärung zu schützen[60]. Dieser Schutzgedanke kann durchaus auf den Sinn und Zweck der Einwilligungsverweigerungsfähigkeit übertragen werden. Schließlich soll die Einwilligungsverweigerungsfähigkeit den Patienten vor Entscheidungen schützen, die letztendlich zu seinem Tod führen können. Der Schutz, der durch die Einwilligungsverweigerungsfähigkeit erreicht werden soll, darf allerdings nicht darin bestehen, das Selbstbestimmungsrecht des Einzelnen rigoros einzuschränken. So darf bei einer unvernünftigen Entscheidung des Patienten nicht von dessen Einwilligungsverweigerungsunfähigkeit ausgegangen werden[61]. Hinzu kommen die starren Altersgrenzen der §§ 104 ff. BGB, die den Anforderungen des Selbstbestimmungsrechtes nicht gerecht werden. Bei einer Anwendung der §§ 104 ff. BGB analog wäre ein beschränkt Geschäftsfähiger nicht in der Lage, frei und selbständig über einen medizinischen Eingriff zu entscheiden, da medizinische Eingriffe keinen rechtlichen Vorteil darstellen. Er würde deswegen immer die Genehmigung des gesetzlichen Vertreters benötigen. Die Entscheidung für oder gegen eine medizinische Behandlung, diese grundsätzlich in die Hände der gesetzlichen Vertreter zu geben, ist mit dem Selbstbestimmungsrecht unvereinbar. Dafür spricht, dass auch das Betreuungsrecht nicht auf die Geschäftsfähigkeit des Betroffenen abstellt. Hervorzuheben ist, dass eine Einwilligung des Betreuers in ärztliche Maßnahmen nur dann in Betracht kommt, wenn der Betroffene selbst nicht mehr einwilligen kann[62]. Ob der Betroffene einwilligungsfähig ist, bestimmt sich nicht anhand dessen Geschäftsfähigkeit nach §§ 104 ff. BGB[63]. Zur Bestimmung der Einwilligungs- bzw. Einwilligungsverweigerungsfähigkeit sind folglich andere Kriterien zu suchen. Ein Blick auf die zur Einwilligungsfähigkeit entwickelten Kriterien hilft weiter. Sowohl die Rechtsprechung als auch die Literatur stellt bei einer Einwilligungsfähigkeit auf die konkrete Einsichts- und Urteilsfähigkeit des Patienten ab[64]. Diese liegt vor, wenn der Patient in der Lage ist, die Bedeutung und Tragweite des medizinischen Eingriffes zu erfassen, und seine Entscheidung für oder gegen einen Eingriff von diesen Erkenntnissen abhängig

59 BGHZ 149, S. 165 (174); BGH, in: NJW 2005, S. 2142 (2143).

60 *Schmitt*, in: MüKo-BGB, Vor § 104, Rn. 2; *Hefermehl*, in: Soergel, Vor § 104, Rn. 10; *Dörner*, in: HK-BGB, Vorbem zu §§ 104 -113, Rn. 1.

61 *Taupitz*, A 57.

62 *Bauer*, in: Prütting/Wegen/Weinreich, § 1896, Rn. 22.

63 *Meyer*, in: Jurgeleit, § 1904, Rn. 8; *Diederichsen*, in: Palandt, § 1904 Rn. 8; *Damrau*, in: Damrau/Zimmermann, § 1904, Rn. 1.

64 BGHZ 29, S. 33 (36); BGH, in: NJW 1972, S. 335 (337).

machen kann[65]. Diese Fähigkeiten können dem Patienten nicht von vornherein generell und allgemein abgesprochen werden. Vielmehr kommt es immer nur auf die Fähigkeit an, in die konkrete ärztliche Maßnahme einzuwilligen[66]. Das heißt, es muss immer eine Einzelfalluntersuchung stattfinden, damit die Einwilligungsfähigkeit bzw. Einwilligungsverweigerungsfähigkeit festgestellt werden kann. Deswegen müssen die Kriterien zur Beurteilung der Einwilligungsfähigkeit bzw. Einwilligungsverweigerungsfähigkeit „offener" sein, damit nicht von vornherein bestimmte Menschen immer zu Einwilligungs-unfähigen degradiert werden. Diese Kriterien sind auch nicht frei von Kritik, da schließlich klare Vorgaben, wann ein Patient die konkrete Einsichts- und Urteilsfähigkeit aufweist oder nicht, fehlen. Im Vergleich zu den starren Altersangaben der Geschäftsfähigkeit sind sie dennoch vorzugswürdig. Meines Erachtens sind diese Kriterien auch für eine Einwilligungsverweigerung maßgeblich. Bezogen auf die ersten beiden Fallbeispiele bedeutet dies, dass die beiden Patientinnen in der Lage sein müssen, ihr Krankheitsbild zu verstehen, und eine Entscheidung über medizinische Behandlungen treffen können. Des Weiteren müssten sie diese Entscheidung auch mitteilen und vor allem die Konsequenzen ihrer Entscheidungen auch nachvollziehen können. Davon ist hier auszugehen.

b) Notwendigkeit einer vorherigen Aufklärung

Fraglich ist, ob für eine Einwilligungsverweigerung eine vorherige Aufklärung des Patienten stattfinden muss. Hier ist zwischen den Funktionen der Einwilligung und der Einwilligungsverweigerung zu differenzieren. Die Einwilligung beseitigt die Rechtswidrigkeit des medizinischen Eingriffes. Sie gestattet dem Arzt, in die körperliche Integrität einzugreifen. Die Einwilligungsverweigerung hat keine andere Wirkung, als dem Arzt medizinische Eingriffe zu untersagen, welche sowieso nur mit einer Einwilligung erlaubt sind. Diese Eingriffe sind, unabhängig davon, ob der Arzt seinen Patienten aufklärt oder nicht, ohne Einwilligung verboten[67]. Allerdings wird der Arzt aus dem Behandlungsvertrag verpflichtet sein, seinen Patienten vor schädigendem Verhalten zu warnen, und ihn auf die Konsequenzen hinweisen[68]. Festzuhalten ist somit, dass eine Einwilligungsverweigerung als Wirksamkeitsvoraussetzung zwar keine Aufklärung voraussetzt, diese aber als Pflicht aus dem Behandlungsvertrag stattfinden muss.

---

65 BGHZ 29, S. 33 (36); BGH , in: NJW 1972, S. 335 (337).

66 *Damrau*, in: Damrau/Zimmermann, § 1904, Rn. 1; *Hoffmann*, in: Bienwald/Sonnenfeld/Hoffmann, § 1904, Rn. 41; *Diederichsen*, in: Palandt, § 1904, Rn. 8

67 *Schöllhammer*, S. 74; *Thias*, S. 76; *Taupitz*, A 33 ff.

68 *Taupitz*, A 33 ff; *Thias*, S. 76.

2. Krankheitsbild und Krankheitsstadium

Berücksichtigt werden muss, dass sich der Gesundheitszustand der 65-jährigen an Darmkrebs erkrankten Patientin (Fall B) in kurzer Zeit gravierend verschlechterte und sie letztendlich innerhalb kürzester Zeit starb. Dagegen scheint der Gesundheitszustand der 40-Jährigen (Fall A) verhältnismäßig stabil zu sein und der Todeseintritt steht noch nicht unmittelbar bevor. Zu untersuchen ist, ob diese verschiedenen Krankheitsstadien unterschiedlich bewertet werden.

a) Sterbeprozess hat bereits begonnen

Grundsätzlich ist anerkannt, dass die Therapiebegrenzung lebenserhaltender Maßnahmen dann geboten ist, wenn der Patient an einer irreversiblen tödlichen Krankheit leidet und der Sterbeprozess bereits eingesetzt hat[69]. Der Sterbeprozess hat nach den Leitlinien der Bundesärztekammer von 1979 dann eingesetzt, wenn die elementaren körperlichen Lebensfunktionen erheblich beeinträchtigt sind oder völlig ausfallen[70]. Liegen diese Voraussetzungen vor, ist grundsätzlich unumstritten, dass der Arzt die Behandlung abbrechen oder unterlassen muss, sollte dies dem Willen des Patienten entsprechen. Diese Voraussetzungen treffen auf die 65-jährige an Darmkrebs erkrankte Patientin zu (Fall B), so dass ein nachträglicher Behandlungsabbruch geboten ist. Dahinter steht der Gedanke, dass es jedem Menschen selbst überlassen sein muss, wie er die letzten Monate seines Lebens verbringen möchte. Verweigert er sich, den Todeskampf künstlich in die Länge zu ziehen, und verlangt er den Abbruch der Behandlungen oder den Verzicht auf die Behandlungen, muss der Arzt den Patientenwillen respektieren. Bezeichnet wird dies auch als zulässige Hilfe beim Sterben[71].

b) Sterbeprozess hat noch nicht begonnen

Zu untersuchen ist im Folgenden, ob ein Arzt zu einer Therapiebegrenzung verpflichtet ist, wenn der Patient dies verlangt, die Sterbephase aber noch nicht eingetreten ist, wie dies die 40-jährige an Brustkrebs erkrankte Patientin wünscht (Fall A)? Zu bedenken ist, dass es sich in solchen Fällen nicht mehr um die schmerzfreie letzte Lebensphase handelt, sondern um eine vorzeitige „Erlösung" vor dem zukünftigen Lebens- und Krankheitsverlauf[72]. Kann der tatsächliche Wille, sterben zu wollen, ausreichen, obwohl die Sterbephase erst Monate, eventuell sogar Jahre später eintreten kann? Eine Antwort auf diese Frage gibt das

---

69 BGHSt 37, S. 376 (379); *Rengier*, § 7, Rn. 11; *Küper*, § 1, Rn. 21; *Fischer*, Vor §§ 211, Rn. 19.

70 *Höfling*, in: JuS 2000, S. 111 (112).

71 Grundsätze der Bundesärztekammer zur ärztlichen Sterbebegleitung, in: *Sahm*, S. 212 ff.

72 *Ingelfinger*, S. 326.

Urteil des BGH aus dem Jahre 1994, welches auch als „*Kemptener Fall*“ bezeichnet wird. Der BGH hatte über einen Fall zu entscheiden, bei welchem die Zulässigkeit eines Behandlungsabbruches der apallischen Patientin, Frau S., geprüft wurde[73]. Dass der natürliche Sterbeprozess bei Frau S. noch nicht begonnen hatte, war für die Zulässigkeit[74] eines solchen Abbruches nicht weiter relevant, im Vordergrund stand die Ermittlung des mutmaßlichen Willens von Frau S[75]. Fälle, in welchen der Sterbeprozess noch nicht eingesetzt hat, werden auch als Hilfe zum Sterben (passive Sterbehilfe im weiteren Sinne) bezeichnet[76]. Diese Fälle sind - mit den Worten des BGH - zulässig, wenn der Patientenwille auf den Abbruch oder den Verzicht der lebenserhaltenden Maßnahmen gerichtet ist[77]. Wenn eine Therapiebegrenzung bei Patienten zulässig ist, obwohl der Patient seinen Willen nicht mehr äußern kann, muss dies erst recht gelten, wenn der Patient die Therapiebegrenzung explizit wünscht. So ist eine Therapiebegrenzung auch bei Noch-Nicht-Sterbenden geboten, wenn dies dem Patientenwillen entspricht.

3. Zusammenfassung

Zusammenfassend ist zu sagen, dass neben der Einwilligungsverweigerungsfähigkeit der Patientinnen keine weiteren Voraussetzungen für eine Therapiebegrenzung vorliegen müssen. Eine solche ist immer geboten, wenn der Patient die Therapiebegrenzung wünscht. Die Unterscheidung zwischen der Hilfe zum Sterben und der Hilfe beim Sterben ist für die Gebotenheit der Therapiebegrenzung irrelevant. Ebenfalls unbedeutend ist, ob die Krankheit zwangsläufig zum Tod des Patienten führt, also irreversibel tödlich enden wird. Daraus ergibt sich, dass eine Therapiebegrenzung auf Wunsch des einwilligungsverweigerungsfähigen Patienten immer geboten ist. Aus der Gebotenheit folgt, dass der Arzt an den Patientenwillen gebunden ist.

II. Strafrechtliche Konsequenzen für den Arzt

Da der Wille beider Patientinnen (Fälle A und B) zu einem früheren Todeseintritt führt, stellt sich die Frage, ob ein Widerspruch zum strafrechtlichen Tötungsverbot und der unterlassenen Hilfeleistung besteht? Schließlich verbieten die §§ 211 ff. StGB das Töten von Menschen und § 323 c StGB das Unterlassen

73 BGHSt 40, S. 257 ff. Dieser Fall ist an gegebener Stelle noch ausführlich zu behandeln. Hier sollen kurz die für diese Frage wichtigen Argumente dargestellt werden.

74 Der BGH spricht von Zulässigkeit des Behandlungsabbruchs und nicht von Gebotenheit. Siehe: BGHSt 40, S. 257 ff.

75 BGHSt 40, S. 257 (257).

76 BGHSt 40, S. 257 (260).

77 BGHSt 40, S. 257 (260).

von Hilfeleistungen. Die Entfernung der malignen Geschwulst der 40-jährigen Patientin hätte vielleicht zu einer erfolgreichen Heilung führen können, eventuell auch zu einer Verlängerung des Lebens von maximal 10 Jahren. Ebenso hätte das Leben der 65-jährigen Patientin um ein bis zwei Jahre, vielleicht auch nur noch um Stunden, verlängert werden können, wenn medizinische Behandlungen vorgenommen worden wären. Behandelt der Arzt die Patientinnen dennoch, obwohl diese nicht in die Behandlung eingewilligt haben, begeht der Arzt eine strafbare und schadensersatzpflichtige Körperverletzung. Wie dieses Dilemma gelöst wird, ist im nächsten Abschnitt zu klären.

1. Widerspruch zu den Tötungsdelikten

Im Ergebnis sind sich grundsätzlich alle Vertreter der einschlägigen Rechtsprechung als auch der Literatur einig, dass eine Strafbarkeit nach den §§ 211 ff. StGB für den Arzt entfallen muss, wenn der Patient die Therapiebegrenzung lebenserhaltender Maßnahmen ausdrücklich wünscht[78]. Die Begründungen dafür sind sehr vielseitig und undurchsichtig. So liefern auch die bekannten Urteile des LG Ravensburg und des BGH im „*Kemptener Fall*“ leider keine ausdrücklichen Lösungen, da nicht deutlich wird, ob die Rechtswidrigkeit abgelehnt wird oder schon der Tatbestand als nicht verwirklicht angesehen wird[79].

a) Dogmatische Begründung der Straflosigkeit

Zwar könnte der Einwand erhoben werden, dass die Begründungen unerheblich seien, wenn sowohl die Rechtsprechung als auch die herrschende Lehre der Literatur von der Straflosigkeit ausgehen. Juristisch gesehen ist es jedoch nicht zufriedenstellend, wenn ein einheitliches Ergebnis erzielt wird, aber niemand weiß, auf welche Weise dies erreicht wird. Auch aus medizinischer und ethischer Sicht muss genau geklärt werden, warum die Therapiebegrenzung lebenserhaltender Maßnahmen erlaubt, die aktive Tötung durch das Spritzen von Morphium dagegen verboten ist. Diese Abgrenzung kann nur vorgenommen werden, wenn dogmatisch begründet wird, warum die Therapiebegrenzung straflos ist. So ist den verschiedenen Lösungsansätzen, bildlich gesprochen, auf den Grund zu gehen.

Aufgrund der Existenz des § 216 StGB ist einhellig anerkannt, dass eine Tötung auch dann bestraft wird, wenn diese von Seiten des Getöteten gewünscht

78 Siehe nur: *Engisch*, in: Eser, S. 312 (316); *Neumann*, in: Nomos-StGB, Vor § 211, Rn. 101; *Lackner/Kühl*, Vor § 211, Rn. 8; *Schneider*, in: MüKo-StGB, Vor §§ 211 f, Rn. 104; *Horn*, in: SK-StGB, § 212, Rn. 26 b.

79 LG Ravensburg, in: NStZ 1987, S. 229; BGHSt 40, S. 257 ff.

wurde. Eine Einwilligung zur Tötung kann daher niemals als Rechtfertigungsgrund anerkannt werden[80]. Strittig ist allerdings, ob diese so genannte Einwilligungssperre auch dann gilt, wenn der Tod nicht durch ein aktives Tun, sondern durch ein Unterlassen eingetreten ist[81]. Sollte diese Einwilligungssperre für Unterlassungsdelikte nicht gelten, würde eine Strafbarkeit des Arztes nach §§ 211, 13 ff. StGB schon wegen der Einwilligung des Patienten entfallen. Deswegen ist es sinnvoll, zuerst zu klären, ob die Therapiebegrenzung als Unterlassen[82] oder als aktives Tun[83] einzustufen ist. Im Anschluss daran sind die einzelnen Lösungen zu analysieren.

aa) Unterlassen oder aktives Tun?

Grundsätzlich ist anerkannt, dass das Unterlassen als Nichtvornahme einer Tätigkeit definiert wird[84]. Bei einigen Verhaltensweisen ist die Abgrenzung zwischen aktivem Tun und Unterlassen eindeutig anhand dieser „Formel" zu lösen. In dem ersten Fallbeispiel wird Brustkrebs diagnostiziert. Dennoch verlangt die Patientin das Unterlassen jeglicher therapeutischer Behandlungsmethoden. Der Arzt verzichtet deswegen auf das Entfernen der malignen Geschwulst sowie auf eine Chemo- oder Bestrahlungstherapie. Er unterlässt folglich eine Handlung, nämlich die Durchführung einer Operation und der Chemo- oder Bestrahlungstherapie. Bei solchen anfänglichen Therapiebegrenzungen liegt unstreitig ein Unterlassen im Sinne des § 13 StGB vor[85].

Bei einer nachträglichen Therapiebegrenzung wie im zweiten Fallbeispiel stellt sich die Abgrenzung schwieriger da. Mehrere Varianten sind hier denkbar: Der Arzt könnte eine medikamentöse Behandlung abbrechen oder aber medizinische Geräte (z. B.: Reanimator, Respirator, künstliche Ernährung oder Dialysegeräte) werden abgestellt. Schwierigkeiten bereitet die Abgrenzung in diesen Fällen vor allem deshalb, weil aktives Tun und Unterlassen zusammenfallen. Das Abschalten eines Reanimators ist eindeutig eine aktive Handlung. Die

80 *Fischer*, Vor §§ 211, Rn. 17; *Eser*, in: Schönke/Schröder, Vorbem §§ 211 ff, Rn. 24; *Horn*, in: SK-StGB, § 212, Rn. 26 d; *Schneider*, in: MüKo-StGB, Vor §§ 211 ff, Rn. 91.

81 *Eser*, in: Schönke/Schröder, § 216, Rn. 10; *Horn*, in: SK-StGB, § 216, Rn. 14; *Rudolphi*, in: Jura 1979, S. 39 (43); *Schneider*, in: MüKo-StGB, § 216, Rn. 61.

82 *Engisch*, in: FS für Dreher, S. 309 ff; *Geilen*, in: JZ 1968, S. 145 ff; *Roxin*, AT II, § 31, Rn. 109 ff; *Schneider*, S. 140 ff.

83 *Tröndle*, Vor § 211, Rn. 20 wertet das Abschalten eines Beatmungsgerätes als aktives Tun; *Samson*, in: FS für Welzel, S. 579 (600) stuft ebenfalls das Abschalten eines Beatmungsgerätes als aktives Tun ein.

84 *Wessels/Beulke*, Rn. 708; *Lackner/Kühl*, § 13, Rn. 1; *Stree*, in: Schönke/Schröder, Vorbem §§ 13, Rn. 139.

85 BGHSt 37, S. 376 (376); *Schneider*, in: MüKo-StGB, Vor §§ 211, Rn. 104 ff; Die Tatsache, dass die Vornahme der Handlung dem Arzt durch den entgegenstehenden Willen des Patienten eventuell nicht möglich ist, spielt an dieser Stelle noch keine Rolle.

Nichtvornahme der künstlichen Beatmung, welche durch das Abschalten des Reanimators erfolgt, ist dagegen wiederum ein Unterlassen. Auf diesen speziellen Fall soll erst später eingegangen werden. Hier interessiert zunächst, wie das Verhalten des Arztes im zweiten Fallbeispiel einzustufen ist. Nehmen wir an, eine erfolgreiche operative Entfernung der Lungen- und Lebermetastasen ist nicht gelungen. Die weitere Vergabe von Chemotherapeutika in Form einer Veneninjektion schlägt ebenfalls nicht an, so dass sich die Patientin entschließt, diese Therapie abzubrechen. Der Arzt wird dann sein Pflegepersonal anweisen, weitere Injektionen zu unterlassen. Die Anweisung könnte als aktives Tun eingestuft werden, die Nichtvergabe der Injektion dagegen als Unterlassen im Sinne des § 13 StGB. Bei diesen mehrdeutigen Verhaltensweisen ist die rechtliche Einstufung nach wie vor umstritten. Welche Lösungsmöglichkeiten es im Einzelnen dafür gibt, soll im Folgenden aufgezeigt werden. Allerdings ist anzumerken, dass die Abgrenzung zwischen Tun und Unterlassen nicht Schwerpunkt dieser Arbeit ist, so dass die möglichen Lösungswege dargestellt werden, jedoch keine neuen Lösungswege gesucht werden können[86]. Da beide oben beschriebenen Verhaltensweisen (Anweisung, keine weiteren Injektionen zu verabreichen, und das Abschalten eines Reanimators) mehrdeutig sind, wird für beide gemeinsam eine Lösung gesucht, auch wenn die Einstufung des Abschaltens eines Reanimators dogmatisch erst an späterer Stelle erfolgen müsste.

Im Großen und Ganzen existieren vier verschiedene Lösungswege, welche sich innerhalb eines Weges noch weiter unterteilen. Zunächst besteht die Möglichkeit, die Abgrenzung anhand ontologischer und normativer Gesichtspunkte vorzunehmen. *Roxin* versucht dagegen, eine Lösung durch die Rechtsfigur „Unterlassen durch Tun" zu erreichen. Einen eigenen Lösungsweg schlägt *Schneider* vor, indem er eine zweistufige Prüfung des Gesamtgeschehens vornimmt.

(1) Ontologische Abgrenzungslehren

Kriterien der Abgrenzungslehre nach ontologischen Gesichtspunkten sind sowohl das Vorhandensein von Körperbewegungen[87] als auch das Einsetzen von Energie[88].

---

86 Eine Ausführliche Darstellung zu diesem Thema findet sich bei *Schneider* in: Tun und Unterlassen beim Abbruch lebenserhaltender medizinischer Behandlung, S. 55 ff.

87 *v. Liszt*, S. 170; *Gallas*, in: ZStW 67 (1955), S. 1 (8); *Schünemann*, S. 239; *Struensee*, in: FS für Stree/Wessels, *S.* 133 (143).

88 *Engisch* 1973, S. 167 ff, 1977, S. 325; *Brammsen*, in: GA 2002, S. 193 (205 ff). Wobei anzumerken ist, dass *Brammsen* die Lehre von *Engisch* erweitert, indem der Gedanke des Energieeinsatzes mit dem (tatsächlich oder vorgestellten) beeinträchtigten Rechtsgut kombiniert wird. Ein aktives Tun liegt nach *Brammsen* vor, wenn eine Person einen Geschehensablauf einleitet, fortführt oder verstärkt, der faktisch oder potentiell geeignet ist, das Angriffsobjekt zu beeinträchtigen. So gelangt *Brammsen* auch zu dem Ergebnis,

(a) Körperbewegung

Nach dem Kriterium der Körperbewegung liegt ein aktives Tun vor, wenn das Verhalten eine Körperbewegung darstellt[89]. Ein Unterlassen wird dagegen angenommen, wenn keine Körperbewegung vorgenommen wurde[90]. Das Abschalten des Reanimators an sich ist eindeutig eine Körperbewegung und folglich nach vorheriger Definition ein aktives Tun. Das darauf folgende Nichtweiterbehandeln stellt dagegen, als Nichtvornahme von körperlichen Bewegungen, ein Unterlassen dar. Dieselbe missliche Situation ergibt sich, wenn die Anweisung erteilt wird, bestimmte lebenserhaltende Medikamente oder Injektionen nicht mehr weiter zu verabreichen. Das zeigt, dass dieser Ansatz bei mehrdeutigen Verhaltensweisen nicht weiter hilft.

(b) Einsatz von Energie

Auch eine Abgrenzung mit Hilfe des Energieeinsatzes führt in solchen Fällen nicht zu befriedigenden Ergebnissen. Danach liegt ein aktives Tun vor, wenn Energie eingesetzt wurde. Fehlt dieser Energieeinsatz, liegt dagegen ein Unterlassen vor[91]. Selbst *Engisch* leugnet, als „Gründer“ dieses Lösungsweges, nicht, dass Energie aufgewendet wird, wenn ein Reanimator abgeschaltet wird[92]. Dennoch lehnt *Engisch* ein aktives Tun ab. Durch eine Gesamtbetrachtung gelingt es ihm letztendlich, ein Unterlassen anzunehmen. So wird einerseits die Bedeutung des Energieaufwandes durch Drücken des „Aus-Knopfes“ im Vergleich zu dem weiteren Unterlassen der Behandlung als gering angesehen[93]. Andererseits wird auf den Sinn und Zweck des Abschaltens des Reanimators abgestellt[94]. Ein Unterlassen müsste nach *Engisch* auch dann vorliegen, wenn die Anweisung erteilt wird, lebenserhaltende Medikamente oder Injektionen nicht weiter zu verabreichen. Die Anweisung als Einsatz von Energie würde dann sicherlich im Vergleich zu der Nichtweiterbehandlung als gering eingestuft, und folglich als Unterlassen bewertet werden. Zu der Ansicht von *Engisch* ist anzumerken, dass

dass sowohl das Abschalten eines Respirators als auch das Einstellen von Sondennahrung nicht als Unterlassen, sondern als aktives Tun einzustufen ist. Begründet wird dies damit, dass das Abschalten den Einsatz von Energie aufweist und dadurch der Todeseintritt des Patienten beschleunigt wird. Allerdings ist zweifelhaft, ob der Todeseintritt durch das Abschalten oder durch das Unterlassen weiterer Behandlung beschleunigt wird. Der Patient als Rechtsgutträger wird durch beide Varianten gefährdet, so dass die These von *Brammsen* letztendlich keine befriedigenden Lösungen erzielt.

89 *Schünemann*, S. 239.

90 Siehe: *Engisch*, in: FS für Gallas, S. 163, Fn. 14, 15.

91 *Engisch*, in: FS für Gallas, S. 163 (170).

92 *Engisch*, in: FS für Dreher, S. 309 (326).

93 *Engisch*, in: FS für Dreher, S. 309 (327).

94 *Engisch*, in: FS für Dreher, S. 309 (327).

keine klaren Konturen existieren, wann ein Energieaufwand als geringfügig anzusehen ist. Ebenso ist zu kritisieren, dass durch das Abstellen auf den Sinn und Zweck das eigentliche Kriterium des Energieeinsatzes unterlaufen wird.

(c) Zusammenfassung

Festzuhalten ist folglich, dass eine Abgrenzung von Unterlassen und aktivem Tun bei mehrdeutigen Verhaltensweisen anhand ontologischer Kriterien nicht gelingt.

(2) Normative Abgrenzungskriterien

Normative Abgrenzungslehren unterscheiden sich von der ontologischen Lehre dadurch, dass eine Abgrenzung nicht mittels des äußeren Erscheinungsbildes, sondern anhand von Werturteilen vorgenommen wird. Dabei wird zum einen auf den sozialen Sinn des Verhaltens[95] abgestellt, zum anderen wird der Schwerpunkt der Vorwerfbarkeit als entscheidend angesehen[96]. Der soziale Sinn des Abschaltens eines Reanimators liegt nach Ansicht von *Geilen* in einem Unterlassen. Der Reanimator ist für *Geilen*, bildlich gesprochen, ein verlängerter Arm des Arztes, so dass sich das Ergebnis nicht ändert, nur weil eine maschinell betriebene Beatmung abgebrochen wird[97]. Der soziale Sinn müsste nach dieser Ansicht auch bei einem Abbruch einer medikamentösen Behandlung darin liegen, dass ein Unterlassen vorliegt. Die Medikamente könnten genauso als Arm angesehen werden.

Auch die Anhänger der Schwerpunktformel kommen zu dem Ergebnis, dass das Abbrechen künstlicher Ernährung ein Unterlassen darstellt[98]. Zwar ist die Anweisung an das Pflegepersonal, die künstliche Ernährung einzustellen, eindeutig ein aktives Tun. Der Schwerpunkt des vorwerfbaren Verhaltens liegt aber im Einstellen der künstlichen Ernährung[99]. Diese Argumentation ist auf das Abschalten von Reanimatoren, Dialysegeräten und weitere technische Apparaturen übertragbar, da der Vorwurf auch bei diesen auf der Nichtvornahme der weiteren Beatmung, Dialyse etc. liegt. Die Begründung dieser Abgrenzungskriterien erscheint auf den ersten Blick einleuchtend. Werden die Kriterien „sozialer Sinn“ und „Schwerpunkt der Vorwerfbarkeit“ allerdings auf weitere Grenzfälle übertragen, fällt auf, dass diese Begriffe reichlich unbestimmt sind. Wann über-

---

95 *Krey/Heinrich*, BT I , § 1, Rn. 11; *Schneider*, in: MüKo-StGB, Vor §§ 211 ff, Rn. 109; *Haft*, S. 177.

96 BGHSt 6, S. 46 (59); BGHSt 40, S. 257 (265); *Stree*, in: Schönke/Schröder, Vorbem §§ 13, Rn. 158.

97 *Geilen*, in: JZ 1968, S. 145 (151).

98 BGHSt 40, S. 257 (257 ff); BGH, in: NJW 2003, S. 1588 (1590).

99 BGHSt 40, S. 257 (257 ff).

wiegt die Nichtvornahme einer Handlung und führt zu einem Unterlassungsdelikt? Wonach wird der soziale Sinn bestimmt? Diese Fragen können auch die Anhänger der normativen Lehre nicht wirklich beantworten. Aus diesen Gründen sind die Abgrenzungskriterien sehr unbestimmt, so dass sie allein nicht ausreichen können, um bei der Lösung weiter zu helfen.

(3) Unterlassen durch Tun

Roxin versucht, speziell die Fälle des technischen Behandlungsabbruches durch die von *Merkel* und *v. Ovenbeck*[100] begründete Rechtsfigur „Unterlassen durch Tun" zu lösen. Unterlassen durch Tun bedeutet, dass der Täter zwar aktiv handelt, sein Verhalten aber dennoch nur als Unterlassungsdelikt eingestuft wird[101]. Dazu gehören die Fälle der *„omissio libera in causa"*[102], die Fälle des Rücktritts vom Gebotserfüllungsversuch sowie die Situationen, in denen ein Dritter die Rettungsbemühungen eines anderen vereitelt[103]. *Roxin* subsumiert das Abschalten eines Reanimators unter die Fälle des Rücktritts vom Gebotserfüllungsversuch[104]. Typisches Beispiel für diese Fälle ist das Zurückstellen des Rettungsringes, nachdem der Hilfspflichtige diesen zuerst in der Absicht ergriffen hatte, das Opfer zu retten[105]. Dadurch, dass der Täter dem Opfer den Rettungsring nicht zuwirft, ertrinkt das Opfer. Hätte der Hilfspflichtige den Rettungsring von Anfang an nicht ergriffen, wäre das Opfer auch ertrunken. Deswegen heben sich in solchen Fällen der positive und der negative Energieeinsatz auf, so dass beide Täter gleich zu bestrafen sind[106]. Da der von Anfang an untätig gebliebene Hilfspflichtige wegen eines Unterlassungsdeliktes bestraft wird, muss folglich auch der Täter, der von seinem eigenen Rettungsversuch aktiv zurücktritt, als Unterlassungstäter eingestuft werden[107].

Das nachträgliche Abschalten eines Reanimators bei einem Patienten wird mit dem anfänglichen Unterlassen künstlicher Beatmung verglichen. Das Nichteinleiten künstlicher Beatmung von Anfang an hat zur Folge, dass der Patient verstirbt. Da der Arzt eine Handlung, zum Beispiel die künstliche Beatmung, nicht vornimmt, ist dieses Nichteinleiten eindeutig als Unterlassen zu bewerten. Ist der Arzt dagegen am Anfang der Meinung, dass eine künstliche Beatmung

100 *Stoffers*, in: JA 1992, S. 138 (138, 139).
101 *Stoffers*, in: JA 1992, S. 138 (138).
102 Unter *omissio libera in causa* werden die Fälle zusammengefasst, in welchen sich der Täter durch aktives Tun außer Stande setzt, eine notwendige Handlung zu erfüllen.
103 *Rudolphi*, in: SK-StGB, Vor § 13, Rn. 46 ff.
104 *Roxin*, in: FS für Engisch, S. 380 (382).
105 *Kühl*, § 18, Rn. 21.
106 *Roxin*, in: FS für Engisch, S. 380 (382); *Rudolphi*, in: SK-StGB, Vor § 13, Rn. 47; wohl auch *Kühl*, § 18, Rn. 21.
107 *Roxin*, AT II, § 31, Rn. 109.

zur Lebensverlängerung führen kann, und stellt er im Nachhinein fest, dass dies nicht erreicht werden kann, tritt dasselbe Ergebnis ein, wie wenn der Arzt von Anfang an weitere Behandlungen unterlassen hätte. Der Patient verstirbt. Diese Situation ist für *Roxin* mit dem zuvor genannten Beispiel des Zurückziehens eines Rettungsringes vergleichbar. *Roxin* kommt so letztendlich zu dem Ergebnis, dass das Abschalten ein Unterlassen darstellt[108].

Es gibt allerdings einen Unterschied zwischen beiden Fällen: Wenn der Rettungsring zurückgestellt wird, bevor das Opfer eine Chance hatte, diesen zu ergreifen, bestand keine reale Rettungsmöglichkeit. Der bereits an einen Respirator angeschlossene Patient hatte dagegen eine Chance auf Lebensverlängerung. Die nachträgliche Therapiebegrenzung ist deswegen mit der Situation zu vergleichen, in welcher ein Hilfswilliger den Rettungsring zurückzieht, nachdem das Opfer den Ring ergriffen hat. In solchen Fällen nimmt auch *Roxin* ein aktives Tun an[109]. Auf das Abschalten eines Respirators bezogen heißt das, dass auch nach *Roxin* ein aktives Tun vorliegen müsste, schließlich erreichte der Rettungsversuch - künstliche Beatmung - die Sphäre des Opfers. Dieses Problem versucht *Roxin* zu lösen, indem er darauf abstellt, dass die Rettungsversuche aussichtslos seien. Wären die Aussichten von Anfang an nicht Erfolg versprechend gewesen, wäre eine künstliche Beatmung nicht mehr indiziert gewesen. Der Arzt hätte diese mangels Handlungspflicht unterlassen dürfen, und dies soll auch dann gelten, wenn die Rettungschancen nachträglich sinken[110]. Hinter dieser Ansicht steht die Idee, dass der anfänglich untätig gebliebene Täter und der von der Rettung zurücktretende Täter gleich bestraft werden sollen. Für den Abbruch von lebensverlängernden Maßnahmen bedeutet dies, dass die anfängliche und die nachträgliche Therapiebegrenzung gleichbehandelt werden sollen. Warum diese gleichbehandelt werden sollen, basiert wiederum auf Wertungsgesichtspunkten, dass beide Täter das gleiche Unrecht verwirklicht haben. Das ist nur eine persönliche Wertung, die nach keinen bestimmten Kriterien vollzogen werden kann. Weiterhin ist anzumerken, dass *Roxin* von Anfang an versucht, eine identische Bestrafung für den anfänglich unterlassenden Täter und denjenigen Täter, welcher nachträglich seine Rettungsbemühungen abbricht, zu erzielen. Dadurch wird die eigentliche Einteilung von Unterlassen und aktivem Tun mit der Frage der Straflosigkeit bzw. Strafbarkeit aufgehoben. Diese Frage ist erst nach der eigentlichen Einteilung, ob ein Unterlassen oder aktives Tun vorliegt, zu problematisieren. Aus diesen Gründen kann auch diese Theorie nicht wirklich überzeugen.

---

108 *Roxin*, in: FS für Engisch, S. 380 (398).

109 *Roxin*, in: FS für Engisch, S. 380 (386).

110 *Roxin*, AT II, § 31, Rn. 117.

(4) Lösungsweg von Schneider

Schneider schlägt vor, die Abgrenzung von aktivem Tun und Unterlassen mittels einer „Zwei-Stufenlösung“ vorzunehmen[111]. Auf die beiden Stufen wird im Folgenden näher eingegangen.

(a) Erste Stufe

Auf der ersten Stufe wird geprüft, ob bei „natürlicher Betrachtung“ des Gesamtgeschehens ein Tun oder ein Unterlassen vorliegt[112]. Unter „natürlicher Betrachtung“ ist das äußere Erscheinungsbild zu verstehen. Dabei stellt *Schneider* vordergründig darauf ab, ob eine Körperbewegung vorliegt oder eben fehlt[113]. Bezüglich des Abstellens eines Reanimators heißt das, es liegt eine Körperbewegung vor.

Dieses Kriterium alleine kann aber bei mehrdeutigen Verhaltensweisen nicht zu eindeutigen Ergebnissen führen. Deswegen schlägt *Schneider* vor, nach dem schadennächsten Verhalten zu suchen[114]. Schadennächstes Verhalten ist das Verhalten, welches die Gefahr für einen Schadenseintritt unmittelbar konkretisiert[115]. Dabei geht es *Schneider* nicht um eine zeitliche Dimension oder um ein ursächliches Verhalten sondern um ein rein erfolgsbezogenes Verhalten. Zu suchen ist also das Verhalten, welches am engsten mit dem eingetretenen Erfolg verbunden ist. Das Abstellen eines Reanimators müsste nun auch am engsten mit der Gefahr des Todeseintritts verbunden sein. Zu diesem Ergebnis kommt *Schneider* und bejaht auf der ersten Stufe ein aktives Tun.

(b) Zweite Stufe

Auf der zweiten Stufe ist anhand von normativen Kriterien eine zusätzliche Überprüfung vorzunehmen[116]. Die Kriterien des sozialen Handlungssinnes und der Schwerpunktformel lehnt *Schneider* aus Gründen der Rechtssicherheit ab. Stattdessen wird gefragt, welche Handlungsform die Rechtsordnung vom Täter erwartet[117]. Strafrechtliche Relevanz erlangt dabei das Verhalten, welches den Erwartungen der Rechtsordnung widerspricht. Ausschlaggebend, welches Verhalten den Erwartungen der Rechtsordnungen widerspricht, ist der Schutzzweck

---

111 *Schneider*, S. 140 ff.
112 *Schneider*, S. 142 ff.
113 *Schneider*, S. 142 ff.
114 *Schneider*, S. 144.
115 *Schneider*, S. 144.
116 *Schneider*, S. 148.
117 *Schneider*, S. 149.

der einschlägigen Normen und der Ist-Zustand des betroffenen Rechtsgutes[118]. Bezüglich des Abstellens eines Reanimators prüft *Schneider*, ob die Rechtsordnung das Unterlassen des Abstellens des Reanimators erwartet, oder die Weiterbehandlung und damit zumindest kurzfristige Lebenserhaltung verlangt. Zum Zeitpunkt des schadennächsten Verhaltens (Abstellen des Reanimators) ist das Rechtsgut bereits gefährdet. Sinn und Zweck der Tötungsdelikte ist der Lebensschutz, und deswegen erwarte die Rechtsordnung eine Weiterbehandlung, um das Leben des Patienten zu schützen[119]. Das Abstellen eines Reanimators und wohl auch das Abbrechen medikamentöser Behandlungen sind folglich als Unterlassen einzustufen, da eben dieses Verhalten der Rechtsordnung widerspricht. Frei von Kritik bleibt auch diese Abgrenzungsmethode nicht. *Schneider* wendet sich ausdrücklich gegen eine rein normative Abgrenzung mittels der Schwerpunktformel und einer Wertung nach dem sozialen Sinn. Auch wenn die Erwartungen der Rechtsordnung anhand des Schutzzweckes der Norm und des Ist-Zustandes des betroffenen Rechtsgutes bestimmt werden sollen, sind diese Kriterien nicht völlig wertungsunabhängig. Gerade der Schutzzweck der Norm, was ein Tatbestand schützen soll, basiert letztendlich auf Wertungen, welches Verhalten strafwürdig ist. Ein weiterer Kritikpunkt liegt darin, dass nicht einleuchtend begründet wird, warum das Abstellen und nicht das darauf folgende Nichtbeatmen oder Nichtbehandeln am engsten mit der Todesgefahr zusammenhängt. An dieser Stelle könnte auch gegenteilig argumentiert werden: Das Unterlassen der Weiterbeatmung, als Nichtvornahme einer Körperbewegung, ist am engsten mit dem bevorstehenden Tod (durch Ersticken) verbunden. Dann wäre schon auf der ersten Stufe eine Unterlassungstat anzunehmen. Ein Korrektiv auf der zweiten Stufe könnte dann entfallen.

(5) Stellungnahme

Nach dem Körperbewegungskriterium liegt ein aktives Tun vor, wenn der Arzt eine mittels technischer Hilfsmittel durchgeführte Behandlung oder eine medikamentöse Behandlung einstellt. Nach der Lehre von *Engisch* liegt trotz des Energieaufwandes durch das Drücken des „Aus-Knopfes“ ein Unterlassen vor. Zu diesem Ergebnis kommen auch die Vertreter der normativen Ansichten, die von *Schneider* erarbeitete Zwei-Stufenlösung und *Roxin*. Die Kriterien dieser Abgrenzungsmöglichkeiten sind allesamt nicht frei von Kritik. Am überzeugendsten gelingt eine Einordnung anhand des von *Schneider* vorgeschlagenen Lösungsmodells. Die Kombination von ontologischen und normativen Kriterien ist deswegen sinnvoll, weil diese Kriterien alleine nicht zu zufrieden stellenden Ergebnissen gelangen. Um zu einem gerechten Ergebnis zu kommen, ist es ange-

118 *Schneider*, S. 150.
119 *Schneider*, S. 175.

bracht, zunächst die ontologischen Kriterien heranzuziehen und dieses Ergebnis nachträglich zu korrigieren. Ob das, wie *Schneider* verlangt, anhand des schadennächsten Verhaltens zu ermitteln ist, bleibt allerdings zweifelhaft. Erstens ist es aus einer ex post Betrachtung sicherlich nicht einfach, das Verhalten zu bestimmen, welches am engsten mit dem eingetretenen Erfolg verbunden war. Zweitens macht *Schneider* nicht eindeutig klar, wann ein Erfolg mit einem Verhalten eng verbunden ist, da er eine rein zeitliche oder kausale Betrachtung ablehnt. So erscheint dieses Kriterium allein nicht geeignet, ein Verhalten als aktives Tun oder Unterlassen einzustufen. Eventuell ist es an dieser Stelle besser, auch wenn dies einer dogmatisch sauberen Prüfung widerspricht, die Kriterien der Kausalität oder des Energieeinsatzes heranzuziehen. Auf einer zweiten Stufe kann das Ergebnis dann mittels normativer Kriterien korrigiert werden. Hier auf den Schutzzweck der Norm abzustellen und eine Betrachtung der Ist-Situation vorzunehmen, erscheint angebracht, auch wenn dabei zwangsläufig persönliche Wertungen mit einfließen.

Insgesamt betrachtet ist auch nach langen Jahren der Diskussion immer noch keine zufrieden stellende Lösung für die Abgrenzung von Unterlassen und aktiven Tun gefunden worden. Der Ansatz von *Schneider* kann als wegweisend für weitere neuere Überlegungen angesehen werden. Das nachträgliche Abbrechen lebenserhaltender Maßnahmen, sei es in Form des Abschaltens technischer Geräte oder als Einstellung medikamentöser Behandlung, ist folglich als Unterlassen zu bewerten.

bb) Anfängliche und nachträgliche Therapiebegrenzung

Damit eine Strafbarkeit wegen einer Tötung durch Unterlassen in Betracht kommen kann, muss der Arzt gemäß § 13 StGB als Garant zur Erfolgsabwendung verpflichtet sein. Grundsätzlich ist anerkannt, dass sich eine Garantenstellung aufgrund der Übernahme einer ärztlichen Einzelfallbehandlung[120] oder des Bereitschaftsdienstes[121] ergibt. Das heißt, sobald ein Arzt eine medizinische Behandlung begonnen hat, ist er auch als Garant zur Erfolgsabwendung verpflichtet. Deswegen ist zwischen einer anfänglichen und einer nachträglichen Therapiebegrenzung zu differenzieren.

(1) Garantenstellung bei einer anfänglichen Therapiebegrenzung

Für den von der 40-jährigen Patientin gewünschten anfänglichen Behandlungsverzicht (Fall A) bedeutet dies, dass eine Garantenstellung des Arztes hinsicht-

120 *Stree*, in: Schönke/Schröder, § 13, Rn. 28 a; *Lackner/Kühl*, § 13, Rn. 9; *Thias*, S. 62; *Fischer*, § 13, Rn. 20; *Rieger*, S. 45 ff.

121 BGHSt 7, S. 211 (212); *Fischer*, § 13, Rn. 7; *Stree*, in: Schönke/Schröder, § 13, Rn. 28a.

lich einer Lebensverlängerung gar nicht entstehen kann[122]. Schließlich wird die Behandlungsaufnahme und somit eine Garantenstellung kraft Übernahme verweigert. Natürlich gilt dies nur hinsichtlich der Verweigerung, die lebensnotwendigen Maßnahmen (Operation, Chemo- und Bestrahlungstherapie) zu unterlassen. An die Stelle von Lebensverlängerung tritt dann die palliativ-medizinische Versorgung, welche schließlich auch von der Patientin gewünscht wird[123]. Eine Strafbarkeit gemäß §§ 216, 13 StGB sowie auch nach den §§ 211, 212, 13 StGB scheidet schon mangels Garantenstellung des Arztes aus.

(2) Garantenstellung bei einer nachträglichen Therapiebegrenzung

Anders stellt sich die Situation bei der 65-jährigen Patientin dar (Fall B), welche sich bereits mehreren Operationen und Chemotherapien hat unterziehen lassen. Hier entsteht durch die Aufnahme der Behandlungen eine Garantenstellung im Sinne des § 13 StGB des behandelnden Arztes. In wie weit diese Garantenstellung durch den Willen der Patientin, weitere Behandlungen abzubrechen, eventuell weggefallen sein könnte, wird im Verlauf der Arbeit noch zu diskutieren sein. Eine Strafbarkeit nach §§ 216, 13 StGB sowie nach den §§ 211, 212, 13 StGB kommt grundsätzlich in Betracht.

(3) Zusammenfassung

Wichtig ist, dass eine Strafbarkeit nach §§ 211, 13 ff. StGB nur für den Arzt in Betracht kommt, der nachträglich eine lebenserhaltende Maßnahme abbricht. Damit die Strafmilderung des § 216 StGB greifen kann, muss das ausdrückliche und ernsthafte Verlangen der Patienten hinzukommen, die begonnenen lebenserhaltenden Behandlungen abzubrechen. Wird auf eine lebenserhaltende Maßnahme von Anfang an verzichtet, entsteht keine Garantenstellung für den behandelnden Arzt. Eine Bestrafung nach den §§ 216, 13 StGB sowie den §§ 211, 13 ff. StGB entfällt folglich. Eine Bestrafung nach den §§ 211 ff. StGB kommt in diesen Fällen nur für die Autoren in Betracht, welche ein aktives Tun annehmen. Die Garantenstellung spielt dann aus diesem Grund keine Rolle.

cc) Lösungswege zur Begründung der Straflosigkeit

Erfolgt die Therapiebegrenzung auf Wunsch des Patienten, wäre an sich eine Bestrafung wegen einer Tötung auf Verlangen durch Unterlassen nach §§ 216, 13 StGB einschlägig. Genau an dieser Stelle setzen einige Autoren an, um die

---

122 *Thias*, S. 88; *Eser*, in: Eser, Suizid und Euthanasie, S. 392 (402); *Ingelfinger*, S. 310.

123 Grundsätze der Bundesärztekammer zur ärztlichen Sterbebegleitung, in: *Sahm*, S. 212 (213).

Straflosigkeit des Arztes zu begründen. So vertreten einige die Ansicht, dass § 216 StGB nicht durch ein Unterlassen verwirklicht werden kann[124]. Das hätte zur Folge, dass die Einwilligungssperre des § 216 StGB nur für aktiv begangene Tötungen gelten würde. Dies hätte zur Konsequenz, dass eine Bestrafung des Arztes nach §§ 216, 13 StGB und §§ 211, 212, 13 StGB ausgeschlossen wäre. Andere versuchen die Straflosigkeit zu begründen, indem entweder der Tatbestand[125] oder die Rechtswidrigkeit[126] verneint wird.

(1) Tötung auf Verlangen durch Unterlassen

Nachdem festgestellt wurde, in welchen Fällen überhaupt eine Strafbarkeit des Arztes nach §§ 216, 13 StGB in Betracht kommt, soll geklärt werden, ob eine Tötung auf Verlangen durch Unterlassen möglich ist. Während manche Autoren der Ansicht sind, dass auch das Töten durch Unterlassen vom Tatbestand des § 216 StGB erfasst wird[127], lehnt ein großer Teil der Literatur dies ab[128]. Dahinter steht der Streit, ob durch die Strafbarkeit einer Tötung auf Verlangen durch Unterlassen die Straflosigkeit bloßer Suizidteilnahme ausgehöhlt wird[129]. Angesichts der Tatsache, dass der Suizid nicht strafbar ist[130], entfällt zwangsläufig auch eine Strafbarkeit für den Teilnehmer mangels fehlender Haupttat[131]. Wird eine Strafbarkeit nach §§ 216, 13 StGB angenommen, wäre ein Garant, welcher einen Suizid nicht verhindert hat, wegen einer Tötung auf Verlangen durch Unterlassen zu bestrafen. Genau dies widerspreche der oben genannten Straflosigkeit der Suizidteilnahme. Der Tatbestand des § 216 StGB sei deswegen ausschließlich auf die aktive Fremdtötung begrenzt[132].

---

124 *Eser*, in: Schönke/Schröder, § 216, Rn. 10; *Horn*, in: SK-StGB, § 216, Rn. 14; *Fischer*, 216, Rn. 6; *Sax*, in: JZ 1975, S. 137 (146), Fn. 81; *Rudolphi*, in: Jura 1979, S. 39 (42); *Chong*, S. 163; *Lackner/Kühl*, § 216, Rn. 4; *Wessels/Hettinger*, Rn. 162; *Arzt/Weber*, § 3, Rn. 45.

125 *Gössel/Dölling*, § 2, Rn. 51; *Rieger*, S. 65; *Sax*, in: JZ 1975, S. 137 (146).

126 *Roxin*, in: FS für Engisch, S. 380 (400); *Hirsch*, in: FS für Lackner, S. 597 (600); *Thias*, S. 93; *Schneider*, S. 242 ff; *Merkel*, in: ZStW 107 (1995), S. 545 (570).

127 BGHSt 13, S. 162 (166); BGHSt 32, S. 367 (374); *Herzberg*, in: JuS 1975, S. 171 (172); *Schneider*, S. 39; *Ingelfinger*, S. 304.

128 *Eser*, in: Schönke/Schröder, § 216, Rn. 10; *Horn*, in: SK-StGB, § 216, Rn. 14; *Fischer*, § 216, Rn. 6; *Sax*, in: JZ 1975, S. 137 (146), Fn. 81; *Rudolphi*, in: Jura 1979, S. 39 (42); *Chong*, S. 163; *Lackner/Kühl*, § 216, Rn. 4; *Wessels/Hettinger*, Rn. 162; *Arzt/Weber*, § 3, Rn. 45.

129 *Schneider*, in: MüKo-StGB, § 216, Rn. 61; *Sax*, in: JZ 1975, S. 137 (142), Fn. 81.

130 So ist allgemein anerkannt, dass die Tötungsdelikte nach §§ 211 ff StGB die Tötung eines *anderen* Menschen voraussetzen. Siehe nur: *Wessels/Hettinger*, Rn. 43.

131 BGHSt 24, S. 342 (343); BGHSt 32, S. 367 (371); BGHSt 46, S. 279 (284).

132 *Eser*, in: Schönke/Schröder, § 216, Rn. 10; *Horn*, in: SK-StGB, § 216, Rn. 14; *Fischer*, § 216, Rn. 6; *Sax*, in: JZ 1975, S. 137 (146), Fn. 81; *Rudolphi*, in: Jura 1979, S. 39 (42);

Grundsätzlich könnte der Vorwurf der Aushöhlung der straflosen Suizidteilnahme auch für den aktiv handelnden Teilnehmer erhoben werden. Dieser Vorwurf wird sicherlich deswegen nicht erhoben, weil die Abgrenzung zwischen aktiver Teilnahme an einem Suizid und der Täterschaft nach § 216 StGB bereits ausführlich behandelt wurde[133]. Daher gibt es zahlreiche und umstrittene Abgrenzungsmöglichkeiten zwischen straflosem Teilnehmer und strafbarem Täter gemäß § 216 StGB. Zu überlegen ist, ob diese Abgrenzungsmöglichkeiten auch für den unterlassenden Teilnehmer oder den unterlassenden Täter übernommen werden könnten[134]. Für die heutige Rechtsprechung ist für die Abgrenzung zwischen strafbarer Fremdtötung und strafloser Suizidteilnahme maßgeblich, wer das zum Tode führende Geschehen tatsächlich beherrscht[135]. Eine strafbare Fremdtötung wegen Beherrschung der Tat liegt vor, wenn der Getötete sich in die Hand des anderen begeben hat, um von diesem, sozusagen duldend, getötet zu werden[136]. Eine straflose Teilnahme liegt dagegen vor, wenn der Getötete bis zuletzt die freie Entscheidung über sein Schicksal behalten hatte[137]. Ein Großteil der Literatur verlagert die Abgrenzung nicht auf das gesamte Tatgeschehen, sondern auf den todbringenden Augenblick[138]. Suizid begeht, wer im kritischen Moment die Entscheidung über sein Leben in eigener Hand hält; § 216 StGB ist dagegen erfüllt, wenn das Opfer den todbringenden Akt einem anderen anvertraut[139]. Insgesamt spielt die Tatherrschaft folglich eine große Rolle. Genau hier liegt das Problem. Wie soll ein Unterlassungstäter eine Tat beherrschen? Selbst wenn der Vorwurf hinsichtlich der genannten Suizidfälle gerechtfertigt erscheint, müssen weitere Gesichtspunkte bedacht werden. Suizidfälle und die Situationen, in denen lebenserhaltende Maßnahmen abgebrochen werden, haben Gemeinsamkeiten, aber auch grundlegende Unterschiede. In beiden geht es um die Tötung von lebensmüden Menschen. Hier liegt ein großer Unterschied. Der Suizident tötet sich selbst, außer er bedient sich menschlicher Hilfe, so dass eine Abgrenzung zwischen strafloser Suizidteilnahme und strafbarer Tötung auf Verlangen stattfinden muss. Es geht entweder um Selbsttötung oder um Fremdtötung. Der lebensbedrohlich erkrankte Patient wird dagegen in der Regel nicht

---

Chong, S. 163; *Lackner/Kühl*, § 216, Rn. 4; *Wessels/Hettinger*, Rn. 162; *Arzt/Weber*, § 3, Rn. 45.

133 *Schneider*, in: MüKo-StGB, § 216, Rn. 27 ff; *Neumann*, in: Nomos-StGB, § 216, Rn. 5 ff; *Horn*, in: SK-StGB, § 216, Rn. 9 ff.

134 So im Ergebnis auch *Schneider*, S. 35, 36.

135 BGHSt 19, S. 135 (139).

136 BGHSt 19, S. 135 (139).

137 BGHSt 19, S. 135 (139).

138 *Eser*, in: Schönke/Schröder, § 216, Rn. 11; *Krey/Heinrich*, BT, § 1, Rn. 105; *Geilen*, in: Jura 1979, S. 201 (203), *Lackner/Kühl*, § 216, Rn. 3; *Horn*, in: SK-StGB, § 216, Rn. 10.

139 *Eser*, in: Schönke/Schröder, § 216, Rn. 11; *Lackner/Kühl*, § 216, Rn. 3; *Horn*, in: SK-StGB, § 216, Rn. 10.

mehr die Möglichkeit haben, die lebenserhaltenden Maßnahmen selbständig zu beenden. Das heißt aber, der Patient wird immer darauf angewiesen sein, dass der Arzt, das Pflegeteam oder ein Dritter die lebenserhaltenden Maßnahmen abbricht. Dann „beherrscht" der Arzt (Dritter) aber immer die Tat und somit liegt immer eine Fremdtötung vor. Schwierige Abgrenzungsfragen zur straflosen Suizidteilnahme dürften sich dann eigentlich selten stellen. Daher besteht in diesem Fall auch kein Problem dahingehend, dass die straflose Suizidteilnahme ins Unermessliche ausgeweitet wird. Dieser Vorwurf ist nur dann gerechtfertigt, wenn sich tatsächlich Schwierigkeiten bei einer Abgrenzung zwischen Gehilfe und Täter ergeben. Deswegen überzeugt die Begründung nicht, eine Strafbarkeit nach §§ 216, 13 StGB von vornherein ausscheiden lassen zu wollen, indem die Existenz einer Tötung auf Verlangen durch Unterlassen abgelehnt wird. Der Arzt, der die Chemotherapie bei der 65-jährigen Patientin nachträglich abbricht, könnte sich folglich wegen einer Verwirklichung der §§ 216, 13 StGB strafbar gemacht haben[140].

(2) Tatbestandsausschluss

Viele versuchen die Straflosigkeit des Arztes mit einem Tatbestandsausschluss zu begründen[141]. Dabei werden sehr viele unterschiedliche Möglichkeiten vorgeschlagen, welche schon zu einer Verneinung des Tatbestandes führen. Aufgrund der mittlerweile unüberschaubar vielen Lösungsvorschläge kann im Rahmen dieser Arbeit nicht auf alle einzelnen Meinungen eingegangen werden, sondern nur auf diejenigen, die am häufigsten vertreten werden.

(a) Schutzzweck der Norm

Einige Autoren engen den Tatbestand der Tötungsdelikte durch den Schutzzweck der Norm ein[142], so dass schon das Verhalten des Arztes nicht darunter fällt. *Sax* gelangt zur Tatbestandslosigkeit des ärztlichen Verhaltens durch eine Haftungsbegrenzung des Schutzzweckes der Tötungsdelikte[143]. Er stellt dabei darauf ab, dass es nicht rechtens sein könne, ein verlöschendes Leben mittels

---

140 Die Tatsache, dass der Arzt meistens nur die Anweisung erteilen wird, weitere Injektionen der Chemotherapeutika zu unterlassen, und somit „nur" als so genannter mittelbarer Täter nach §§ 216, 13, 25 I S. 2 StGB bestraft werden könnte, soll hier nicht weiter beachtet werden.

141 *Eser*, in: Schönke/Schröder, Vorbem §§ 211 ff, Rn. 28; *Gössel/Dölling*, § 2, Rn. 51; *Rieger*, S. 65; *Sax*, in: JZ 1975, S. 137 (146), wobei anzumerken ist, dass sich diese Lösungsmöglichkeiten natürlich nicht nur auf einen Tatbestandsausschluss bezüglich § 216 StGB beziehen, sondern für alle Tötungsdelikte allgemein gelten.

142 *Sax*, in: JZ 1975, S. 136 (149).

143 *Sax*, in: JZ 1975, S. 136 (149).

technischer Vorkehrungen künstlich zu verlängern, obwohl ein würdiges Weiterleben ausgeschlossen ist[144]. Würde der Arzt zur künstlichen Lebenserhaltung trotz der „Sinnlosigkeit" solcher Maßnahmen verpflichtet sein, würde dem Sterbenden die Gnade versagt, eines natürlichen Todes zu sterben[145]. Das Versagen eines natürlichen Todes ist für *Sax* inhuman. Zu einem solchen Verhalten kann das Recht nicht auffordern. Aus diesen Gründen verletzt der Arzt das Rechtsgut Leben nicht, wenn er sinnlose künstliche Lebenserhaltungsmaßnahmen abbricht oder unterlässt[146]. Dies führt zu einer Begrenzung des Schutzzweckes der Norm: Das Rechtsgut Leben wird nicht mehr vom Tatbestand der §§ 211 ff. StGB geschützt, sobald das Leben am Verlöschen ist. Somit führt dies zu einem Tatbestandsausschluss[147]. Die von *Sax* vorgenommene Schutzzweckbegrenzung weist einige Unklarheiten und Kritikpunkte auf. *Sax* spricht von einem verlöschenden Leben, aber wann liegt ein solches vor? Auffallend ist zudem, dass *Sax* den Willen des erkrankten Patienten völlig außer Acht lässt. Selbst das Töten ohne den Willen des Patienten müsste rechtmäßig sein, sobald der Patient im Sterben liegt, sein Leben also am „Verlöschen" ist. Ebenso kann diese Argumentation nicht erklären, warum das aktive Töten mittels einer Morphiumspritze dann verboten sein soll. Zumindest, wenn ein Patient aktiv getötet wird, bei welchem der Sterbeprozess schon weit fortgeschritten ist, könnte von einem verlöschenden Leben gesprochen werden, welches nicht mehr unter den Schutzbereich der Tötungsdelikte fällt.

Eine ähnliche Position vertritt auch *Samson*, welcher das Abbrechen lebenserhaltender Maßnahmen als aktives Tun einstuft[148]. Eine Bestrafung kommt für *Samson* deshalb nicht in Betracht, weil der „natürliche" Tod durch die medizinischen Fortschritte immer weiter hinausgezögert werden könnte. Dahinter sieht *Samson* die Gefahr vor medizinischen Manipulationen[149]. Die Ziele solcher Manipulationen sind mit dem Interesse des Patienten und dem eigentlichen Lebensschutz nicht vereinbar[150]. Um solche Manipulationen zu verhindern, muss eine ausnahmsweise Lockerung der Tötungsdelikte zulässig sein[151]. Wenn *Samson* nicht eindeutig Stellung bezieht, auf welche Weise er zu einer Straflosigkeit kommt, sind seine Argumente wohl dahingehend zu interpretieren, dass ein verlöschendes Leben nicht dem Schutzbereich des Lebensschutzes und damit nicht unter die Tötungsdelikte fällt. Auch wenn *Samson* immerhin den Willen des sterbenden Patienten mit einbezieht, ist diese Lösung sehr schwammig. Wieso

144 *Sax*, in: JZ 1975, S. 136 (149).
145 *Sax*, in: JZ 1975, S. 136 (149).
146 *Sax*, in: JZ 1975, S. 136 (149).
147 *Sax*, in: JZ 1975, S. 136 (149).
148 *Samson*, in: FS für Welzel, S. 579 (602).
149 *Samson*, in: FS für Welzel, S. 579 (602).
150 *Samson*, in: FS für Welzel, S. 579 (602).
151 *Samson*, in: FS für Welzel, S. 579 (601, 602).

die Gefahr vor medizinischen Manipulationen die Straflosigkeit begründen soll, ist nicht einzusehen. Denn Manipulationen in Form einer Lebensverlängerung, die nicht dem Willen des Patienten entsprechen, sind nach den §§ 223, 224 StGB zu bestrafen. Große Gefahren durch straffreie Manipulationen bestehen nicht.

(b) Kausalität

Auch *Tröndle* versucht anhand der von *Sax* vorgegebenen Lösung eine weitere Möglichkeit der Straflosigkeit zu konstruieren[152]. Dabei knüpft *Tröndle* an den Ausgangspunkt von *Sax* an, dass das verlöschende Leben nicht vom Schutzzweck der Tötungsdelikte erfasst wird. Allerdings ist *Tröndle* der Auffassung, dass eine Haftungsbegrenzung durch den Schutzzweck der Tötungsdelikte gar nicht benötigt wird. Hingegen fehle es laut *Tröndle* schon am strafrechtlich relevanten Verhalten. Schließlich kann das natürliche „Sterbenlassen", welches dann vorliegt, wenn die künstliche Lebenserhaltung abgebrochen wird, dem Arzt nicht zugerechnet werden[153]. Ob ein Verhalten dem eingetretenen Erfolg zuzurechnen ist, bestimmt sich nach den Kriterien der Kausalität und der objektiven Zurechnung[154]. Da *Tröndle* das Abschalten eines Reanimators als aktives Tun einstuft[155], erfolgt die Bestimmung der Kausalität anhand der Conditio-sine-qua-non-Formel[156]. Hätte der Arzt das Gerät nicht abgeschaltet, hätte der Patient zumindest kurzzeitig länger gelebt. Die Gefahr des frühzeitigeren Todeseintrittes durch das Abschalten des Reanimators, wird sich dann regelmäßig auch in dem eingetretenen Erfolg verwirklichen. Kausalität und objektive Zurechnung nach den allgemeinen Kriterien sind nicht mit der Ansicht von *Tröndle* zu vereinbaren, so dass dieser Meinung nicht gefolgt werden kann.

(c) Garantenstellung

Andere Autoren begründen die Straflosigkeit des nachträglichen Behandlungsabbruches damit, dass die Garantenstellung des Arztes entfällt[157]. Die Garantenstellung erfasst die tatsächlichen Umstände, die eine tatsächliche Erfolgsabwendungspflicht begründen, und damit eine „Helferposition" entstehen lässt[158]. Die Erfolgsabwendungspflicht als solche ist dagegen die Garantenpflicht. Diese wird

152 *Tröndle*, in: FS für Göppinger, S. 595 (607).

153 *Tröndle*, in: FS für Göppinger, S. 595 (608).

154 *Lackner/Kühl*, Vor § 13, Rn. 10; *Lenckner/Eisele*, in: Schönke/Schröder, Vorbem §§ 13 ff, Rn. 71/72 ff; *Freund*, in: MüKo-StGB, Vor § 13, Rn. 305 ff.

155 *Fischer* , Vor § 211, Rn. 20.

156 *Wessels/Beulke*, Rn. 156 ff.

157 *Rieger*, S. 53.

158 *Rieger*, S. 53.

überwiegend der Prüfung der Rechtswidrigkeit zugeordnet[159], während die Garantenstellung ein objektives Tatbestandsmerkmal darstellt[160]. Verweigert der Patient seine Einwilligung, lebenserhaltende Maßnahmen mittels technischer Geräte vornehmen zu lassen, ist dies nach *Rieger* ein tatsächlicher Umstand, welcher bereits die Garantenstellung aufheben lasse[161]. Dahinter steht die Überlegung, dass, wenn das Entstehen einer Garantenstellung vom Willen des Patienten abhängig ist, auch ein Widerruf oder eine Kündigung der Garantenstellung möglich sein muss[162].

Die Garantenstellung hinsichtlich der Änderung des Therapiezieles, nämlich die Anwendung von Palliativmedizin, bleibt dennoch weiter bestehen. Ein Widerspruch ergibt sich für *Rieger* daraus nicht, denn die Garantenstellung werde nur anhand bestimmter Rechtsgüter begründet. Die Freiheit vor Schmerzen werde aus dem Recht der körperlichen Unversehrtheit hergeleitet, während die oben genannte Garantenstellung aus dem Recht auf Leben resultiert. Ein Wegfall der einen Garantenstellung hat folglich nicht automatisch den Wegfall der anderen zur Folge[163]. Wegen der engen Verknüpfung von Garantenstellung und Garantenpflicht[164] kann erst nach Darstellung beider Lösungen festgestellt werden, ob diese Ansichten als geeignet angesehen werden können.

(d) Eigenverantwortungsprinzip

Wiederum andere Autoren versuchen die Straflosigkeit des Arztes zu begründen, indem sie die objektive Zurechnung zwischen dem Todeseintritt und dem Abbrechen lebenserhaltender Maßnahmen ablehnen[165]. Nach *Ingelfinger* ist die objektive Zurechnung aufgrund des Eigenverantwortungsprinzips ausgeschlossen, wenn eine Behandlung auf Wunsch des Patienten abgebrochen oder nicht eingeleitet wird[166]. Der Patient, der ärztliche Hilfe nicht annehmen möchte, ist für seinen körperlichen Zustand selbst verantwortlich. So fällt das weitere Geschehen (Einstellen der Behandlung bzw. der Verzicht auf eine Behandlung)

---

159 *Rieger*, S. 53; *Ingelfinger*, S. 308; *Gropp*, § 11, Rn. 88; *Baumann/Weber/Mitsch*, § 15, Rn. 45.

160 *Von Coelln*, S. 86.

161 *Rieger*, S. 53; im Ergebnis wohl auch *Lilie*, in: FS für Steffen, S. 273 (275); *Aschenbach*, in: Jura 2002, S. 542 (546).

162 *Stree*, in: Schönke/Schröder, § 13, Rn. 29; *Trück*, S. 68; *Rieger*, S. 46.

163 *Rieger*, S. 53.

164 Teilweise wird auch nicht zwischen Garantenstellung und Garantenpflicht unterschieden, sondern nur von einem Behandlungsrecht gesprochen. Diese sprachlichen Unklarheiten erschweren eine genaue Auseinandersetzung mit diesen Ansichten. Daher müssen diese erst einmal deutlich auseinander gehalten werden, bevor auf die Vor- und Nachteile dieser Ansichten eingegangen werden kann.

165 *Ingelfinger*, S. 308; *Trück*, S. 75 ff.

166 *Ingelfinger*, S. 308.

allein in den Verantwortungsbereich des Patienten[167]. Tritt der Tod des Patienten dann ein, kann dieser dem untätig gebliebenen Arzt nicht zugerechnet werden, so dass der Tatbestand der Tötungsdelikte nicht erfüllt ist[168]. Wird die weitere Injektion von Chemotherapeutika bei der 65-jährigen Patientin (Fall B), auf deren Wunsch, abgebrochen, ist eine Bestrafung ausgeschlossen, wenn die Patientin daraufhin verstirbt. Die Idee des Zurechnungsausschlusses aufgrund der eigenverantwortlichen Entscheidung des Patienten, sterben zu wollen, ist prinzipiell nicht verkehrt. Zu bedenken ist aber, dass allein der Wunsch der Patientin, keine weiteren Injektionen von Chemotherapeutika durchführen zu lassen, nicht unmittelbar zum Tode führt. Das nachträgliche Unterlassen der Vergabe von Chemotherapeutika kann unmittelbar zum Tode der 65-jährigen Patientin führen. Erst das nachfolgende Verhalten des Arztes kann den Tod herbeiführen. Dann liegt aber konsequenterweise die Tatausführung auch in den Händen des Arztes und nicht mehr im alleinigen Verantwortungsbereich der Patientin[169]. Dieses Gegenargument muss erst recht gelten, wenn der Patient den Abbruch von technisch betriebenen Geräten verlangt. Wird zum Beispiel die künstliche Ernährung oder Beatmung abgebrochen, kann wohl kaum noch von einer eigenverantwortlichen Selbstschädigung gesprochen werden. Denn nicht der Patient wird in der Lage sein, eine technische Behandlung eigenhändig abzubrechen, sondern dies wird sicherlich dem Arzt überlassen sein. Dann handelt es sich aber nicht mehr um einen Fall der eigenverantwortlichen Selbstschädigung, sondern um Fälle der einverständlichen Fremdschädigung. Letztere werden überwiegend als tatbestandsmäßig verwirklicht angesehen[170]. Die Lösung kann insgesamt nicht überzeugen, wenn es sich um Fälle des technischen Behandlungsabbruches handelt.

(e) Zusammenfassung

Alle genannten Autoren versuchen die Straflosigkeit des Arztes, welcher nachträglich eine lebenserhaltende Maßnahme abbricht, zu begründen, indem sie bereits den Tatbestand der Tötungsdelikte als nicht verwirklicht ansehen. So argumentiert *Sax*, dass das verlöschende Leben nicht vom Schutzzweck der Tötungsdelikte erfasst werde. Dagegen versucht *Tröndle* die Kausalität zwischen ärztlichem Handeln und Todeseintritt abzulehnen. *Ingelfinger* wiederum sieht die Ursache für die Straflosigkeit in der Eigenverantwortlichkeit des Patienten

167 *Ingelfinger*, S. 308.

168 *Ingelfinger*, S. 308.

169 So auch: *Schneider*, S. 216.

170 Dazu zählt die sehr strittige Frage, ob das gewünschte Spritzen von Heroin den Tatbestand des § 222 StGB erfüllt, wenn der Drogensüchtige verstirbt, oder ob eine rechtswidrigkeitsbeseitigende Einwilligung vorliegt. Siehe nur: *Wessels/Beulke*, Rn. 191.

begründet, während sich *Rieger* für einen Wegfall der Garantenstellung ausspricht.

(3) Rechtfertigungsgründe

Es gibt nur wenige Autoren, die das Problem auf die Stufe der Rechtswidrigkeit verlagern[171]. Gemeinsam ist diesen Ansichten, dass der Arzt zwar tatbestandsmäßig, aber nicht rechtswidrig gehandelt hat.

(a) Garantenpflicht

So begründen manche die Straflosigkeit des Arztes damit, dass die Pflicht zur Abwendung des tatbestandsmäßigen Erfolges (Garantenpflicht) entfällt, sobald der Patient den Willen äußert, lebenserhaltende Maßnahmen abzubrechen[172]. Das Bestehen einer solchen Pflicht hätte gravierende Konsequenzen: Das Selbstbestimmungsrecht des Patienten würde rigoros ignoriert werden, wenn der Arzt trotz des entgegenstehenden Willens dazu verpflichtet wäre, den Todeseintritt abzuwenden oder hinauszuzögern. Dann müsste der Arzt aufgrund seiner Verpflichtung die lebenserhaltenden Maßnahmen vornehmen, und zwar unabhängig vom Willen des Patienten. Das würde dann zu einem so genannten Kurierzwang führen, welcher in Deutschland nicht existiert[173]. Aus diesen Gründen wird die Verpflichtung des Arztes, den Todeseintritt weiter hinauszuzögern, abgelehnt, wenn der Patient eine solche Verzögerung nicht wünscht. Die Garantenstellung und die Garantenpflicht bezüglich der Basisverpflegung und der eventuellen Vergabe von Palliativa bleiben darüber hinaus bestehen. Zweifelhaft ist, ob überhaupt die Garantenpflicht eigenverantwortlich ausgeschlossen werden kann. *Trück* versucht einen solchen Ausschluss durch das Heranziehen des Eigenverantwortungsprinzips zu erreichen[174]. Wenn der Patient die (Weiter-) Behandlung ablehnt, liegt die Situation einer Selbstverletzung vor, bei der ein

171 *Roxin*, in: FS für Engisch, S. 380 (400); *Hirsch*, in: FS für Lackner, S. 597 (600); *Thias*, S. 93; *Schneider*, S. 242 ff; *Merkel*, in: ZStW 107 (1995), S. 545 (570).

172 *Eser*, in: Schönke/Schröder, Vorbem §§ 211, Rn. 28; *Hirsch*, in: FS für Lackner, S. 597 (600), wobei anzumerken ist, dass *Hirsch* davon spricht, dass der Tatbestand nicht verwirklicht ist, weil die Pflicht des Arztes zur Behandlung entfallen ist. Diese Pflicht kann aber grundsätzlich nur als die Erfolgsabwendungspflicht verstanden werden, denn schließlich spricht *Hirsch* selbst von Garantenpflicht. Diese ist aber Bestandteil der Rechtswidrigkeit; *Kantianis*, S. 219; *Geilen*, in: Recht und Staat 446 (1975), S.12, Fn. 16; *Trück*, S. 73.

173 *Hirsch*, in: FS für Lackner, S. 597 (600); *Geilen*, in: Recht und Staat 446 (1975), S. 7/8.

174 *Trück*, S. 73/74, wobei nicht deutlich unterschieden wird, ob die Garantenstellung und die Garantenpflicht ein Merkmal des Tatbestandes oder der Rechtswidrigkeit darstellen soll.

Verletzter die Verantwortung für den Erfolg selbst trägt[175]. Daraus ist zu folgern, dass der Patient die Garantenpflicht des Arztes auch beenden kann[176].

(b) Einschub: Garantenstellung und Garantenpflicht

Die Idee, dass entweder die Garantenstellung oder die Garantenpflicht aufgrund des Patientenwunsches entfallen soll, ist prinzipiell nachzuvollziehen. Auffallend ist, dass die Vertreter dieser Lösungen grundsätzlich nicht begründen können, warum die Garantenstellung oder aber die Garantenpflicht entfallen soll. So werden zwar Versuche unternommen, dies zu erklären, indem zum Beispiel gesagt wird, ein Widerruf der Garantenstellung müsse grundsätzlich möglich sein oder ein Kurierzwang existiere im deutschen Recht nicht. Wieso nur die Garantenstellung und nicht auch die Garantenpflicht entfällt (oder umgekehrt), wird von niemandem präzise begründet. So scheint die Unterscheidung von Garantenpflicht und Garantenstellung an sich schon große Schwierigkeiten zu bereiten. Konstruiert ist dann auch die Begründung, warum der Arzt als Garant weiterhin verpflichtet ist, den Patienten mittels der so genannten Basisverpflegung zu versorgen. Auch ist fraglich, ob diese Ansichten überhaupt den Kern der hier erörterten Sterbehilfeproblematik richtig erfassen. Schließlich geht es an sich nicht um die Position des Arztes. Im Vordergrund der Sterbehilfeproblematik steht, dass das verfassungsrechtlich verbürgte Selbstbestimmungsrecht des Patienten und das strafrechtliche Tötungsverbot in Einklang gebracht werden müssen.

(c) Rechtfertigender Notstand

Einige, wenn auch wenige Autoren ziehen eine Rechtfertigung nach §34 StGB heran[177]. Hauptbegründung für die Anwendung des rechtfertigenden Notstandes ist die gemäß §34 StGB vorausgesetzte Interessenkollision zwischen zwei Rechtsgütern[178]. Durch eine objektive Interessenabwägung wird festgestellt, welches Rechtsgut als höherrangig anzusehen ist[179]. Zugunsten des wesentlich höheren Rechtsgutes darf dann in ein anderes Rechtsgut eingegriffen werden, so dass der Täter nicht rechtswidrig gehandelt hat.

Wenn die 65-jährige Patientin (Fall B) weitere, lebenserhaltende Maßnahmen abbrechen möchte, obwohl sie deswegen früher sterben wird, handelt es

175 *Trück*, S. 75 mit Verweisen auf: *Neumann*, in: JA 1987, S. 244 (248); *Rudolphi*, in: SK-StGB, Vor §13, Rn. 38; *Kühl*, § 4 Rn. 86.

176 *Trück*, S. 77.

177 *Schneider* bevorzugt wohl auch bezüglich eines Behandlungsabbruches durch den Arzt eine Lösung nach § 34 StGB, S. 298; *Herzberg*, in: JZ 1988, S. 182 (184).

178 *Schneider*, S. 243.

179 *Fischer*, § 34 StGB, Rn. 7.

sich um nichts anderes als um eine, von §34 StGB bezeichnete, Interessenkollision zweier Rechtsgüter. Auf der einen Seite steht das Rechtsgut Leben, auf der anderen Seite steht das Selbstbestimmungsrecht, frei über seinen Körper entscheiden zu dürfen. Letzteres müsste das Rechtsgut Leben überwiegen. Wenn sowohl die Rechtsprechung als auch die herrschende Meinung davon ausgeht, dass der Arzt an den Willen des einwilligungsfähigen Patienten gebunden ist, selbst wenn der Wille auf den Abbruch oder den Verzicht lebenserhaltender Maßnahmen gerichtet ist[180], dann müsste das Selbstbestimmungsrecht konsequenterweise als höherrangig angesehen werden. Dies widerspricht an sich dem Grundsatz, nach welchem das Leben als das höchste Rechtsgut angesehen wird[181]. Genau an dieser Stelle setzen die Gegner dieser Lösungsmöglichkeit an, wobei die Argumente gegen eine Anwendung des § 34 StGB zahlreich sind.

So wird die Unanwendbarkeit des § 34 StGB zum Beispiel mit der Unabwägbarkeit des höchsten Rechtsgutes Leben begründet[182]. Fraglich ist allerdings, ob dem Grundsatz „Leben als höchstes Rechtsgut“ überhaupt noch zugestimmt werden kann. Auf der einen Seite sprechen für dessen Existenz die Rangfolge der von § 34 StGB genannten Rechtsgüter. Zuerst wird das Leben und anschließend werden Leib und Freiheit angeführt. Auch das hohe Strafmaß der Tötungsdelikte spricht für den Grundsatz. Auf der anderen Seite gibt es gewichtige Ausnahmen, welche widerlegen, dass das Leben immer als höchstes Rechtsgut angesehen wird. So lehnt die herrschende Meinung zum Beispiel die Rechtfertigung nach § 34 StGB wegen einer zwanghaft durchgeführten Blutabnahme zur Rettung eines Schwerstverletzten ab[183]. Kern des § 34 StGB ist die zwischenmenschliche Solidarität[184]. Aufgrund der Solidarität müssen Rechtsgutsverletzungen geduldet werden, wenn die Eingriffe zum Schutz eines höherwertigen Rechtsgutes vorgenommen werden. Die Solidaritätspflicht geht nach herrschender Meinung nicht soweit, dass Menschen zur Blutabnahme gezwungen werden können, dies widerspreche dem Autonomieprinzip[185]. Das Selbstbestimmungsrecht über den eigenen Körper überwiegt in diesem Fall das Rechtsgut Leben. Allerdings ist dies nicht die einzige Ausnahme. So kann auch ein anderes Gebiet der Sterbehilfe herangezogen werden, um den Grundsatz „Leben als höchstes Rechtsgut“ abzuschwächen. Die indirekte Sterbehilfe ist nach herrschender Meinung ebenfalls zulässig, und zwar aufgrund einer Anwendung des

180 Siehe S. 31.

181 BVerfGE 39, S. 1 (42); BGHSt 35, S. 347 (350).

182 *Mitsch*, in: JuS 1995, S. 787 (788).

183 *Lenckner/Perron*, in: Schönke/Schröder. § 34 StGB, Rn. 41 e; *Fischer*, § 34 StGB, Rn. 9.

184 *Jescheck/Weigend*, S. 364; *Joecks*, § 34, Rn. 1; *Lenckner/Perron*, in: Schönke/Schröder, § 34, Rn. 1; *Stratenwerth/Kuhlen*, Rn. 112.

185 *Lenckner/Perron*, in: Schönke/Schröder, § 34, Rn. 41 e; *Wessels/Beulke*, Rn. 320.

§ 34 StGB[186]. Die Ermöglichung eines würdevollen Todes, ohne Schmerzen sterben zu können, wird dabei als vorrangig gegenüber einem längeren aber dafür schmerzhaften Leben angesehen[187]. Die Anwendung des § 34 StGB auf die Fälle der indirekten Sterbehilfe macht auch das Argument zunichte, welches § 34 StGB nicht auf Interessenkonflikte ein und desselben Rechtsgutträgers anwenden möchte[188]. Schließlich stehen sich bei den Fällen der indirekten Sterbehilfe ebenfalls das Schmerzlinderungsinteresse unter Inkaufnahme eines früheren Todeseintrittes und das schmerzhafte Lebenserhaltungsinteresse desselben Patienten gegenüber.

Problematisch könnte auch sein, dass der Wille des Patienten im Rahmen einer Abwägung des § 34 StGB nicht genügend berücksichtigt wird, da es sich nur um eine objektive Abwägung handelt und nicht um eine persönliche. Dagegen spricht, dass es sich bei der Interessenabwägung des § 34 StGB keineswegs nur um eine abstrakte Betrachtung handelt. Erforderlich ist eine Gesamtwürdigung aller sich gegenüber stehenden Umstände und Interessen unter Bezugnahme auf die konkrete Situation[189]. Es kommt daher nicht darauf an, welches Rechtsgut allgemein und abstrakt als höherwertig anzusehen ist, sondern welches Rechtsgut in der konkreten Situation schutzwürdiger ist. Danach sind die subjektiven Vorlieben des Patienten durchaus mit in die Abwägung einzubeziehen.

Zuletzt könnte der Einwand erhoben werden, dass die Anwendung des § 34 StGB die Einwilligungssperre des § 216 StGB umgehen würde. Das letzte Argument kann nicht überzeugen, denn § 216 StGB verbietet lediglich die Tötung eines Menschen, selbst wenn dieser die Tötung ausdrücklich und ernsthaft verlangt. Eine Einwilligung in die Tötung macht diese folglich nicht rechtmäßig. Ob weitere Rechtfertigungsgründe, namentlich § 34 StGB, ausgeschlossen sind, sagt § 216 StGB nicht explizit. Von der Existenz des § 216 StGB allein sollte daher nicht auf eine grundsätzliche Unanwendbarkeit des § 34 StGB geschlossen werden[190].

Insgesamt gibt es viele Argumente, die gegen eine Anwendung des § 34 StGB sprechen, allerdings können die meisten davon schlüssig und sinnvoll entkräftet werden. Dennoch bereitet die Anwendung des § 34 StGB Unbehagen. Es fällt zum Beispiel schwer zu erklären, warum diese Art der Sterbehilfe nach § 34 StGB gerechtfertigt sein kann, eine Anwendung des § 34 StGB jedoch bei

186 BGHSt 42, S. 301 (305); BGHSt 46, S. 279 (284); *Neumann*, in: Nomos-StGB, Vor § 211, Rn. 99; *Schneider*, in: MüKo-StGB, Vor §§ 211 ff, Rn. 103; *Ulsenheimer*, S. 323;

187 BGHSt 42, S. 301 (305); BGHSt 46, S. 279 (284).

188 Siehe ausführlich zu dieser Problematik: *Trück*, S. 86 ff.

189 *Fischer*, § 34, Rn. 7; *Lenckner/Perron*, in: Schönke/Schröder, § 34 ,Rn. 25; *Gropp*, § 6 B, Rn. 130.

190 *Schneider*, in: MüKo-StGB, § 216, Rn. 53; *Neumann*, in: Nomos-StGB, § 216, Rn. 19; *Merkel*, in: Früheuthanasie, S. 427.

der aktiven Sterbehilfe nicht heranzuziehen ist. Eine solche Lösung kann daher auch nicht im Stande sein, die bestehenden Rechtsunsicherheiten aus der Welt zu schaffen.

b) Ergebnis: Kein Widerspruch mit den Tötungsdelikten

Allen Ansichten ist gemeinsam, dass sie zur Straflosigkeit des Arztes führen, wenn dieser lebenserhaltende Maßnahmen nachträglich abbricht. Wirklich überzeugen kann allerdings keine der dargestellten Ansichten. Eventuell kann das französische Recht weitere Lösungsmöglichkeiten liefern, so dass an späterer Stelle auf eine überzeugendere Lösung eingegangen wird. Insgesamt bleibt festzuhalten, dass eine Bestrafung des Arztes gemäß §§ 216, 13 StGB nicht in Betracht kommt, wenn der Wille des Patienten auf eine Therapiebegrenzung gerichtet ist.

Unterlässt der Arzt auf Wunsch der 40-jährigen Patientin (Fall A) eine lebensnotwendige Entfernung des Brustkrebses von Anfang an, entfällt eine Strafbarkeit aufgrund der fehlenden Garantenstellung. Bricht er dagegen eine bereits eingeleitete Chemotherapie, wie bei der 65-jährigen Patientin (Fall B), ab, liegt zwar eine Garantenstellung vor, eine Bestrafung kommt dennoch nicht in Betracht, wenn die Patientin die Therapiebegrenzung ausdrücklich wünscht.

2. Widerspruch zu § 323 c StGB

Zu erörtern ist, ob das Abbrechen oder das Unterlassen lebensrettender Maßnahmen im Widerspruch mit dem Tatbestand der unterlassenen Hilfeleistung nach § 323 c StGB steht. Die Frage der Strafbarkeit nach § 323 c StGB stellt sich jedoch nur für die Autoren, die in dem Abbrechen von lebenserhaltenden Maßnahmen ein Unterlassen erblicken. Schließlich setzt § 323 c StGB das Unterlassen von Hilfeleistungen voraus. Weiterhin kommt eine Strafbarkeit auch für die anfängliche Therapiebegrenzung in Betracht. Da in diesen Fällen keine Garantenstellung des Arztes entsteht[191], könnten die von einer Garantenstellung unabhängigen Voraussetzungen des § 323 c StGB erfüllt sein. § 323 c StGB verlangt, dass ein Unglücksfall vorgelegen hat. Von einem solchen ist zwangsläufig nicht auszugehen, wenn ein Mensch unheilbar erkrankt ist. Ein Unglücksfall wird erst dann angenommen, wenn sich die Lage des Kranken plötzlich verschlechtert und ein sofortiges Eingreifen notwendig ist[192]. Weiterhin müsste dem Unterlassenden die Hilfeleistung auch zumutbar und möglich sein. Die weitere

---

191 Siehe S. 49.

192 *Wohlers*, in: Nomos-StGB, § 323 c, Rn. 4; *Rudolphi*, in: SK-StGB, § 323 c, Rn. 6.

Lebenserhaltung ist dem Arzt oder auch dem Nichtgaranten[193] möglich und zumutbar, indem die lebensnotwendigen Maßnahmen aufgenommen oder fortgesetzt werden. Somit sind die Voraussetzungen der unterlassenen Hilfeleistung gegeben. Wichtig ist die Tatsache, dass der Arzt oder der Dritte sich wegen einer Nötigung nach § 240 StGB oder wegen einer Freiheitsberaubung gemäß § 239 StGB strafbar macht, wenn er gegen den Willen des Verletzten die Hilfeleistung vornimmt[194]. Es stellt sich wieder das Dilemma, dass eine Bestrafung sozusagen von beiden Seiten droht. Natürlich wiegt auch hier der Wille des Verletzten mehr, so dass eine Straflosigkeit des Nichthelfenden bei dessen Respektierung nicht in Betracht kommt. Ansonsten würde § 323 c StGB zu einer Ermächtigungsgrundlage für Zwangsbehandlungen umgewandelt werden. Doch wie wird die Straflosigkeit des Arztes nach § 323 c StGB dogmatisch begründet?

Manche sehen in dem Verzicht des Kranken, die Hilfeleistung nicht entgegennehmen zu wollen, eine Beseitigung der erforderlichen Hilfspflicht[195]. Daraus folgt, dass schon der Tatbestand des § 323 c StGB nicht verwirklicht wurde. Andere stellen darauf ab, dass der Verzicht auf Hilfe die Rechtswidrigkeit des Unterlassens beseitige[196]. Begründungen für diese verschiedenen Ansichten werden nicht geliefert.

III. Zusammenfassung der Therapiebegrenzung bei willensäußerungsfähigen Patienten

Sowohl nach der alten als auch nach der heutigen Rechtslage ist eine anfängliche oder nachträgliche Therapiebegrenzung bei willensäußerungsfähigen Patienten, welche auch einwilligungsverweigerungsfähig sind, geboten, wenn der Patient dies fordert. Verlangt der einwilligungsverweigerungsfähige Patient eine anfängliche oder nachträgliche Therapiebegrenzung, obwohl seine Entscheidung einen früheren Todeseintritt zur Folge hat, ist der Arzt an diese Entscheidung gebunden. Der Arzt ist immer zur Therapiebegrenzung verpflichtet, unabhängig davon, wie weit fortgeschritten die Krankheit des Patienten ist. Ob der Sterbeprozess bereits eingesetzt hat oder nicht, ist daher irrelevant. Ebenso unbeachtlich ist, ob die Krankheit irreversibel tödlich enden wird. Die Straflosigkeit des Arztes ist nach der heutigen Rechtslage eindeutig anerkannt, aber keiner der Begründungsversuche kann dieses Ergebnis gut erklären. Gesetzliche Regelungen

---

193 Wobei jedoch nach der herrschenden Meinung kein Unterlassen vorliegt, wenn ein Dritter (kein Arzt) die apparative Dauerbehandlung abbricht. Vgl. statt aller: *Schneider*, S. 190. Eine Strafbarkeit gemäß § 323 c StGB kommt somit nicht in Betracht.

194 *Fischer*, § 323 c, Rn. 6.

195 *Maurach/Schroeder/Maiwald*, § 55 II, Rn. 20; *Rudolphi*, in: SK-StGB, § 323 c, Rn. 22; *Cramer/Sternberg-Lieben*, in: Schönke/Schröder, § 323 c, Rn. 6.

196 *Fischer*, § 323 c, Rn. 6; *Spendel*, in: LK-StGB, § 323 c, Rn. 130.

wären an dieser Stelle sinnvoll, um einerseits Klarheit in die vielen Lösungsversuche zu bringen und andererseits auch die Unsicherheiten auf Seiten der Juristen und Mediziner auf diesem Gebiet zu beenden. Es ist bedauerlich, dass der deutsche Gesetzgeber diese Schwierigkeiten bei den Beratungen und der Verabschiedung des Patientenverfügungsgesetzes außer Acht gelassen hat.

C. Die Gebotenheit der ärztlichen Therapiebegrenzung eines zur Willensäußerung unfähigen Patienten

Im dritten Beispiel wird die Geschichte eines 80-jährigen komatösen Patienten beschrieben (Fall C). Die Ärzte stellen bei dem Patienten die künstliche Beatmung ein, weil der Patient nach Angaben der Ehefrau niemals „so enden wollte“. Problematisch ist in diesem Fall, dass der Patient sich selbst nicht mehr dazu äußern kann, ob er eine weitere Behandlung wünscht oder ablehnt. Der Patient ist weder in der Lage, die Bedeutung und Tragweite medizinischer Maßnahmen zu erfassen, noch kann er überhaupt eine Entscheidung treffen, geschweige denn, diese kundtun. Deswegen ist hier eindeutig von der Einwilligungsverweigerungsunfähigkeit des Patienten auszugehen. Zu untersuchen ist, ob die Therapiebegrenzung deswegen nicht mehr geboten ist. Schließlich ist der Patientenwille Dreh- und Angelpunkt der Gebotenheit der Therapiebegrenzung bei willensäußerungsfähigen Patienten. Ist der frühere Wille des Patienten überhaupt relevant? Oder haben die Ärzte und/oder die Angehörigen die Befugnis, über weitere Therapiemaßnahmen zu entscheiden? Wenn der Wille des Patienten weiterhin relevant sein sollte, reicht dann die Behauptung der Ehefrau, „ihr Mann wollte niemals so enden“, aus? Weiterhin stellt sich auch die Frage, was für eine Rolle eine Patientenverfügung spielen kann oder muss.

Untersucht werden soll die Rechtslage vor und nach Verabschiedung des Patientenverfügungsgesetzes. Im Anschluss daran werden die Unterschiede, Gemeinsamkeiten und die Vor- und Nachteile erörtert. Eine detaillierte Auseinandersetzung mit dem neuen Patientenverfügungsgesetz erfolgt in Kapitel vier, da dies an dieser Stelle den Rahmen des zweiten Kapitels sprengen würde.

I. Die Therapiebegrenzung bei willensäußerungsunfähigen Patienten vor der Verabschiedung des Patientenverfügungsgesetzes

Vor Verabschiedung des Patientenverfügungsgesetzes gab es hinsichtlich der Therapiebegrenzung bei willensäußerungsunfähigen Patienten keine gesetzlichen Regelungen. Ausgangspunkt für die Frage der Gebotenheit der Therapiebegrenzung war und ist auch heute noch die Entscheidung des 1. Strafsenates des BGH, welcher 1994 über den bekannten „*Kemptener Fall*“ zu urteilen hatte.

1. Die Therapiebegrenzung bei willensäußerungsunfähigen Patienten

Zunächst soll allgemein untersucht werden, unter welchen Voraussetzungen eine Therapiebegrenzung bei willensäußerungsunfähigen Patienten vor Verabschiedung des Patientenverfügungsgesetzes geboten war. Der 1. Strafsenat des BGH hatte 1994 in dem bekannten „*Kemptener Fall*“ darüber zu entscheiden, ob und unter welchen Voraussetzungen eine nachträgliche Therapiebegrenzung eines entscheidungsunfähigen Patienten zulässig war und folglich kein Widerspruch mit den Tötungsdelikten und der unterlassenen Hilfeleistung vorlag. Der BGH sprach nur von der Zulässigkeit des Behandlungsabbruches, nicht dagegen von der Gebotenheit der Therapiebegrenzung. Es soll zunächst nur mit den Worten des BGH von der Zulässigkeit gesprochen werden; ob sich darüber hinaus auch eine rechtliche Gebotenheit der Therapiebegrenzung ergibt, wird an späterer Stelle problematisiert.

In diesem Fall ging es um die Patientin S., welche aufgrund eines erlittenen Herzstillstandes und anschließender Reanimation irreversibel schwerst cerebral geschädigt war und sich in einem so genannten Wachkoma befand[197]. Frau S. war seitdem nicht mehr ansprechbar, geh- und stehunfähig und reagierte auf optische und akustische Reize lediglich mit Gesichtszuckungen oder Knurren. Sie war auf eine künstliche Ernährung mittels einer Magensonde angewiesen[198]. Der behandelnde Arzt und der Sohn, welcher auch als Betreuer von Frau S. eingesetzt war, beschlossen, da sich der Gesundheitszustand von Frau S. nicht verbessern würde, die künstliche Ernährung einzustellen. Auf die Flüssigkeitszufuhr sollte nicht verzichtet werden, so dass mit einem Tod von Frau S. innerhalb der nächsten drei Wochen gerechnet wurde. Der Pflegedienstleiter stimmte diesem Vorhaben nicht zu und verständigte das zuständige Betreuungsgericht, welches das geplante Vorgehen untersagte und den Fall an die Staatsanwaltschaft Kempten weiterleitete. Diese erhob Anklage gegen den Arzt und den Sohn, was zu einer Verurteilung wegen versuchten Totschlages zu einer Geldstrafe von 60 Tagessätzen führte. Die Angeklagten gingen in Revision und wurden letztendlich rechtskräftig freigesprochen.

Problematisch an diesem Fall war zum einen, dass Frau S. selbst nicht mehr entscheiden konnte, ob sie eine künstliche Ernährung wünschte, und auch keine ausdrücklich antizipierten Willensäußerungen von Frau S. existierten. Es stellte sich die Frage, ob ein Behandlungsabbruch zulässig war. Zum anderen beschäftigte den BGH die Frage, ob ein Behandlungsabbruch zulässig war, wenn der

197 BGHSt 40, S. 257 (258).
198 BGHSt 40, S. 257 (258).

Sterbeprozess eines entscheidungsunfähigen Patienten noch nicht eingesetzt hatte, eine Hilfe beim Sterben also nicht vorlag. Der Freispruch der beiden Angeklagten zeigte, dass das nachträgliche Einstellen künstlicher Ernährung bei entscheidungsunfähigen Patienten zulässig sein konnte.

a) Wann war eine Therapiebegrenzung bei willensäußerungsunfähigen Patienten zulässig?

Unter welchen Voraussetzungen eine Therapiebegrenzung bei willensäußerungsunfähigen Patienten zulässig war, soll im Folgenden untersucht werden.

aa) Wessen Wille war maßgeblich?

Zunächst muss hierzu hinterfragt werden, wer in einer solchen Situation entscheidungsbefugt war. War der Wille der Angehörigen, der Ärzte oder des Patienten entscheidend? Noch einmal hervorzuheben ist an dieser Stelle, dass der Patientenwille letztendlich das Recht auf freie Selbstbestimmung zur Geltung bringt. Eine Einschränkung des Selbstbestimmungsrechtes zu Ungunsten des Entscheidungsunfähigen war und ist aus zwei Gründen nicht zulässig: Zum einen widerspricht dies dem Grundrechtsschutz entscheidungsunfähiger Personen und zum anderen kommt dies einem Diktat der Ärzte oder der Familie gleich, welche dann entscheiden könnten, ob Behandlungen fortgesetzt werden sollen. So war und ist allgemein anerkannt, dass das Selbstbestimmungsrecht auch einwilligungsverweigerungsunfähigen Personen zustehen muss[199]. Maßgeblich für die Zulässigkeit eines Behandlungsabbruches oder -verzichtes muss folglich der Wille des betroffenen Patienten sein[200]. Auch der BGH stärkte das Selbstbestimmungsrecht des einwilligungsverweigerungsunfähigen Patienten, indem einzig auf den mutmaßlichen Willen von Frau S. abgestellt wurde. Es wurde lediglich gefragt, ob Frau S. dem Abbruch der künstlichen Ernährung zugestimmt hätte[201]. Die Meinung der Ärzte, des Betreuers und der Angehörigen war nach Ansicht des BGH völlig bedeutungslos[202]. Hiermit bestätigte der BGH die Rechtsprechung des 3. Strafsenates von 1991. Damals hatte der BGH im so genannten „*Wuppertaler Fall*“[203] entschieden, dass das Ermessen von Ärzten und

---

199 BVerfGE 52, S. 131 (173); *Ulsenheimer*, in: Laufs/Uhlenbruck, § 149, Rn. 11; *Giesen*, in: JZ 1990, S. 929 (931); *Coeppicus*, in: NJW 1998, S. 3381 (3382); *Otto*, in: Jura 1999, S. 434 (438); *Heyers*, S. 98.

200 Siehe ausführlich zu diesem Thema: *Posselt-Wenzel*, S. 28 ff.

201 BGHSt 40, S. 257 (261).

202 BGHSt 40, S. 257 (261).

203 BGHSt 37, S. 276 ff: Eine Krankenschwester aus Wuppertal wurde wegen Totschlages an fünf schwerstkranken Patienten verurteilt, weil sie diese mittels einer tödlichen Injektion tötete, um die Patienten von ihrem „sinnlosen“ Leben zu befreien. Weder die Pati-

Krankenschwestern bei der Frage des Therapieabbruches nicht relevant sei[204]. Nur durch das Abstellen auf den (mutmaßlichen) Willen des Patienten könne vermieden werden, dass „Außenstehende" darüber entscheiden, welcher Gesundheitszustand als lebenserhaltenswert oder als lebensunwürdig anzusehen sei. Die weitere Stärkung des Selbstbestimmungsrechtes einwilligungsverweigerungsunfähiger Personen fand in der Literatur, auch wenn das Urteil ansonsten heftig kritisiert wurde, große Zustimmung[205].

Hingegen gab es in der Vergangenheit vereinzelt Stimmen, die den Patientenwillen aus praxisorientierten Gründen als ungeeignet ansahen[206]. *Laufs* wies zum Beispiel darauf hin, dass in der Intensivmedizin die Entscheidungen für oder gegen eine lebenserhaltende Behandlung innerhalb von Minuten, sogar Sekunden, getroffen werden müssen, um im Nachhinein überhaupt eine vernünftige medizinische Prognose abgeben zu können[207]. Wird bedacht, dass innerhalb dieser kurzen Zeit der mutmaßliche Wille des Patienten erforscht werden soll, erscheint der Einwand von *Laufs* nicht unberechtigt zu sein. *Laufs* ging noch einen Schritt weiter. Er möchte dem Arzt „die Freiheit der Gewissensentscheidung" von Fall zu Fall zugestehen, ob und wann lebensverlängernde Behandlungen unterlassen werden sollten[208]. Im Klartext hieß das, dass der Arzt alleine, und zwar auch ohne den mutmaßlichen Willen des einwilligungsverweigerungsunfähigen Patienten zu erforschen, über die Einleitung lebenserhaltender Maßnahmen entscheiden konnte.

Wenn der Patientenwille das entscheidende Kriterium für die Zulässigkeit eines Behandlungsverzichtes oder Behandlungsabbruches war, stellt sich die Frage, wie der Wille ermittelt werden sollte, wenn der Patient seinen Willen nicht mehr äußern kann. Es wurden verschiedene „Methoden" herangezogen, um den Wünschen des Patienten bezüglich einer therapeutischen Behandlung gerecht zu werden. Dazu gehörten der mutmaßliche Wille des Patienten, die Patientenverfügung und die Vorsorgevollmacht.

---

enten noch die Angehörigen äußerten den Wunsch, dass die Betroffenen Patienten aus dem Leben scheiden wollten. Der BGH stellte in diesem Fall klar, dass eine Tötung Sterbenskranker nur zulässig ist, wenn es sich zum einen um einen Therapieabbruch oder einen Therapieverzicht handelt und sie zum anderen dem erklärten oder dem mutmaßlichen Willen des Patienten entspricht. Eine „*aktive*" Sterbehilfe aus Mitleid sei dagegen verboten.

204 BGHSt 37, S. 276 (278).

205 *Ulsenheimer*, S. 335; im Prinzip: *Ingelfinger*, S. 293, wobei dieser allerdings deutlich auf die Grenzen des Willensprinzips bei entscheidungsunfähigen Patienten hinweist; *Taupitz*, S. 39; *Neumann*, in: Nomos-StGB, Vor § 211, Rn. 104; *Schneider*, in: MüKo-StGB, Vor §§ 211, Rn. 120; *Thias*, S. 143; *Verrel*, C 89; *Kutzer*, in: NStZ 1994, S. 110 (114).

206 *Laufs*, Rn. 300.

207 *Laufs*, Rn. 294.

208 *Laufs*, Rn. 300.

(1) Mutmaßlicher Patientenwille

Mehrheitlich war anerkannt, dass der mutmaßliche Wille des Patienten heranzuziehen ist, wenn der Patient, wie im dritten Fallbeispiel (Fall C), nicht mehr in der Lage war, seinen Willen kundzutun[209].

(a) Kriterien zur Ermittlung des mutmaßlichen Patientenwillens aus der Sicht des BGH

Welche Kriterien maßgeblich waren, soll anhand einer Analyse der Rechtsprechung näher untersucht werden. Im bereits erwähnten *„Kemptener Fall"* hatte der BGH einen Kriterienkatalog entwickelt, anhand dessen der mutmaßliche Wille der äußerungsunfähigen Patientin S. zu bestimmen war[210]. Als entscheidend wurden frühere mündliche oder schriftliche Äußerungen der Patientin, ihre religiösen und sonstigen Wertvorstellungen, die altersbedingte Lebenserwartung oder das Erleiden von Schmerzen angesehen[211]. Objektive Kriterien zur Ermittlung des mutmaßlichen Willens lehnte der BGH ausdrücklich ab[212]. Wenn der mutmaßliche Wille anhand der oben genannten Kriterien nicht ermittelt werden konnte, musste nach Ansicht der Richter des BGH auf „Kriterien zurückgegriffen werden, die der allgemeinen Wertvorstellung entsprechen"[213]. Dabei war äußerste Zurückhaltung geboten, und im Zweifel galt, dass das Rechtsgut Leben zu schützen sei, gemäß dem Grundsatz *„in dubio pro vita"*[214]. Die Rechtsprechung des BGH ließ klar erkennen, dass vorrangig die subjektiven Wünsche des Patienten herauszufinden waren und zwar zum Zeitpunkt des fraglichen Behandlungsabbruches oder -verzichtes. Erst wenn diese Suche erfolglos blieb, konnten allgemeine Wertvorstellungen hinzugezogen werden. Was genau unter allgemeinen Wertvorstellungen zu verstehen war, blieb jedoch offen.

---

209 BGHSt 40, S. 257 (257); BGH, in: NJW 1993, S. 2372 (2374); BGHSt 35, S. 246 (249); *Heyers*, S. 99; *Thias*, S. 143; *Taupitz*, A 37; *Otto*, in: NJW 2006, S. 2217 (2219); *Landau*, in: ZRP 2005, S. 50 (53); *Neumann*, in: Nomos-StGB, Vor § 211, Rn. 113*Deutsch*, in: AcP 192 (1992), S. 161 (168).

210 Eine sehr ausführliche Auseinandersetzung mit dem vom BGH entwickelten Kriterienkatalog und eine eigene Konzeption eines Kriterienkataloges sind zu finden bei *Thias*, S. 150 ff; *Rieger*, S. 59; *Trück*, S. 130 ff.

211 BGHSt 40, S. 257 (263).

212 BGHSt 40, S. 257 (263).

213 BGHSt 40, S. 257 (263).

214 BGHSt 40, S. 257 (263).

(b) Kritik an den vom BGH entwickelten Kriterien zur Bestimmung des mutmaßlichen Patientenwillens

Die Entscheidung des BGH wurde dahingehend begrüßt, dass in erster Linie subjektive Kriterien für die Ermittlung des mutmaßlichen Willens ausschlaggebend sein sollten[215]. Kritisiert wurde allerdings die Heranziehung von allgemeinen Werturteilen, sollten die subjektiven Kriterien nicht ausreichen, um den mutmaßlichen Willen zu erfassen. Bemängelt wurde dabei vor allem, dass der BGH lediglich von allgemeinen Wertvorstellungen sprach, ohne diese näher zu präzisieren[216].

(aa) Kritikpunkte und Lösung von Taupitz

Taupitz wendete sich grundsätzlich gegen einen Rückgriff auf die allgemeinen Wertvorstellungen, da diese an sich nicht definierbar seien[217]. Die ganze Sterbehilfeproblematik drehe sich genau um die schwierige Frage, wann und unter welchen Umständen ein Behandlungsabbruch oder -verzicht mit der Menschenwürde und dem Recht auf Leben vereinbar seien[218]. Da bis heute keinerlei Einigung erzielt worden sei, könne auch nicht von einer allgemeinen Wertvorstellung gesprochen werden, und diese folglich auch nicht herangezogen werden. *Taupitz*, als Verfechter einer Anwendung der Vorschriften der GoA, schlug wiederum vor, dass in einem ersten Schritt eine objektive Interessenabwägung stattfinden müsse[219]. Bei dieser müsse gefragt werden, ob die medizinische Behandlung die Interessen des Patienten fördere. Kriterien, welche bei der Interessenabwägung eine Rolle spielen, waren nach *Taupitz*: Das Bevorstehen des Todeseintrittes oder ob eine Maßnahme, selbst wenn der Sterbeprozess noch nicht eingesetzt habe, eine unverhältnismäßige Belastung für den Patienten darstelle. In einem zweiten Schritt sollten dann die individuellen Wünsche des Patienten beachtet werden. Die objektive Interessenabwägung stand folglich unter einem subjektiven Korrekturvorbehalt.

(bb) Kritikpunkte und Lösung von Thias

Dagegen sprach sich *Thias* für eine dreistufige Prüfung zur Ermittlung des Patientenwillens aus[220]. So sollte auf der ersten Stufe geprüft werden, welche individuellen Wünsche der Patient bezüglich medizinischer Maßnahmen hatte. Zu-

215 *Schneider*, in: MüKo-StGB, Vor § 211, Rn. 119 ff.
216 *Thias*, A 150.
217 *Taupitz*, A 38.
218 *Taupitz*, A 38.
219 *Taupitz*, A 124.
220 *Thias*, S. 152.

nächst waren dabei die subjektiven Anhaltspunkte heranzuziehen, welchen ein hoher Stellenwert zukam. Dazu zählten schriftliche und mündliche Äußerungen des Patienten[221]. Auf der zweiten Stufe fanden subjektive Kriterien Beachtung, welchen ein weniger hoher Stellenwert eingeräumt wurde, wie zum Beispiel die weltanschaulichen und religiösen Überzeugungen des Patienten[222]. Erst danach, wenn die ersten Kriterien nicht ausreichten, um den Willen des Patienten zu erforschen, sollten objektive Kriterien herangezogen werden. Als solche nannte *Thias* den irreversiblen Wahrnehmungsverlust, das Schmerzlinderungsinteresse sowie der bereits eingetretene Sterbeprozess[223]. Diese Anhaltspunkte durften aber nicht schon alleine zu einem Behandlungsabbruch oder -verzicht führen, sondern sollten bei der Ermittlung des subjektiven Willens berücksichtigt werden[224].

(cc) Kritikpunkte und Lösungen von Rieger und Merkel

Rieger versuchte den mutmaßlichen Willen anhand einer Kombination aus subjektiven Komponenten und dem Grundsatz des erlaubten Risikos zu ermitteln[225]. Der mutmaßliche Wille des Patienten sollte nach *Rieger* in erster Linie durch das Abstellen auf individuelle Indizien ermittelt werden[226]. Darunter verstand *Rieger* schriftliche und früher getätigte Äußerungen des Patienten, die allgemeine persönliche Wertvorstellung des Patienten, zum Beispiel die religiöse Überzeugung, und die Einstellung zu Schmerzen und psychischen Belastungen[227]. Ob der so gebildete mutmaßliche Wille wiederum ausreichte, um eine bevorstehende Behandlungseinstellung zu legitimieren, sei eine Frage des erlaubten Risikos gewesen[228]. Dabei ging es prinzipiell um eine Abwägung der sich gegenüberstehenden Risiken von Behandlung und Nichtbehandlung. Auf der einen Seite standen die Risiken, die sich durch eine Fortsetzung oder eine Aufnahme der Behandlung ergeben konnten, und auf der anderen Seite stand das Risiko, dass die Entscheidung für einen Behandlungsabbruch nicht dem Willen des Patienten entsprach. Hier griff *Rieger* einen von *Merkel* herausgearbeiteten Widerspruch der BGH-Rechtsprechung auf. *Merkel* kritisierte die Entscheidung des BGH vor allem wegen des Zusatzes, dass „hohe Anforderungen" an den mutmaßlichen Willen zu stellen seien, wenn der Patient sich noch nicht im Sterben befinde[229].

---

221 *Thias*, S. 152.
222 *Thias*, S. 153.
223 *Thias*, S. 216.
224 *Thias*, S. 216.
225 *Rieger*, S. 111.
226 *Rieger*, S. 111.
227 *Rieger*, S. 108.
228 *Rieger*, S. 112.
229 *Merkel*, in: ZStW 107 (1995), S. 545 (560).

Darunter war nach *Merkel* eine erheblich höhere als 50prozentige Wahrscheinlichkeit für die mutmaßliche Einwilligung zum Behandlungsabbruch zu verstehen[230]. *Merkel* ging davon aus, dass eine 80prozentige Wahrscheinlichkeit für einen Behandlungsabbruch gegeben sein musste[231]. Der Arzt sei daher zu einer Weiterbehandlung verpflichtet, obwohl nur eine 30prozentige Wahrscheinlichkeit für eine Weiterbehandlung gegeben sei. Unerklärlich war aber, wie eine 30prozentige Wahrscheinlichkeit ausreichen sollte, die von den Ärzten - durch die Weiterbehandlung - begangene Körperverletzung zu rechtfertigen[232]. Schließlich benötigte die Weiterbehandlung zur ihrer Legitimität den mutmaßlichen Willen des Patienten. Eine Rechtfertigung der Weiterbehandlung durch eine 30prozentige Wahrscheinlichkeit für den mutmaßlichen Willen bezüglich einer Weiterbehandlung erschien in der Tat widersprüchlich. Hierzu merkte *Rieger* an, dass dieser Konflikt mit dem Gedanken des erlaubten Risikos zu lösen sei: Wenn der wahrscheinlichere Wille mit einem höheren Schadenspotential verbunden sei, sei das Risiko bei der anderen Handlungsalternative mit dem geringeren Schadenspotential als erlaubt anzusehen und folglich auch gerechtfertigt[233]. Welcher Schaden wiederum schwerwiegender war, musste anhand der oben genannten Abwägung bestimmt werden[234]. *Merkel* sah das Problem darin, dass sich die BGH-Richter überhaupt nicht die Frage stellten, ob eine Weiterbehandlung mit dem mutmaßlichen Willen des Patienten übereinstimmte. Der BGH stellte nur darauf ab, ob der Behandlungsabbruch vom mutmaßlichen Patientenwillen gedeckt war[235]. Einwilligungsbedürftig war aber, so *Merkel*, der ärztliche Eingriff selbst und nicht sein Unterlassen[236]. Wenn die Patientenautonomie das entscheidende Kriterium war, musste aber der mutmaßliche Wille des Patienten sowohl hinsichtlich einer möglichen Weiterbehandlung oder Einleitung als auch hinsichtlich eines Behandlungsabbruches oder -verzichtes beachtet werden. Ausreichen musste, dass eine der beiden Handlungsalternativen eher dem Willen des Patienten entsprach[237]. Auf strenge Anforderungen und somit eine „hohe“ Wahrscheinlichkeit konnte es folglich nicht ankommen[238].

---

230 *Merkel*, in: ZStW 107 (1995), S. 545 (560).
231 *Merkel*, in: ZStW 107 (1995), S. 545 (560).
232 *Merkel*, in: ZStW 107 (1995), S. 545 (560).
233 *Rieger*, S. 107.
234 *Rieger*, S. 107 .
235 *Merkel*, in: ZStW 107 (1995), S. 545 (561).
236 *Merkel*, in: ZStW 107 (1995), S. 545 (559).
237 *Merkel*, in: ZStW 107 (1995), S. 545 (561).
238 *Merkel*, in: ZStW 107 (1995), S. 545 (561).

(c) Stellungnahme

Lagen schriftliche oder mündliche Äußerungen des Patienten vor, welche eindeutig darauf gerichtet waren, dass lebenserhaltende Maßnahmen nicht aufgenommen oder abgebrochen werden sollten, war die Situation einfach. Schwierigkeiten ergaben sich vor Verabschiedung des Patientenverfügungsgesetzes vor allem dann, wenn solche Äußerungen nicht vorlagen. In diesen Fällen nur auf die allgemeinen Wertvorstellungen abzustellen, ist meines Erachtens mit dem Selbstbestimmungsrecht des Patienten nicht vereinbar. Es sollte bei Fehlen schriftlicher und mündlicher Äußerungen herausgefunden werden, wie der Patient entscheiden würde, wenn er dazu noch in der Lage gewesen wäre. Dazu konnten zum Beispiel die religiöse und persönliche Lebensvorstellung des Patienten herangezogen werden. So konnten die subjektiven Präferenzen des Patienten in den Vordergrund gestellt werden. Was die Allgemeinheit als lebenswert beziehungsweise nicht lebenswert ansah, wurde so außer Acht gelassen. Wenn all diese subjektiven Komponenten nicht ausreichten, um den mutmaßlichen Willen zu ermitteln, musste auf objektive Kriterien abgestellt werden. Objektive Kriterien konnten zum Beispiel das Alter des Patienten, die Art der Krankheit oder die möglichen Heilungschancen sein. Hinzu kam auch, welche Aussichten eine lebensverlängernde Maßnahme bieten könnte. Diese objektiven Kriterien sollten zwischen Arzt und den Angehörigen oder den gesetzlichen Vertretern besprochen werden, um so gemeinsam den mutmaßlichen Willen des Patienten herauszufinden. Allerdings vom mutmaßlichen Patientenwillen zu sprechen, war so gesehen eigentlich wenig präzise, denn schließlich entschieden gerade dann objektive Kriterien, die mit dem Willen des Patienten eventuell nichts gemeinsam hatten. Aber welche Kriterien sollten sonst zum Zuge kommen, wenn der Wille des Patienten nicht feststellbar war? Es war immer noch besser, in diesen Fällen auf objektive Kriterien abzustellen, und zwar im Rahmen eines gemeinsamen Gespräches zwischen Arzt und Angehörigen (Vertreter), als die Entscheidungskompetenz dem Arzt allein zu überlassen. Vielleicht stellten sich im Zuge eines Gespräches auch bestimmte Präferenzen des Patienten heraus und auf objektive Gesichtspunkte wie Alter etc. konnte verzichtet werden.

(2) Patientenverfügung

Zweifelhaft war, ob eine Therapiebegrenzung auch geboten war, wenn der nunmehr bewusstlose Patient zuvor eine Patientenverfügung erstellt hatte, in welcher lebensverlängernde Maßnahmen ausdrücklich abgelehnt wurden. Die Anforderungen, welche vor Verabschiedung des Patientenverfügungsgesetzes an die Wirksamkeit einer Patientenverfügung gestellt wurden sowie deren Verbindlichkeit und Reichweite waren stark umstritten. Definiert wurde und wird eine Patientenverfügung als Willensbekundung einer einwilligungsfähigen bzw. einwilligungsverweigerungsfähigen Person zu medizinischen und begleitenden Maßnahmen für den Fall eintretender Einwilligungsunfähigkeit bzw. Einwilligungsverweigerungsunfähigkeit[239].

(a) Wirksamkeitsvoraussetzung

Die Wirksamkeitsvoraussetzungen richteten sich nach den Voraussetzungen einer Einwilligungsverweigerung. Der Patient musste daher zum Zeitpunkt des Verfassens in der Lage sein, seine Willensäußerung und deren Konsequenzen zu erfassen[240]. Jedoch wurde diskutiert, ob ein Patient, welcher noch nicht tödlich erkrankt war, überhaupt jemals in der Lage sein konnte, die Bedeutung und Tragweite der Entscheidung zu erfassen, welche entstand, wenn lebenserhaltende Maßnahmen abgelehnt wurden. Es wurde argumentiert, dass die Situation des eigenen Sterbens dem gesunden Testator völlig fremd sei [241]. Gerade im Angesicht des näher rückenden Todes ändere sich die Einstellung vieler Patienten, so dass ein verstärktes Festhalten am Leben zu erkennen sei[242]. Dieser Ansatz führte im Ergebnis zu einer Anwendungsbeschränkung der Patientenverfügung. Patienten, welche damit rechneten, in näherer Zukunft zu sterben, könnten danach eine wirksame Patientenverfügung erstellen, während dies den noch gesunden Patienten unmöglich wäre.

Schwierig zu beurteilen war auch die Frage, ob eine ärztliche Aufklärung vor dem Verfassen der Patientenverfügung stattgefunden haben musste. Problematisch war, dass der Verfasser die Patientenverfügung bereits zu einem Zeitpunkt erstellen konnte, ohne überhaupt zu wissen, an welchen Krankheiten er später erkranken könnte. Da für die Einwilligungsverweigerungsunfähigkeit vorausgesetzt wurde, dass der Patient zumindest „im Großen" über seine Krankheit auch Kenntnis habe, gab es Stimmen, welche für die Patientenverfügung eine ärztliche Aufklärung voraussetzten[243]. Dabei wurde nicht einheitlich beantwortet, ob die vorherige Aufklärung auch als Wirksamkeitsvoraussetzung der Patientenverfügung angesehen werden musste[244] oder „nur" aus den ärztlichen Pflichten resultierte, welche durch den Behandlungsvertrag entstanden[245].

Weiterhin war umstritten, ob eine Patientenverfügung schriftlich verfasst sein musste. Teilweise wurde argumentiert, dass eine Patientenverfügung die

239 *Jurgeleit*, in: Jurgeleit, § 1896, Rn. 129; Deutscher Bundestag, S. 36; *Sahm*, S. 79;

240 Siehe S. 34.

241 *Rickmann*, S. 139; *Heyers*, S. 108.

242 *Thias*, S. 108; *Schöllhammer*, S. 101.

243 *Heyers*, S. 120; *Taupitz*, A 113; *Hoffmann*, in: Bienwald/Sonnenfeld/Hoffmann, § 1904, Rn. 60.

244 *Heyers*, S. 120.

245 *Holzhauer*, in: FamRZ 2006, S. 518 (519); *Taupitz*, A. 113, *Thias*. S. 106; *Lipp*, in: FPR 2007, S. 56 (59).

Schriftform wahren musste[246]. Begründet wurde dies mittels eines Erst-Recht-Schlusses. Wenn das Testament, als letztwillige Verfügung über das Vermögen, gemäß §§ 2229 ff. BGB schriftlich errichtet werden muss, dann sollte eine letztwillige Verfügung über den eigenen Körper erst recht schriftlich erfolgen[247]. Weitere Schwierigkeiten ergaben sich daraus, dass Patientenverfügungen teilweise jahrelang vor dem tatsächlich eintretenden Krankheitsfall erstellt wurden. Durfte eine zum Beispiel 20 Jahre alte Patientenverfügung dennoch wirksam sein? Dagegen könnte zum Beispiel die medizinische Entwicklung sprechen. Bestimmte Krankheitsbilder waren vor 20 Jahren noch medizinisch unheilbar, während sie heute ohne weitere Schwierigkeiten zu heilen sind. Ebenso könnte ein möglicher Sinneswandel des Patienten gegen eine unbefristete Gültigkeitsdauer sprechen.

(b) Verbindlichkeit

Es herrschte Unsicherheit darüber, ob eine Patientenverfügung für den Arzt bzw. den Betreuer verbindlich war. Musste den Anweisungen einer Patientenverfügung Folge geleistet werden, oder durfte sich der Arzt bzw. der Betreuer, wenn die Anweisungen seiner Meinung nach unvernünftig waren, über den Patientenwunsch hinwegsetzen? Einige sahen in der Patientenverfügung lediglich ein Indiz zur Ermittlung des mutmaßlichen Willens[248], während andere eine Bindungswirkung annahmen[249]. Der Beschluss des XII. Zivilsenats des BGH aus dem Jahre 2003 war heranzuziehen, in welchem ansatzweise zu der Frage Stellung bezogen wurde, ob einer Patientenverfügung eine Bindungswirkung zukam[250]. Zur Diskussion stand die betreuungsgerichtliche Genehmigungsbedürftigkeit der Einwilligung[251] (Einwilligungsverweigerung) eines Betreuers zur weiteren künstlichen Ernährung des Betreuten mittels einer PEG-Sonde. Der Betreuer versuchte den zuvor schriftlich verfassten Willen des Betroffenen, lebenserhaltende Maßnahmen nicht durchzuführen, durchzusetzen. Nach Ansicht des BGH war der Betreuer an die Patientenverfügung des Betroffenen gebunden[252]. Der früher geäußerte Wille des Patienten durfte nicht dadurch ausgehöhlt

246 *Bernsmann*, in: ZRP 1996, S. 87 (92).

247 *Bernsmann*, in: ZRP 1996, S. 87 (92).

248 BGHSt 40, S. 257 (263); *Ulsenheimer*, in: Laufs/Uhlenbruck, § 149, Rn. 13; *Dölling*, in: MedR 1987, S. 6 (9); *Laufs*, Rn. 293; *Spickhoff*, in: JZ 2003, S. 740 (741); *Rieger*, S. 93.

249 So wohl: BGH, Beschluss vom 17.3.2003, in: NJW 2003, S. 1588 (1591); *Heyers*, S. 105 ff; *Schöllhammer*, S. 152; *Taupitz*, A 105 f, 129 ff; *Neumann*, in: Nomos-StGB, Vor § 211, Rn. 110; *Roth*, in: JZ 2004, S. 94 ff; *Vollmert*, S. 112.

250 BGH, in: NJW 2003, S. 1588 ff.

251 Hier werden wieder die vom BGH verwendeten Begriffe „Einwilligung“ verwendet, auch wenn es sich dogmatisch gesehen um eine „ Einwilligungsverweigerung“ handelt.

252 BGH, in: NJW 2003, S. 1588 (1591).

werden, dass der Betreuer in kritischen Situationen auf den mutmaßlichen Willen des Patienten zurückgriff[253]. Dies galt nur, wenn sich der Wille des Patienten nachträglich nicht verändert hatte (Widerrufbarkeit im Sinne des § 130 II BGB) und dies auch erkennbar war. Sollte eine Willensänderung des Patienten eingetreten sein, musste auf den mutmaßlichen Willen zurückgegriffen werden[254]. Daraus ergab sich die so genannte „Subsidiarität" des mutmaßlichen Willens gegenüber einer Patientenverfügung. Die Patientenverfügung war damit als vorrangig anzusehen. So stellte der BGH fest, dass die Patientenverfügung für den Betreuer verbindlich war. Damit war noch nicht geklärt, ob einer Patientenverfügung auch eine Außenwirkung im Patienten-Arzt-Verhältnis zukam? Hierzu äußerte sich der BGH nicht direkt. Allerdings hieß es im Leitsatz des Beschlusses: „Ist ein Patient einwilligungsunfähig und hat sein Grundleiden einen irreversiblen tödlichen Verlauf angenommen, so müssen lebenserhaltende oder lebensverlängernde Maßnahmen unterbleiben, wenn dies seinem zuvor - etwa in Form einer so genannten Patientenverfügung - geäußerten Willen entspricht"[255]. Daraus wurde überwiegend geschlossen, eine Patientenverfügung sei auch für den Arzt verbindlich[256].

Der Beschluss des BGH wurde vielfach wegen seiner Ungenauigkeiten kritisiert[257]. Auch bezüglich der Patientenverfügung wäre es hilfreich gewesen, wenn der BGH die Gelegenheit ergriffen und die Voraussetzungen für eine wirksame Patientenverfügung benannt hätte. So hätte zum Beispiel dazu Stellung genommen werden können, ob eine Patientenverfügung schriftlich verfasst werden, regelmäßig erneuert werden oder auch eine ärztliche Aufklärung stattfinden muss. Der BGH hat sich zu diesen Kriterien leider nicht geäußert. Positiv ist, dass der BGH überhaupt Stellung zu der Bindungswirkung einer Patientenverfügung bezogen und diese auch als vorrangig gegenüber dem mutmaßlichen Patientenwillen eingestuft hat.

Wie bereits angedeutet, gab es vor Verabschiedung des Patientenverfügungsgesetztes immer wieder Stimmen, die einer Patientenverfügung keine Verbindlichkeit zukommen lassen wollten, sondern ihr lediglich eine Indizwirkung für den mutmaßlichen Patientenwillen einräumten[258]. Abgelehnt wurde die Verbindlichkeit aus mehreren Gründen, welche schon bei den Voraussetzungen

253 BGH, in: NJW 2003, S. 1588 (1591).

254 BGH, in: NJW 2003, S. 1588 (1591).

255 BGH, in: NJW 2003, S. 1588 (1588).

256 *Neumann*, in: Nomos-StGB, Vor § 211, Rn. 109; *Meyer*, in: Jurgeleit, § 1904, Rn. 14; *Hoffmann*, in: Bienenwald/Sonnenfeld/Hoffmann, § 1904, Rn. 56; *Diederichsen*, in: Palandt, 67. Auflage, Einf v § 1896, Rn. 9; *Lipp*, in: FamRZ 2004, S. 317 (320); *Schneider*, in: MüKo-StGB, Vor §§ 211 Rn. 126; Deutscher Bundestag, S. 40; *Heyers*, S. 107 ff; *Vollmert*, S. 112; *Schöllhammer*, S. 152.

257 Siehe nur: *Vollmert*, S. 77 ff.

258 *Spickhoff*, in: JZ 2003, S. 739 (741); Lackner/Kühl, Vor § 211, Rn. 8.

einer Patientenverfügung als relevant angesehen wurden. So wurde wieder angeführt, dass der Patient niemals zu 100 Prozent sicher sein kann, wie er sich in den Situationen des bevorstehenden Todes verhalten wird oder welche Behandlungswünsche bzw. Einstellungswünsche verlangt werden[259]. Auch der Druck der Öffentlichkeit könnte Menschen dazu verleiten, vorformulierte Patientenverfügungen auszufüllen, ohne dass diese ernsthaft reflektiert worden sind[260].

Andere lehnten die Verbindlichkeit einer Patientenverfügung dann ab, wenn der Testator diese im gesunden Zustand verfasst hatte[261]. Nur im Angesicht des näher rückenden Todes könne eine verbindliche Patientenverfügung erstellt werden, da ansonsten ein konkreter Bezug zu der später eintretenden Krankheitssituation fehlt[262]. Dagegen sollte eine Patientenverfügung dann verbindlich sein, wenn der Patient nach Verfassen einer Patientenverfügung irreversibel bewusstlos wird (apallisches Syndrom)[263]. Begründet wurde dies damit, dass der apallische Patient zu einer Wahrnehmung des eigenen Körpers oder seines Umfeldes nicht mehr in der Lage sei und deswegen ein Sinneswandel bezüglich seiner Patientenverfügung nicht mehr möglich sein könne[264].

(c) Reichweite

Es stellte sich weiterhin das Problem, wie weit eine Patientenverfügung gehen durfte. Konnte in einer Patientenverfügung auch verlangt werden, dass in bestimmten Krankheitsfällen tödlich wirkende Medikamente verabreicht werden oder per Rezept verschrieben werden? Oder wurden manche Patientengruppen, wie Patienten mit apallischem Syndrom, ausgeschlossen, wenn der BGH von einem irreversiblen tödlich verlaufenden Grundleiden sprach.

(d) Zusammenfassung

Es bestand vor Verabschiedung des Patientenverfügungsgesetzes mehrheitlich Konsens, dass eine Patientenverfügung für Ärzte und Betreuer verbindlich war. Die Frage, wann und unter welchen Umständen eine Bindungswirkung entstand, wurde jedoch nicht einheitlich beantwortet. Aus diesem Grunde diskutierte der Deutsche Bundestag sehr lange über die Verabschiedung eines Patientenverfügungsgesetzes. Die Änderungen werden an späterer Stelle näher dargestellt[265].

---

259 *Spickhoff*, in: JZ 2003, S. 739 (741).
260 *Spickhoff*, in: JZ 2003, S. 739 (741).
261 *Thias*, S. 115.
262 *Thias*, S. 115.
263 *Thias*, S. 108.
264 *Thias*, S. 109.
265 Siehe S. 113.

(3) Vorsorgevollmacht

Neben der Patientenverfügung bestand und besteht, unabhängig von der Verabschiedung des neuen Patientenverfügungsgesetzes, unverändert die Möglichkeit, eine Vorsorgevollmacht zu erteilen. Dabei erteilt der voll handlungsfähige Betroffene eine Vollmacht, in welcher er einzelne oder alle Aufgabenkreise (so genannte Generalvollmacht) einer anderen Person überträgt, sollte er selbst eines Tages unfähig sein, seinen eigenen Willen kundzutun[266]. Die Bevollmächtigung war und ist nach § 1896 II S. 2 BGB vorrangig gegenüber einer staatlich angeordneten Betreuerstellung. Damit soll das Selbstbestimmungsrecht des Menschen in der Phase des baldigen Ablebens weiter gestärkt werden.

Im Rahmen dieser Arbeit interessiert lediglich eine Vorsorgevollmacht, welche der Betroffene hinsichtlich medizinischer Maßnahmen erteilt hat. § 1904 V BGB regelt die Voraussetzungen einer wirksamen Vollmacht für medizinische Behandlungen, welche für den Betroffenen mit Lebensgefahr oder schwerwiegenden Gesundheitsschäden verbunden sind. Aus dem Gesetz geht hervor, dass die Vollmacht schriftlich erteilt sein und ausdrücklich auch lebensgefährliche medizinische Maßnahmen umfassen muss[267].

Gemäß § 1987 III BGB sind die Personen als Bevollmächtigte ausgeschlossen, die zu einer Anstalt, einem Heim oder einer sonstigen Einrichtung, in der ein Betroffener untergebracht ist oder wohnt, in einem Abhängigkeitsverhältnis oder einer anderen engen Beziehung zu dem Betroffenen stehen. Dies stellt einen absoluten Ausschließungsgrund dar[268].

Ansonsten ist je nach Art der Vollmacht zu differenzieren, ob der Bevollmächtigte geschäftsfähig oder einwilligungsfähig bzw. einwilligungsverweigerungsfähig ist[269]. Geht es um die Abwicklung von Rechtsgeschäften, muss der Bevollmächtigte geschäftsfähig sein[270]. Soll der Bevollmächtigte dagegen Entscheidungen in Gesundheitsangelegenheiten treffen, ist nur die Einwilligungs- bzw. Einwilligungsverweigerungsfähigkeit des Bevollmächtigten relevant[271].
Zum Zeitpunkt des Verfassens der Vollmacht muss der Betroffene sowohl einwilligungsfähig als auch geschäftsfähig sein[272], da in der Regel der Vollmacht ein Auftrag nach § 662 BGB oder ein Geschäftsbesorgungsvertrag zugrunde

---

266 *Sahm*, S. 216; *Heyers*, S. 151; *Bienwald*, in: Bienwald/Sonnenfeld/Hoffmann, § 1896, Rn. 75.

267 *Berger*, in: Jauernig, Anmerkungen §§ 1896-1908 a, Rn. 26; *Hoffmann*, in: Bienwald/Sonnenfeld/Hoffmann, § 1904, Rn. 18.

268 BayObLG, in: FamRZ 2002, S. 702 (703).

269 *Hoffmann*, in: Bienwald/Sonnenfeld/Hoffmann, § 1896, Rn. 78.

270 *Hoffmann*, in: Bienwald/Sonnenfeld/Hoffmann, § 1896, Rn. 78.

271 *Hoffmann*, in: Bienwald/Sonnenfeld/Hoffmann, § 1896, Rn. 78.

272 *Taupitz*, A 102; *Diederichsen*, in: Palandt, 67. Auflage, Einf vor § 1896, Rn. 7; *Hoffmann*, in: Bienwald/Sonnenfeld/Hoffmann, § 1904, Rn. 25/26.

liegt[273]. Eine ärztliche Aufklärung vor dem Verfassen einer Vollmacht wird dagegen nicht vorausgesetzt[274].

Zu klären ist, welche Wirkung einer Vorsorgevollmacht zukommt, wenn der Betroffene entscheidungsunfähig ist. In erster Linie hat der Bevollmächtigte die Entscheidungen für den Betroffenen zu treffen. Trifft dies auch zu, wenn es um Therapiebegrenzungen lebenserhaltender Maßnahmen geht? Die Reichweite einer Vollmacht ist durch deren Inhalt bestimmt[275]. Enthält diese auch die Kompetenz zu Entscheidungen am Lebensende, ist der Bevollmächtigte auch befugt, eine Entscheidung hierüber zu treffen. Ob Stellvertretungen überhaupt rechtlich möglich sind, wird an späterer Stelle noch weiter diskutiert[276].

bb) Zusammenfassung

Als Ergebnis ist festzuhalten, dass auch vor Verabschiedung des Patientenverfügungsgesetzes der Patientenwille auch dann beachtet werden musste, wenn der Patient seinen Willen nicht mehr äußern konnte. Deswegen mussten die Ärzte oder das Pflegeteam den Willen des äußerungsunfähigen Patienten erforschen. Dies war möglich, indem gefragt wurde, welche Behandlungen oder Nichtbehandlungen dem mutmaßlichen Willen des Patienten entsprachen. Existierten Patientenverfügungen und Vorsorgevollmachten, mussten diese hinzugezogen und beachtet werden.

b) Krankheitsstadium des Patienten

Vor Verabschiedung des Patientenverfügungsgesetzes stellte sich auch die Frage, ob das Krankheitsstadium des Patienten eine Bedeutung für die „Zulässigkeit“ der Therapiebegrenzung hatte. Die Ärzte bezeichneten den Gesundheitszustand des 80-jährigen Patienten (Fall C) als kritisch, so dass mit seinem baldigen Tod zu rechnen war. Sollte der mutmaßliche Wille des 80 Jährigen auf einen Behandlungsabbruch gerichtet sein, war dies als Hilfe beim Sterben zulässig. Dies ergab sich aus einer Art Umkehrschluss des „*Kemptener Urteils*“. Der BGH hatte entschieden, dass die Einstellung der künstlichen Ernährung ausnahmsweise zulässig war, obwohl die Patientin willensäußerungsunfähig war und noch nicht im Sterben lag[277]. Wenn ein Behandlungsabbruch zulässig war, obwohl in nächster Zukunft nicht mit einem Todeseintritt zu rechnen war, musste dies erst recht auch dann gelten, wenn der willensäußerungsunfähige Patient

273 *Hoffmann*, in: Bienwald/Sonnenfeld/Hoffmann, § 1904, Rn. 25.
274 *Keilbach*, in: FamRZ 2003, S. 969 (980); *Taupitz*, A 101.
275 *Hoffmann*, in: Bienwald/Sonnenfeld/Hoffmann, § 1904, Rn. 83.
276 Siehe S. 92.
277 BGHSt 40, S. 257 (260).

bereits im Sterben lag. Der Gleichbehandlung von Hilfe zum Sterben und Hilfe beim Sterben war oder ist zuzustimmen. Schließlich sollte jedem Patienten das Recht zustehen, frei über seine körperliche Integrität zu entscheiden. Dann musste bzw. muss aber auch die Möglichkeit bestehen, über die letzte Phase seines Lebens, wenn diese zumindest bevorsteht, frei bestimmen zu können. Eine Beschränkung des Rechts auf Selbstbestimmung nur für Menschen, welche sich bereits im Sterben befinden, war und ist damit nicht vereinbar. Auch die herrschende Meinung in der Literatur sowie die Bundesärztekammer haben sich dieser Meinung angeschlossen[278].

c) Irreversibilität der Krankheit als Voraussetzung

Der XII. Zivilsenat des BGH hat in seinem Beschluss vom 17. März 2003 die Zulässigkeit der Therapiebegrenzung bestätigt[279]. Allerdings war zweifelhaft, ob der XII. Zivilsenat als weitere Voraussetzung einer Therapiebegrenzung bei einwilligungsunfähigen Patienten das Vorliegen einer irreversiblen Krankheit verlangte. So hieß es in der Begründung des Beschlusses, dass „für den Wunsch des Betreuers, eine medizinische Behandlung einzustellen, kein Raum ist, wenn das Grundleiden des Betroffenen noch keinen irreversiblen tödlichen Verlauf angenommen hat und durch die Maßnahme das Leben des Betroffenen noch verlängert oder erhalten wird“[280]. War daraus zu schließen, dass für den XII. Zivilsenat als Voraussetzung immer eine zwangsläufig irreversibel tödlich verlaufende Krankheit hinzukommen musste? Diese Auffassung hätte bedeutet, dass für apallische Patienten, die irreversibel ihr Bewusstsein verloren haben, eine Therapiebegrenzung nicht in Betracht kommen konnte, da diese mittels künstlicher Lebenserhaltung noch Jahre am Leben erhalten werden könnten. Dieses Ergebnis kann und konnte nicht überzeugen und entsprach auch gerade nicht dem „*Kemptener Urteil*“. Zum einen war eine Verknüpfung der Zulässigkeit der Therapiebegrenzung mit der Irreversibilität der Krankheit nicht mit dem Selbstbestimmungsrecht des Patienten zu vereinbaren. Schließlich benötigten alle lebenserhaltenden Maßnahmen, wie in den vorliegenden Fällen A bis D, eine mutmaßliche Einwilligung des Patienten. Lag eine solche nicht vor, durfte der Arzt auch lebenserhaltende Maßnahmen nicht vornehmen. Es konnte dann keine Rolle spielen, ob die Krankheit irreversibel tödlich enden würde oder nicht. Zum anderen schien diese Einschränkung der Zulässigkeit der Therapiebegrenzung auch gar nicht von den Zivilrichtern beabsichtigt zu sein. So äußerte sich die Vorsitzende Richterin des XII. Zivilsenats, Frau *Hahne*, dass es in dem vorliegenden Fall nicht zur Diskussion stand, ob die Krankheit des Patienten irrever-

278 *Lackner/Kühl*, Vor § 211, Rn. 8; *Neumann*, in: Nomos, Vor § 211, Rn. 113.
279 BGH, in: NJW 2003, S. 1588 ff.
280 BGH, in: NJW 2003, S. 1588 (1590).

sibel tödlich enden muss oder nicht[281]. Im Vordergrund des Beschlusses stand lediglich die Zulässigkeit der künstlichen Ernährungseinstellung des Patienten, bei welchem der Sterbeprozess noch nicht eingesetzt hatte[282].

Auch die herrschende Meinung in der Literatur sprach sich gegen eine solche Einschränkung aus und ging von der Zulässigkeit der Therapiebegrenzung bei Einwilligungsunfähigen aus, unabhängig von der Irreversibilität der Krankheit[283]. Diese Ansicht überzeugte, da nur so das Selbstbestimmungsrecht des Patienten gewahrt werden konnte. War der mutmaßliche Wille des Patienten darauf gerichtet, dass lebenserhaltende Maßnahmen nicht durchgeführt werden sollten, mussten die Ärzte diese unterlassen, und zwar unabhängig davon, ob die Krankheit tatsächlich irreversibel tödlich endete oder nicht.

d) Welche lebenserhaltenden Maßnahmen durften unterlassen oder abgebrochen werden?

Auch wenn bereits vor Verabschiedung des Patientenverfügungsgesetzes von der grundsätzlichen Zulässigkeit der Therapiebegrenzung ausgegangen wurde, war umstritten, ob wirklich auf alle lebenserhaltenden Maßnahmen[284] verzichtet werden durfte. Strittig war vor allem, ob auf die künstliche Ernährung verzichtet werden durfte, oder ob diese zur zwingend notwendigen Basisversorgung gehörte[285]. Problematisch war insbesondere unter ethischen Gesichtspunkten, ob man einen Menschen schlichtweg verhungern lassen durfte. Generell gegen eine Einstellung der künstlichen Ernährung sprach sich *Menzel* aus. Die künstliche Ernährung gehörte nach *Menzel* zur nicht disponiblen Basispflege[286]. Eine Begründung lieferte *Menzel* nicht. Die Rechtsprechung argumentierte dagegen, ebenfalls ohne nähere Begründung, für die Zulässigkeit der Einstellung der künstlichen Ernährung[287]. Diese ergebnisorientierten Meinungen konnten nicht dazu beitragen, das Pro und Contra gegeneinander abzuwägen, da keine Begründungen für die gefundenen Ergebnisse geliefert wurden.

Im Folgenden soll untersucht werden, in wieweit die Position der Bundesärztekammer weiterhelfen konnte. In der Präambel der *Grundsätze zur Sterbe-*

281 *Hahne*, in: DRiZ 2005, S. 244 (246).

282 *Hahne*, in: DRiZ 205, S. 244 (246).

283 *Kutzer*, in: ZRP 2003, S. 213 (215); *Otto*, in: NJW 2006, S. 2217 (2218); *Lipp*, in: FamRZ 2004, S. 317 (319); *Hufen*, in: ZRP 2003, S. 248 (248).

284 Mögliche lebenserhaltenden Maßnahmen sind: Die künstliche Ernährung und Beatmung, die Reanimation, die Vergabe von Herz- und Kreislauf aktivierenden Medikamenten, die Dialyse sowie weitere chirurgische Eingriffe.

285 *Thias*, S. 198.

286 *Menzel*, in: Eser, S. 143 (147).

287 BGHSt 40, S. 257 ff; LG Duisburg, in: NJW 1999, S. 2744 ff; OLG Karlsruhe, in: FamRZ 2002, S. 488 (488 ff).

begleitung wurde das Stillen von Hunger und Durst zu der nicht disponiblen Basisversorgung gezählt[288]. Daraus konnte gefolgert werden, dass ein Abbruch oder ein Verzicht der künstlichen Ernährung nach Ansicht der Bundesärztekammer nicht möglich war. In Absatz II der *Grundsätze zur Sterbebegleitung* wurde dann allerdings festgehalten, dass Ärzte bei Sterbenden zur palliativ-medizinischen Versorgung und zur Basisbetreuung verpflichtet waren, wozu nicht immer die künstliche Flüssigkeits- und Nahrungszufuhr gehörte. Hunger und Durst mussten aber gestillt werden, wenn der Patient daran litt. Das konnte aber nur bedeuten, dass das Stillen von Durst und Hunger nicht mit der künstlichen Ernährung gleichzusetzen war. Daraus war zu schließen, dass Hunger und Durst zwar gestillt werden mussten, dies aber nicht zwangsläufig durch künstliche Ernährungs- und Flüssigkeitszufuhr erreicht werden musste. Auf eine künstliche Ernährungs- und Flüssigkeitszufuhr konnte anscheinend verzichtet werden.

Die überwiegende Meinung in der Literatur ging von der Zulässigkeit des Abbruchs künstlicher Ernährung aus[289]. So sah *Roxin* zwischen lebensnotwendiger Beatmung, Medikamentenzufuhr oder eben der Ernährungszufuhr keinen Grund zur unterschiedlichen Behandlung[290]. Diese Maßnahmen seien alle notwendig, die Lebenserhaltung künstlich aufrechtzuerhalten und deswegen gleich zu behandeln[291]. Für *Ingelfinger* waren dagegen zwei Gesichtspunkte entscheidend: Zum einen kam es für die Zulässigkeit der künstlichen Nahrungseinstellung darauf an, dass die medizinische Weiterbehandlung des Sterbenden gesichert war. Wenn alle pflegerischen und leidensmindernden Maßnahmen trotz der Nahrungseinstellung erfolgten, war ein menschenwürdiges Sterben gewährleistet[292], so dass nichts gegen eine Einstellung sprechen konnte. Zum anderen konnte allein der (mutmaßliche) Wille des Patienten maßgeblich sein[293]. War der (mutmaßliche) Wille des Patienten darauf gerichtet, nicht künstlich ernährt zu werden, war auch der Verzicht oder der Abbruch der künstlichen Ernährung zulässig.

An diese Idee knüpften auch *Thias* und *Kantianis* an, indem sie die Zulässigkeit der Einstellung von künstlicher Ernährung allein vom Willen des Patienten abhängig machten[294]. *Thias* differenzierte zwischen entscheidungsfähigen und entscheidungsunfähigen Patienten. Lagen bei entscheidungsunfähigen Patienten keinerlei Anhaltspunkte vor, dass diese „in ihren Hungertod einwilligen

288 Grundsätze der Bundesärztekammer zur ärztlichen Sterbebegleitung, in: *Sahm*, S. 212 ff.

289 *Roxin*, in: Roxin/Schroth, S. 92 (109); *Thias*, S. 204 soweit der Patient entscheidungsfähig ist; *Merkel*, in: ZStW 107 (1995), S. 545 (562); *Kantianis*, S. 251; *Ingelfinger*, S. 331.

290 *Roxin*, in: Roxin/Schroth, S. 92 (109).

291 *Roxin*, in: Roxin/Schroth, S. 92 (109).

292 *Ingelfinger*, S. 331.

293 *Ingelfinger*, S. 332.

294 *Thias*, S. 201; *Kantianis*, S. 255.

würden", dürfe von der künstlichen Ernährung nicht Abstand genommen werden[295]. Ein verobjektivierter mutmaßlicher Wille verlange, dass die künstliche Ernährung der Basistherapie zugeordnet werden müsse. Schließlich lehne die überwiegende Allgemeinheit den Hungertod ab[296].

Hier muss nochmals deutlich gemacht werden, dass der Patient nicht in den Abbruch einer lebenserhaltenden Maßnahme, sondern in die Fortsetzung oder Aufnahme einer solchen Maßnahme einwilligen musste. Die Argumentation von *Thias*, dass die Mehrheit wohl kaum ihrem eigenen Hungertod zustimmen würde, war folglich dogmatisch unsauber. Zu fragen war und ist, ob die überwiegende Anzahl von Menschen trotz irreversibler, tödlicher Krankheit mittels künstlicher Ernährung am Leben erhalten werden wollte. Eine Differenzierung dahingehend, dass die künstliche Ernährung bei entscheidungsfähigen Patienten zu den lebenserhaltenden Maßnahmen gehört, bei den entscheidungsunfähigen dagegen zur indisponiblen Basisverpflegung, erschien konstruiert. Entweder die künstliche Ernährung gehörte zu den lebenserhaltenden Maßnahmen oder zur Basispflege. Eine unterschiedliche Einteilung, je nachdem, ob sich der Patient äußern konnte oder nicht, hat mit der Problematik nichts zu tun. Zulässig war die Einstellung künstlicher Ernährung nur, wenn der Patient die künstliche Ernährung tatsächlich oder mutmaßlich nicht wünschte.

2. Strafrechtliche Konsequenzen für den Arzt

Auch bei willensäußerungsunfähigen Patienten stellt sich die Frage, wie ein Widerspruch zu den Tötungsdelikten und der unterlassenen Hilfeleistung vermieden werden kann. Da der deutsche Gesetzgeber sich im Rahmen der Verabschiedung des Patientenverfügungsgesetzes nicht zu einer Verabschiedung von strafrechtlichen Gesetzen durchringen konnte, gelten die bisherigen Grundsätze auch zukünftig weiter fort. Auch im Falle willensäußerungsunfähiger Patienten waren und sind sich grundsätzlich alle darin einig, dass eine Bestrafung nicht in Betracht kommt[297]. Die dogmatische Begründung wird ebenfalls kontrovers diskutiert, so dass gesetzliche Vorgaben allein wegen dieser unüberschaubaren Kontroversen sinnvoll gewesen wären. Problematisch ist, wie der mutmaßliche Patientenwille, die Patientenverfügung und die Vorsorgevollmacht im strafrechtlichen Normengefüge zu berücksichtigen sind. Deswegen ist auch gesondert auf die Frage der Begründung der Straflosigkeit einzugehen. So kann nicht einfach auf die Ausführungen zur Gebotenheit einer Therapiebegrenzung bei willensäußerungsfähigen Patienten verwiesen werden. Des Weiteren ist zwi-

---

295 *Thias*, S. 203.

296 *Thias*, S. 203.

297 *Lackner/Kühl*, Vor § 211, Rn. 8; *Neumann*, in: Nomos-StGB, Vor § 211, Rn. 121; *Fischer*, Vor § 211, Rn. 23; *Schneider*, in: MüKo-StGB, Vor §§ 211 f, Rn. 120.

schen den Patienten zu differenzieren, welche eine Patientenverfügung verfasst haben, und denen, die eine solche nicht verfasst haben. Existiert eine Vollmacht, entscheidet der Bevollmächtigte, ob eine lebenserhaltende Therapie abgebrochen werden soll. Diese Entscheidung muss meines Erachtens so behandelt werden wie der ausdrücklich erklärte Wille des Patienten. Aus diesem Grunde sollen hierzu keine näheren Untersuchungen erfolgen. Herangezogen werden können die Ausführungen zu willensäußerungsfähigen Patienten.

a) Patientenverfügung existiert nicht

Im Ausgangsfall der dritten Patientengeschichte (Fall C) hatte der 80-jährige Patient vor seiner Einwilligungsunfähigkeit keine Patientenverfügung erstellt. In diesem Fall ist dessen mutmaßlicher Wille zu ermitteln. Dieser war ausschlaggebend dafür, ob eine Behandlung abzubrechen oder fortzuführen ist. Da der Patient einwilligungsverweigerungsunfähig ist und lediglich der mutmaßliche Wille ermittelt werden konnte, ist eine Bestrafung wegen einer Tötung auf Verlangen gemäß § 216 StGB von vornherein ausgeschlossen. In Betracht kommen kann aber eine Bestrafung nach §§ 211 (212), 13 StGB, welche jedoch wegen des ermittelten mutmaßlichen Willens des Patienten (Abbruch der künstlichen Beatmung) abgelehnt wird[298]. So hat sich der BGH für die Zulässigkeit eines Behandlungsabbruches aufgrund einer mutmaßlichen Einwilligung eines Patienten entschieden[299], die Richter äußerten sich hingegen nicht dazu, ob die mutmaßliche Einwilligung eine tatbestandsausschließende oder eine rechtswidrigkeitsbeseitigende Wirkung hat. Es ist deswegen weiterhin umstritten, ob der mutmaßliche Wille eine tatbestandliche Ausschlusswirkung zur Folge hat[300] oder die Rechtswidrigkeit beseitigt wird[301].

---

298 Vgl. *Eser*, in: Schönke/Schröder, Vorbem §§ 211, Rn. 28; *Geilen*, in: Recht und Staat 446 (1975), S. 28; *Fischer*, Vor § 211, Rn. 21; *Lackner/Kühl*, Vor § 211, Rn. 8; *Ingelfinger*, S. 313; *Rieger*, S. 59 ff.

299 BGHSt 40, S. 257 (257 ff).

300 *Thias*, S. 147.

301 *Rieger*, S. *Merkel*, in: ZStW 107, S. 545 (573); *Höfling*, in: Jus 2000, S. 111 (116); *Lilie*, in: FS für Steffen, S. 272 (284); *Eser*, in: Schönke/Schröder, Vorbem §§ 211 ff, Rn. 29: Wobei anzumerken ist, dass *Eser* zwischen einem einseitigen und einem einverständlichen Behandlungsabbruch unterscheidet. Ein einverständlicher Behandlungsabbruch liegt vor, wenn dieser im tatsächlichen oder im mutmaßlichen Interesse des Patienten vorgenommen wird. Der einseitige Behandlungsabbruch ist dagegen weder von einem tatsächlichen noch von einem mutmaßlichen Willen gedeckt bzw. der Patientenwille kann nicht festgestellt werden. Im zweiten Fall wird zusätzlich untergliedert, ob ein Schmerzlinderungsbedürfnis des Patienten besteht oder gerade nicht. Besteht ein solches, ist ein Behandlungsabbruch aufgrund einer rechtfertigenden Pflichtenkollision gerechtfertigt. Liegt dagegen kein Schmerzlinderungsbedürfnis des Patienten vor, so zum Beispiel bei Patienten im apallischen Syndrom, ist für eine Abwägung zwischen Lei-

aa) Tatbestandsausschluss durch den mutmaßlichen Willen

Einige Autoren vertreten auch bei einem einwilligungsunfähigen Patienten die Ansicht, der mutmaßliche Wille hebe die Garantenstellung[302] des Arztes auf[303]. Da das Entstehen einer Garantenstellung vom Willen des Patienten abhängig ist, muss auch ein Widerruf oder eine Kündigung der Garantenstellung möglich sein[304]. Der einwilligungsunfähige und sogar äußerungsunfähige 80-jährige Patient ist zur Abgabe einer wirksamen Willenserklärung gar nicht mehr im Stande. Eine wirksame Kündigung oder ein wirksamer Widerruf der Garantenstellung kann somit nicht ausgesprochen werden und kann daher keine rechtliche Wirksamkeit mehr entfalten. Dieser Ansicht ist schon deswegen nicht zu folgen.

bb) Keine Rechtswidrigkeit des Behandlungsabbruches oder des Behandlungsverzichtes

Andere Autoren suchen eine Lösung auf der Rechtswidrigkeitsebene. Es werden unterschiedliche Lösungsmodelle vorgeschlagen: Es wird vertreten, dass der mutmaßliche Patientenwille als Rechtfertigungsgrund der mutmaßlichen Einwilligung zu berücksichtigen ist[305], während andere den Rechtfertigungsgrund des § 34 StGB heranziehen[306]. Wieder andere begründen die Straflosigkeit anhand des Wegfalles der Garantenpflicht[307].

---

dens- oder Lebensverlängerung kein Raum. Daher ist eine mutmaßliche Einwilligung, welche letztlich auf dieser Abwägung basiert, nicht möglich. Ein Behandlungsabbruch/verzicht ist nur dann zulässig, wenn die Behandlung entweder faktisch oder für den Arzt und Patienten normativ unzumutbar ist.

302 Siehe S. 58: Unter der Garantenstellung wird die Begründung der Erfolgsabwendungspflicht verstanden, während unter der Garantenpflicht die Erfolgsabwendungspflicht als solche gemeint ist.

303 *Arzt*, in: JR 1986, S. 309 (311); *Deichmann*, in: MDR 1995, S. 983 (983).

304 *Trück*, S. 68.

305 *Rieger*, S. 64; *Trück*, S. 98; *Neumann*, in: Nomos-StGB, Vor § 211, Rn. 106; wohl auch *Ingelfinger*, S. 300, wobei dieser differenziert, ob persönliche Präferenzen für eine Weiterbehandlung oder gegen eine Weiterbehandlung vorliegen. Liegen keinerlei Anhaltspunkte für einen mutmaßlichen Willen des Patienten vor, ist es nach *Ingelfinger* „ehrlicher" auf den Rechtfertigungsgrund des § 34 StGB abzustellen.

306 *Merkel*, in: ZStW 107 (1995), S. 545 (570); *Ingelfinger*, S. 301, wenn die persönlichen Interessen des Patienten nicht festgestellt werden können.

307 So wohl auch *Hirsch*, in: FS für Lackner, S. 596 (602).

(1) Mutmaßliche Einwilligung oder § 34 StGB

Zwischen den Vertretern einer Lösung über § 34 StGB und denen der mutmaßlichen Einwilligung gab und gibt es heftige Auseinandersetzungen[308]. Bevor auf die einzelnen Probleme einzugehen ist, soll die Rechtsfigur der mutmaßlichen Einwilligung kurz vorgestellt werden. Die mutmaßliche Einwilligung ist als strafrechtlicher Rechtfertigungsgrund gewohnheitsrechtlich anerkannt[309]. Diese liegt vor, wenn ein tatbestandsausschließendes Einverständnis oder eine rechtfertigende Einwilligung des Betroffenen nicht rechtzeitig eingeholt werden kann, aber davon auszugehen ist, dass der Betroffene in die Tatbestandsverwirklichung einwilligen würde[310]. Umstritten ist, ob die mutmaßliche Einwilligung auf der zivilrechtlichen Geschäftsführung ohne Auftrag basiert[311], einen Unterfall des § 34 StGB[312] oder einen eigenen Rechtfertigungsgrund darstellt[313]. Hinter diesen Unklarheiten steht schließlich die bereits erörterte Frage, in wieweit objektive Kriterien zur Ermittlung des mutmaßlichen Willens ausschlaggebend sein können[314]. Im Rahmen einer Güterabwägung im Sinne des § 34 StGB könnte von herausragender Bedeutung sein, ob ein objektiv vernünftiger Patient im konkreten Fall eine Fortsetzung oder einen Abbruch einer Behandlung wünscht[315]. Während für eine eigenständige Rechtsfigur - der mutmaßlichen Einwilligung - der hypothetische Wille ausschlaggebend sein könnte, welcher durch eine individuelle subjektive Interessenabwägung zu ermitteln sei[316]. Nach den Vorschriften der Geschäftsführung ohne Auftrag („...dem Interesse und dem wirklichen oder mutmaßlichen Willen...") könnten wiederum objektive und subjektive Kriterien maßgeblich sein.

An dieser Stelle soll ein Argument in den Vordergrund gestellt werden: Unabhängig, welcher Ansicht gefolgt wurde bzw. wird, muss gefragt werden, ob der Patient in die Rechtsgutverletzung mutmaßlich einwilligen würde. Aber in welche Rechtgutverletzung würde der 80-jährige Patient hypothetisch einwilligen? Der BGH und viele andere sprechen von einer „mutmaßlichen Einwilli-

---

308 *Trück*, S. 84 ff.

309 BGHSt 35, S. 246 (249); BGHSt 40, S. 257 (263); *Roxin*, in: AT I, § 18, Rn. 3; Paeffgen, in: Nomos-StGB, Vor §§ 32 bis 35, Rn. 157.

310 Siehe nur: *Rieger* mit weiteren Nachweisen, S. 67; *Lenckner*, in: Schönke/Schröder, Vorbem §§ 32 ff, Rn. 54.

311 *Heyers*, S. 100; *Deutsch*, Medizinrecht Rn. 109.

312 *Otto*, AT, § 8, Rn. 131; Welzel, S. 92.

313 *Thias*, S. 144; *Lencker*, in: Schönke/Schröder, Vor §§ 32 ff, Rn. 56; *Fischer*, Vor § 32, Rn. 4; *Lackner/Kühl*, Vor § 32, Rn. 21.

314 Siehe S. 68.

315 Das Recht auf Leben gegen Recht auf körperlicher Unversehrtheit; Lebensverlängerung gegen Leidensverlängerung.

316 *Thias*, S. 144; *Roxin*, AT, § 18, Rn. 5.

gung in den Behandlungsabbruch oder den Behandlungsverzicht"[317]. Das wäre aber konsequenterweise so zu verstehen gewesen, dass der mutmaßliche Wille auf eine Verletzung des Rechtsguts Leben gerichtet ist. Dem steht § 216 StGB an sich eklatant im Wege. Wenn schon der ausdrückliche und ernsthafte Wille des Patienten nicht ausreicht, um eine Tötung zu rechtfertigen, dann muss dies erst recht für einen nur gemutmaßten Willen gelten. Meines Erachtens ist es erstaunlich, wieso überhaupt versucht wurde und wird, eine Rechtfertigung anhand der mutmaßlichen Einwilligung zu konstruieren. Alle Versuche, § 216 StGB zu umgehen, haben sich schon als äußerst schwierig erwiesen, wenn ein tatsächlicher Wille „in den Behandlungsabbruch oder den Behandlungsverzicht" vorliegt[318]. Jegliche Versuche, § 216 StGB zu ignorieren, müssen dann aber bei einem nur gemutmaßten Willen scheitern.

Möglich und auch durchaus sinnvoll ist es, den Ausdruck des BGH „mutmaßliche Einwilligung in den Behandlungsabbruch" folgendermaßen zu interpretieren: Bedeuten kann dies, dass es sich um eine mutmaßliche Einwilligungsverweigerung in weitere medizinische Behandlungen handelt. Wenn darauf abgestellt wird, kann die Rechtsfigur einer mutmaßlichen Einwilligung hier gar nicht herangezogen werden. Schließlich geht es nicht um eine Einwilligung in eine Rechtsgutverletzung, sondern um die Abwehr einer Rechtsgutverletzung des körperlichen Wohlempfindens, in welches durch die medizinische Weiterbehandlung eingegriffen wird.

(2) Rechtfertigender Notstand gemäß § 34 StGB

Hinsichtlich einer Rechtfertigung mittels des § 34 StGB existieren die bereits unter B. II. erörterten Probleme[319]. Die dort dargestellten Vor- und Nachteile einer solchen Lösung gelten entsprechend auch in den Fällen einer Therapiebegrenzung eines willensäußerungsunfähigen Patienten.

(3) Wegfall der Garantenpflicht

Weiterhin kann noch auf einen Wegfall der Garantenpflicht abgestellt werden. Sobald der mutmaßliche Wille des Patienten gegen eine Weiterbehandlung und damit für einen Behandlungsabbruch/-verzicht spricht, kann auch die Pflicht des Arztes zur Vornahme der lebenserhaltenden Maßnahmen entfallen sein. Die Garantenpflicht kann folglich durch den mutmaßlichen Wunsch des Patienten, wei-

---

317 Siehe nur: BGHSt 40, S. 257 (257); *Rieger*, „Die mutmaßliche Einwilligung in den Behandlungsabbruch" als Titel; *Trück*, S. 129; *Fischer*, Vor § 32, Rn. 4; *Lackner/Kühl*, Vor § 32, Rn. 21.

318 Siehe S. 50.

319 Siehe S. 50.

tere lebenserhaltende Behandlungen zu unterlassen oder abzubrechen, begrenzt werden. Damit stellt sich die Frage, ob die Garantenpflicht des Arztes durch den mutmaßlichen Willen des Patienten ausgeschlossen werden kann? Wenn, wie bei einem einwilligungsfähigen Patienten, darauf abgestellt wird, dass die Garantenpflicht deswegen entfällt, weil der Patient sein Leben eigenverantwortlich selbst gefährdet, erscheint ein solcher Ausschluss nicht möglich. Schließlich kann ein komatöser Patient sein Leben gar nicht mehr eigenverantwortlich selbst schädigen, da er vollkommen handlungs- und entscheidungsunfähig ist[320].

cc) Zusammenfassung

Auch die Ansichten, welche von der Straflosigkeit des Behandlungsabbruches bei einwilligungsverweigerungsunfähigen Patienten, die keine Patientenverfügung erstellt haben, ausgingen, waren und sind nicht zufriedenstellend.

b) Patient hat eine Patientenverfügung erstellt

Hat der Patient dagegen vor seinem Verlust der Einwilligungsfähigkeit seinen Willen in einer Patientenverfügung festgehalten, stellte und stellt sich nach wie vor die Frage, ob eine Patientenverfügung die Anforderungen an ein ernsthaftes und ausdrückliches Verlangen im Sinne des § 216 StGB erfüllen kann und ob so eine mögliche Strafmilderung des § 216 StGB eingreifen kann. Richtungweisend könnte hier die Entscheidung des BGH im Fall *Wittig*[321] sein. Die Patientin *Wittig* war zum Zeitpunkt, in welchem Rettungsmaßnahmen hätten vorgenommen werden können, bereits bewusstlos. Dennoch prüfte der BGH eine Strafbarkeit des Arztes nach § 216 StGB[322]. Frau *Wittig* hatte nämlich vor der Einnahme des Morphiums und der Schlaftabletten einen Zettel mit folgenden Worten versehen: „An meinen Arzt – bitte kein Krankenhaus – Erlösung“[323]. Daraus ist zu folgern, dass die zuvor geäußerte Einwilligungsverweigerung, wenn diese zum Zeitpunkt des vollen Bewusstseins getätigt wird, durchaus ein ausdrückliches und ernsthaftes Verlangen im Sinne des § 216 StGB darstellen kann. Allerdings sind an die Ernsthaftigkeit und Ausdrücklichkeit hohe Anforderungen zu stellen. So reicht ein einmalig geäußertes, „so will ich nicht enden“, im Zusammenhang mit einer Fernsehsendung über das Altern, nicht aus[324]. Dagegen konnte und kann eine Patientenverfügung durchaus die Kriterien der Ernsthaftigkeit und der Ausdrücklichkeit erfüllen.

---

320 *Trück*, S. 77.

321 BGHSt 32, S. 367 ff.

322 BGHSt 32, S. 367 ff.

323 BGHSt 32, S. 367 (369), *Roxin*, in: Höchstrichterliche Rechtsprechung, S. 132 (132).

324 So auch BGHSt 40, S. 257 ff, der in diesem Fall auf eine Prüfung des § 216 StGB vollständig verzichtet und sofort das Vorliegen der §§ 212, 13 StGB prüfte.

Als nächstes interessiert die Begründung der Straflosigkeit in solchen Fällen. Im Ergebnis kann eine Strafbarkeit des Arztes wieder nicht in Betracht kommen, wenn der Arzt sich lediglich an den Patientenwillen hält und der Patient deswegen früher verstirbt. Im Ergebnis muss der Patientenverfügung dieselbe Wirkung zukommen wie dem tatsächlich geäußerten Willen des einwilligungsverweigerungsfähigen Patienten. Die Begründung der Straflosigkeit einer Therapiebegrenzung ist daher mit den dargestellten Begründungen zur Therapiebegrenzung bei willensäußerungsfähigen Patienten identisch[325].

3. Widerspruch zu § 323 c StGB

Eine Bestrafung gemäß § 323 c StGB muss entfallen, wenn der mutmaßliche Patientenwille oder eine Patientenverfügung existiert, welche darauf gerichtet ist, lebenserhaltende Maßnahmen nicht vorzunehmen oder abzubrechen. Die Begründungen für die Straflosigkeit können entweder wieder über die Tatbestands- oder die Rechtswidrigkeitsebene vorgenommen werden. Wirklich zufrieden stellend ist jedoch keine der dargestellten Lösungen.

4. Gebotenheit oder Zulässigkeit der Therapiebegrenzung

Wie bereits erwähnt, sprachen viele Juristen in der Vergangenheit lediglich von der Zulässigkeit der Therapiebegrenzung[326]. Nahm der Arzt die lebenserhaltenden Maßnahmen gegen den (mutmaßlichen) Willen des Patienten vor, beging er eine rechtswidrige Körperverletzung. Daraus resultierte, dass der Arzt zur gewünschten Therapiebegrenzung verpflichtet war. Dies galt unabhängig davon, ob der Patient einwilligungsverweigerungsfähig war oder nicht. Deswegen sollte auch hier besser von der Gebotenheit der Therapiebegrenzung gesprochen werden, wenn der mutmaßliche Wille oder eine Patientenverfügung für den Arzt verbindlich war. Während die Bindungswirkung an den mutmaßlichen Patientenwillen anerkannt war, war dies bei der Patientenverfügung nach wie vor umstritten.

a) Bindung an den mutmaßlichen Patientenwillen

Die Bindung an den mutmaßlichen Patientenwillen ergab sich daraus, dass die ärztliche Behandlung einer Legitimation bedurfte[327]. Bei bewusstlosen Patienten musste vor einer ärztlichen Behandlung gefragt werden, ob diese dem mutmaß-

---

325 Siehe S. 50.

326 BGHSt 36, S. 257ff ; *Hahne*, in: DRiZ 2005, S. 244 (246); *Kutzer*, in: DRiZ 2005, S. 257 (258).

327 *Fischer*, Vor § 32, Rn.4; *Lackner/Kühl*, Vor § 32, Rn. 19; *Lenckner*, in: Schönke/Schröder, Vorbem §§ 32 ff, Rn. 54.

lichen Willen des Patienten entsprach[328]. War dies der Fall, handelte der Arzt nicht rechtswidrig. War der mutmaßliche Patientenwille darauf gerichtet, dass lebenserhaltende Maßnahmen nicht durchgeführt oder abgebrochen wurden, konnte konsequenterweise keine mutmaßliche Einwilligung zur Vornahme der medizinischen Maßnahmen vorliegen. Behandelte der Arzt den Patienten dennoch, handelte er rechtswidrig. Dem Arzt fehlte schlichtweg das Recht, den Patienten zu behandeln. Folglich war die Therapiebegrenzung geboten, sobald der mutmaßliche Wille auf den Abbruch oder den Verzicht lebenserhaltender Maßnahmen gerichtet war.

b) Bindung an die Patientenverfügung

Festgestellt wurde, dass einer Patientenverfügung entweder direkt eine Verbindlichkeit zugesprochen wurde oder dass sie als Indiz für den mutmaßlichen Patientenwillen gewertet wurde[329]. Wenn der Patientenverfügung, was meines Erachtens vorzugswürdig war, eine direkte Bindungswirkung zukam, war diese mit dem aktuell geäußerten Willen identisch. Eine Einwilligungsverweigerung hatte zur Folge, dass der Arzt die lebenserhaltenden Maßnahmen nicht vornehmen durfte, außer er riskierte eine Strafverfolgung und Schadensersatzklagen[330]. Deswegen war der Arzt zur Therapiebegrenzung verpflichtet, und es musste ebenfalls von der Gebotenheit der Therapiebegrenzung gesprochen werden. Wenn der Patientenverfügung nur eine Indizfunktion für den mutmaßlichen Willen zugeschrieben wurde, galt dasselbe wie zu dem mutmaßlichen Willen Gesagten, so dass auch dann von Gebotenheit gesprochen werden musste[331].

c) Erforderlichkeit einer Betreuerbestellung

An dieser Stelle stellte sich abschließend die Frage, ob in solchen Fällen nicht ein Betreuer gemäß § 1896 I S.1 BGB bestellt werden musste. Es soll nur geklärt werden, ob eine Betreuerbestellung notwendig war, dagegen werden die Besonderheiten der Fallgestaltung, wenn ein Betreuer bestellt wurde, erst im Rahmen der vierten Patientengeschichte dargestellt.

Eine Betreuerbestellung war nach § 1896 II S. 2 1. Fall BGB nicht erforderlich, wenn der Betroffene eine Vorsorgevollmacht erstellt hatte und der Bevollmächtigte seine Aufgaben ebenso gut wahrnehmen konnte, wie dies ein Betreuer tun würde. Eine Betreuung war notwendig, wenn die Vorsorgevollmacht den Aufgabenkreis der Gesundheitsfürsorge nicht umfasste und die Voraussetzungen

328 *Joecks*, in: MüKo-StGB, § 223, Rn. 98; *Eser*, in: Schönke/Schröder, § 223, Rn. 29.
329 Siehe S. 73.
330 Siehe S. 31.
331 Siehe S. 87.

des § 1896 I, II BGB vorlagen[332]. Sollte der Bevollmächtigte untätig geblieben sein oder Zweifel an dessen Redlichkeit oder dessen Fähigkeiten bestanden haben, konnte das Gericht einen so genannten Kontrollbetreuer gemäß § 1896 III BGB anordnen. Der Kontrollbetreuer übernahm dann die Aufgabe, die Rechte des Betroffenen gegen den Bevollmächtigten zu verfolgen[333]. In diesen Fällen war trotz Vorsorgevollmacht von der Notwendigkeit einer Betreuerbestellung auszugehen.

§ 1896 II S. 2 2. Fall BGB sprach davon, dass eine Betreuerbestellung auch dann nicht erforderlich war, wenn andere Hilfen die Aufgaben eines gesetzlichen Betreuers auch gewährleisten konnten. Zu fragen war also, welche anderen Hilfen bei der Frage der Therapiebegrenzung relevant gewesen sein könnten. Als eine andere Hilfe im Sinne des § 1896 II S. 2 2. Fall BGB wurde auch die wirksame Patientenverfügung gezählt[334]. Hatte der Betroffene eine Patientenverfügung dergestalt verfasst, dass diese die notwendigen Voraussetzungen für eine rechtliche Verbindlichkeit enthielt, war eine Betreuerbestellung nicht notwendig. Erfüllte die Patientenverfügung die notwendigen Voraussetzungen nicht, war dagegen ein Betreuer zu bestellen. Dieser war dann zur Ermittlung des mutmaßlichen Patientenwillens verpflichtet, wobei auf die Patientenverfügung zurückgegriffen werden konnte[335].

5. Zusammenfassung zur Therapiebegrenzung bei willensäußerungsunfähigen Patienten vor Verabschiedung des Patientenverfügungsgesetzes

Die Therapiebegrenzung lebenserhaltender Maßnahmen bei willensäußerungsunfähigen Patienten, die weder unter Betreuung noch unter elterlicher Vormundschaft stehen, war rechtlich geboten, sollte der mutmaßliche Patientenwille, eine Patientenverfügung oder der Bevollmächtigte zu einem Abbruch oder einem Verzicht lebensverlängernder Maßnahmen tendiert haben. Dies galt unabhängig davon, ob der Sterbeprozess bereits irreversibel eingesetzt hatte oder nicht und umfasste grundsätzlich auch alle Arten der künstlichen Lebensverlängerung.

---

332 *Bienwald*, in: Bienwald/Sonnenfeld/Hoffmann, § 1896, Rn. 116; *Jurgeleit*, in: Jurgeleit, § 1896, Rn. 60.

333 *Jurgeleit*, in: Jurgeleit, § 1896, Rn. 158; *Müller*, in: Bamberger/Roth, § 1896, Rn. 45.

334 *Schöllhammer*, S. 137; *Thias*, S. 239; *Heyers*, S. 351; *Diederichsen*, in: Palandt, 67. Auflage, § 1896, Rn. 11.

335 *Heyers*, S. 351; *Thias*, Fn. 1289.

II. Therapiebegrenzung eines zur Willensäußerung unfähigen Patienten nach der Verabschiedung des Patientenverfügungsgesetzes

Zu untersuchen ist im Folgenden, welche rechtlichen Konsequenzen sich aus der Verabschiedung des Patientenverfügungsgesetzes für die Gebotenheit der Therapiebegrenzung bei willensäußerungsunfähigen Patienten ergeben. Zu prüfen ist, wann nach den neu eingefügten §§ 1901 a ff. BGB eine Therapiebegrenzung zulässig ist. Anschließend ist zu erörtern, ob auch die strafrechtlichen Aspekte neu durchleuchtet werden müssen. Abschließend ist ein Vergleich der alten und der neuen Rechtslage möglich sowie eine Würdigung der Vor- und Nachteile.

1. Wann ist eine Therapiebegrenzung bei willensäußerungsunfähigen Patienten zulässig bzw. geboten?

Ausgangspunkt der Frage, wann eine Therapiebegrenzung bei willensäußerungsunfähigen Patienten zulässig bzw. geboten ist, sind die neu eingefügten §§ 1901 a ff. BGB, welche sich an den Betreuer/Bevollmächtigten richten. Der neue § 1901 b I BGB zeigt, dass es sich hierbei nur um medizinische Maßnahmen handelt, welche auch ärztlich indiziert sind. Die §§ 1901 a ff. BGB finden daher nur Anwendung, wenn die lebenserhaltenden Maßnahmen von den Ärzten als sinnvoll angesehen werden.

a) Wessen Wille ist maßgeblich?

Die neu eingefügten §§ 1901 a ff. BGB zeigen deutlich, dass allein der Wille des nunmehr willensäußerungsunfähigen bzw. einwilligungsunfähigen Patienten maßgeblich ist. Um diesen Willen ermitteln zu können, ist eine vorher verfasste Patientenverfügung heranzuziehen. Gemäß § 1901 a I, V BGB überprüft der Bevollmächtigte bzw. der Betreuer, ob die Wünsche, welche in einer Patientenverfügung festgelegt wurden, auch auf die aktuelle Lebens- und Behandlungssituation zutreffen. Ist dies der Fall, muss der Bevollmächtigte/Betreuer den in einer Patientenverfügung niedergelegten Patientenwillen zur Geltung bringen. Liegt dagegen keine Patientenverfügung vor, ist der Bevollmächtigte/Betreuer nach § 1901 a II BGB verpflichtet, die Behandlungswünsche oder den mutmaßlichen Willen des Betreuten festzustellen und anhand dessen eine Entscheidung zu treffen. Der mutmaßliche Wille ist nach § 1901 a II BGB mittels konkreter Anhaltspunkte zu ermitteln. Dabei sind frühere mündliche oder schriftliche Äußerungen, ethische oder religiöse Überzeugungen und sonstige persönliche Wertvorstellungen des Betreuten zu beachten. Um den mutmaßlichen Willen zu erforschen, soll gemäß § 1901 b I BGB den nahen Angehörigen und den sonstigen Vertrauenspersonen des Betreuten Gelegenheit zur Äußerung gegeben werden, soweit dies zeitlich möglich ist. Generell macht § 1901 b I BGB deutlich, dass ein Gespräch zwischen Arzt und Bevollmächtigtem und Betreuer stattfinden soll. Gemäß § 1904 II BGB bedarf die Therapiebegrenzung lebenserhaltender Maßnahmen der betreuungsgerichtlichen Genehmigung, wenn die ärztliche Maßnahme medizinisch angezeigt ist und die begründete Gefahr besteht, dass der Betroffene, aufgrund der Therapiebegrenzung, verstirbt oder einen schweren Schaden erleidet. Die Genehmigung ist nach § 1904 III BGB zu erteilen, wenn die Therapiebegrenzung dem Willen des Betreuten entspricht. Eine solche Genehmigungspflicht ist nach § 1904 IV BGB jedoch nicht nötig, wenn sich behandelnder Arzt und Bevollmächtigter/Betreuer einig sind, dass die Therapiebegrenzung dem Willen des Betroffenen entspricht. Der Bevollmächtigte darf gemäß § 1904 V BGB nur dann über die Therapiebegrenzung lebenserhaltender Maßnahmen anhand des Willens des Betroffenen entscheiden, wenn die zuvor erteilte Vollmacht diesen Aufgabenbereich ausdrücklich und schriftlich umfasste.

b) Krankheitsstadium

§ 1901 a III BGB stellt klar, dass es auf die Art und Weise der Krankheit und das Krankheitsstadium nicht ankommt. Der Bevollmächtigte/Betreuer ist daher, unabhängig von der Art der Krankheit und des Krankheitsstadiums, an den Willen des Betroffenen gebunden.

c) Irreversibilität des Krankheitsstadiums

Ebenso machen die §§ 1901 a ff. BGB deutlich, dass auch die Irreversibilität des Krankheitsstadiums keine Rolle spielt.

d) Welche lebenserhaltenden Maßnahmen dürfen unterlassen oder abgebrochen werden?

Fraglich ist jedoch, ob tatsächlich alle lebenserhaltenden Maßnahmen unterlassen oder abgebrochen werden müssen, sollte der Betroffene dies verlangen. Bemerkenswerter Weise wird das Wort „lebenserhaltende Maßnahmen“ von den §§ 1901 a ff. BGB nicht erwähnt, sondern es wird nur von einem Untersagen der ärztlichen Eingriffe und Heilbehandlungen gesprochen. Deswegen ist es auch konsequent, wenn innerhalb der neuen Regelungen keine Definition dieser lebenserhaltenden Maßnahmen zu finden ist. Nach den Gesetzesbegründungen ist jedoch der Verzicht oder der Abbruch aller lebenserhaltenden Maßnahmen zulässig bzw. geboten, die nicht zur Basisversorgung zählen[336]. Dabei verweist die

336 BT-Drs. 16/8442, S. 13.

Gesetzesbegründung auf die Grundsätze der Bundesärztekammer vom 07. Mai 2004, fügt jedoch zusätzlich hinzu, dass das Stillen von Durst und Hunger auf natürlichem Wege zur Basisversorgung gehöre. Demnach sind die künstliche Ernährung und die künstliche Flüssigkeitszufuhr keine Basisversorgung, womit auch auf diese verzichtet oder bereits eingeleitete Maßnahmen abgebrochen werden müssen.

e) Erforderlichkeit einer Betreuerbestellung

Fraglich ist weiterhin, ob eine Betreuerbestellung notwendig ist, wenn zwar eine Patientenverfügung vorliegt, jedoch kein Bevollmächtigter vorhanden ist. Vor dem Patientenverfügungsgesetz war die herrschende Meinung der Ansicht, eine wirksame Patientenverfügung reiche allein aus, so dass eine Betreuerbestellung nach § 1896 BGB nicht erforderlich war[337]. Es ist zweifelhaft, ob dieser Meinung nach Verabschiedung des Patientenverfügungsgesetzes noch gefolgt werden kann. Zum einen stellen die §§ 1901 a ff. BGB die Rolle des Betreuers stark in den Vordergrund. Dies wird allein dadurch deutlich, dass erst der letzte Absatz der Paragraphen klarstellt, dass diese Vorschriften auch für den Bevollmächtigten gelten. Genau dieser ist gegenüber dem Betreuer allerdings vorrangig. Zum anderen ist zu bedenken, dass nach § 1901 a I, V BGB ausdrücklich der Betreuer/Bevollmächtigte verpflichtet ist, eine Patientenverfügung zur Geltung zu bringen.

aa) Therapiebegrenzung und Betreuerbestellung

Die Bestellung eines Betreuers ist an bestimmte Verfahrensregeln gebunden, die im Folgenden kurz dargestellt werden. Maßgeblich für die Betreuerbestellung sind die §§ 1896 ff. BGB. Nach § 1896 BGB kann für bestimmte Aufgabenbereiche ein Betreuer für einen Volljährigen bestellt werden, wenn der Volljährige aufgrund einer psychischen Krankheit oder einer körperlichen, geistigen oder seelischen Behinderung ganz oder teilweise Aufgaben nicht mehr besorgen kann. Für den Aufgabenkreis der Gesundheitsfürsorge bedeutet dies, dass der Betroffene nicht mehr einwilligungsfähig bzw. einwilligungsverweigerungsfähig ist[338]. Ist der Betroffene dagegen einwilligungsfähig bzw. einwilligungsverweigerungsfähig kommt eine Betreuerbestellung bezüglich medizinischer Maßnahmen nicht in Betracht[339]. Der Betreuer kann von Amts wegen oder auf An-

337 Siehe S. 88.

338 *Bienwald*, in: Bienwald/Sonnenfeld/Hoffmann, § 1986, Rn. 133; *Jurgeleit*, in: Jurgeleit, § 1896, Rn. 134.

339 *Hoffmann*, in: Bienwald/Sonnenfeld/Hoffmann, § 1904, Rn. 35, 173; *Müller*, in: Bamberger/Roth, § 1904, Rn. 9.

trag des Betroffenen bestellt werden, nachdem ein fachliches Gutachten die Notwendigkeit der Betreuerbestellung bestätigt hat[340].

Zu klären ist, ob die Therapiebegrenzung lebenserhaltender Maßnahmen überhaupt von dem Aufgabenkreis der Gesundheitsfürsorge erfasst wird oder ob eine ausdrückliche Bestellung hierfür notwendig ist. In Betracht kommt, dass erstens ein Betreuer entweder für alle Angelegenheiten des Betroffenen bestellt wird, zweitens für den speziellen Bereich der Gesundheitsfürsorge oder, noch spezieller, drittens für medizinische Fragen, welche am Lebensende relevant werden. Vorher ist allerdings zu untersuchen, ob überhaupt solche lebenswichtigen Entscheidungen von einem Betreuer übernommen werden dürfen. Der BGH setzte sich mit dieser Frage nicht wirklich auseinander, sondern ging von der grundsätzlichen Möglichkeit einer Entscheidungskompetenz des Betreuers auch für medizinische Behandlungsmethoden am Lebensende des Betroffenen aus[341]. In der Literatur gab es Stimmen, welche eine solche Entscheidungskompetenz des Betreuers ablehnen[342]. Die Begründungen, welche gegen eine medizinische Entscheidungskompetenz am Lebensende sprechen, waren vielschichtig. So wurde angeführt, dass es sich bei Entscheidungen am Lebensende um höchstpersönliche Entscheidungen handelt, die von einem gesetzlichen Vertreter grundsätzlich nicht übernommen werden dürfen[343]. Weiter wurde darauf hingewiesen, dass eine Therapiebegrenzung mit dem eigentlichen Ziel der Gesundheitsfürsorge nichts mehr gemeinsam habe[344]. Gegen diese Ansichten spricht wiederum die Begründung des Gesetzgebers zu § 1904 BGB. Dort heißt es, dass der Betreuer auch die Wünsche des Betroffenen zu beachten habe, welche zum Inhalt haben, dass in der letzten Lebensphase nicht sämtliche denkbaren lebens-, aber auch schmerzverlängernden medizinischen Möglichkeiten einzusetzen sind. Weiterhin spricht auch die Existenz des § 1904 BGB gegen eine solche Einschränkung der Betreuerentscheidung. Schließlich ist auch die Einwilligung in eine lebensgefährliche Heilbehandlung von Seiten des Betreuers möglich, obwohl diese auch einen höchstpersönlichen Charakter aufweist. Warum dann aber eine Entscheidung bezüglich einer Therapiebegrenzung lediglich mit dem Argument der Höchstpersönlichkeit abgelehnt wird, kann so gesehen nicht überzeugen. Auch das Argument, dass eine Therapiebegrenzung mit dem Ziel des § 1904 BGB nichts gemeinsam habe, ist nicht einleuchtend. Gerade durch das Abbrechen schmerzhafter, aber nutzloser Therapiemaßnahmen am Lebensende

---

340 *Bienwald*, in: Bienwald/Sonnenfeld/Hoffmann, § 1896, Rn. 151; *Diederichsen*, in: Palandt, § 1896, Rn. 5.

341 BGH, in: NJW 2003, S. 1588 (1590).

342 LG München I, in: NJW 1999, S. 1788 (1789); Alberts, in: NJW 1999, S. 835 (835); *Trück*, S. 112;

343 *Trück*, S. 112.

344 LG München I, in: NJW 1999, S. 1788 (1789); Alberts, in: NJW 1999, S. 835 (836); *Seitz*, in: ZRP 1998, S. 417 (420).

kann das Wohlbefinden des Patienten verbessert werden, wenn für eine ausreichende Palliativmedizin gesorgt wird. Den Bedenken kann also nicht gefolgt werden, so dass von einer grundsätzlichen Entscheidungsbefugnis des Betreuers auch für Therapiebegrenzungen auszugehen ist.

Unzweifelhaft fällt dem Betreuer die Entscheidungsbefugnis dann zu, wenn der Aufgabenbereich der Betreuung genau den speziellen Fall der Therapiebegrenzung erfasst. Schwieriger ist es dagegen, ob ein für den Aufgabenkreis der Gesundheitsfürsorge oder für alle Aufgabenbereiche bestellter Betreuer ebenso Entscheidungen über Therapiebegrenzungen des Betroffenen treffen darf. So hat das Landgericht München I am 18. Februar 1999 entschieden, dass Fragen der Therapiebegrenzung nicht von dem Aufgabenkreis „Gesundheitsfürsorge" erfasst werden[345]. Begründet wurde dies mit dem oben genannten Argument, dass eine Therapiebegrenzung nicht der Gesundheitsförderung dienen kann[346]. Der BGH ist dagegen von einem weiten Anwendungsbereich des Aufgabenkreises „Gesundheitsfürsorge" ausgegangen, so dass die Therapiebegrenzung auch davon erfasst wird[347]. Dafür spricht wieder die oben zitierte Gesetzesbegründung[348]. Hierzu liefert *Heyers* ein wichtiges Argument, indem er auf die Definition von Gesundheit nach den Grundsätzen der WHO[349] aufmerksam macht[350]. Nach der Verfassung der WHO wird Gesundheit wie folgt definiert: „Health is a state of complete physical, mental and social well-being and not merely the absence of disease or infirmity"[351]. Gesundheit umfasst daher mehr als „nur" die Möglichkeit der Genesung. Die Begrenzung lebenserhaltender Maßnahmen, um weitere unnütze Schmerzen zu vermeiden, kann danach auch dem Begriff der Gesundheit zugeordnet werden. Schließlich wird dem betroffenen Patienten durch die Vergabe von Palliativmedizin ein möglichst schmerzloses Sterben ermöglicht. Somit kann der Aufgabenkreis der Gesundheitsfürsorge auch durchaus die Therapiebegrenzung erfassen.

---

345 LG München I, in: NJW 1999, S. 1788 (1789).

346 LG München I, in: NJW 1999, S. 1788 (1789).

347 BGH, in: NJW 2003, S. 1588 (1588), so auch: AG Stuttgart-Bad Cannstatt, vom 27.4.2005 unter: www.juris.de.

348 Siehe vorhergehende Seite.

349 WHO is the directing and coordinating authority for health within the United Nations system. It is responsible for providing leadership on global health matters, shaping the health research agenda, setting norms and standards, articulating evidence-based policy options, providing technical support to countries and monitoring and assessing health trends; siehe: http://www.who.int/about/en/.

350 *Heyers*, S. 227.

351 Constitution WHO, siehe unter: www.who.int/entity/governance/eb/who_constitution_en.pdf.

bb) Betreuungsgerichtliches Verfahren

Das Betreuungsgericht bestellt gemäß § 1896 BGB einen Betreuer von Amts wegen oder auf Antrag des Betroffenen. Zuständig ist nach § 272 I Nr. 2 FamFG das Betreuungsgericht, in dessen Bezirk der Betroffene seinen gewöhnlichen Aufenthalt hat. Gemäß § 276 FGG kann das Betreuungsgericht dem Betroffenen einen Verfahrenspfleger bestellen, welcher den Betroffenen während des Verfahrens unterstützen soll. Nach dem neu eingefügten § 298 III FamFG ist die Bestellung eines Verfahrenspflegers immer notwendig, wenn auch über eine Therapiebegrenzung nach § 1904 II, III BGB entschieden wird. Grundsätzlich soll der Betroffene von dem Betreuungsgericht gemäß § 278 I FamFG angehört werden. Diese Anhörung soll in der üblichen Umgebung, also dem Wohnort des Betroffenen, stattfinden. Die persönliche Anhörung kann nach §§ 278 IV, 34 II FamFG unterbleiben, wenn der Betroffene nicht in der Lage ist, seinen Willen kundzutun. Notwendig ist in solchen Fällen dagegen immer die Einholung eines Sachverständigengutachtens oder eines ärztlichen Zeugnisses gemäß § 280 FamFG.

Sollte eine Betreuerbestellung oder ein vorläufiger Einwilligungsvorbehalt zeitlich dringlich sein, kann gemäß § 300 FamFG das Betreuungsgericht einen vorläufigen Betreuer bestellen oder einen vorläufigen Einwilligungsvorbehalt im Rahmen einer einstweiligen Anordnung anordnen.

2. Strafrechtliche Konsequenzen des Patientenverfügungsgesetzes

Der Bundestag hat während der Verabschiedung des Patientenverfügungsgesetzes das Strafrecht außer Acht gelassen. Es scheint derzeit auch keine Reform des StGB angestrebt zu werden. Dies ist unverständlich, da gerade die §§ 1901 a ff. BGB das Strafrecht nicht unberührt lassen. So gibt es zum ersten Mal in deutschen Gesetzen eine Definition des mutmaßlichen Willens und die Kriterien zu dessen Vorliegen. Ob diese nun aber auch für das Strafrecht gelten, bleibt der Rechtsprechung und der strafrechtlichen Literatur überlassen. Ebenso ist weiterhin unklar, welche Maßnahmen genau von den §§ 1901 a ff. BGB erfasst werden sowie die Frage, wie die Therapiebegrenzung bei willensäußerungsunfähigen Patienten mit dem strafrechtlichen Tötungsverbot in Einklang gebracht werden kann. Ob diese bereits den Tatbestand der Tötungsdelikte ausschließt oder erst die Rechtswidrigkeit, bleibt weiterhin unklar.

3. Gebotenheit oder Zulässigkeit der ärztlichen Therapiebegrenzung

Es stellt sich wieder die Frage, ob eine Therapiebegrenzung geboten oder zulässig ist. Zu bedenken ist, dass dem (mutmaßlichen) Willen des Patienten zum ersten Mal eine gesetzliche Bindungswirkung für den Betreuer/Bevollmächtigten zugesprochen wird. Daraus ergibt sich dann wiederum eine Bindungswirkung für den Arzt. In diesem Fall gilt nach wie vor, dass eine Therapiebegrenzung geboten ist, da die Nichtbefolgung des Willens für den Arzt straf- und zivilrechtliche Konsequenzen hat. Ob sich auch für den Betreuer/Bevollmächtigten straf- oder zivilrechtliche Folgen ergeben können, ist fraglich. Sollte der Betreuer/Bevollmächtigte den (mutmaßlichen) Willen des Patienten nicht befolgen, könnte eine Körperverletzung nach § 223 StGB einschlägig sein. Dagegen spricht jedoch, dass letztendlich die Ärzte die lebenserhaltenden Maßnahmen verabreichen. Zu fragen ist dann, ob die Realisierung der Gefahr (Durchführung der lebenserhaltenden Maßnahmen) auch dem Betreuer/Bevollmächtigten objektiv zuzurechnen ist. Ein ähnliches Problem innerhalb der Kausalität stellt sich im Bereich der Schadensersatzansprüche nach den Vorschriften des BGB.

4. Zusammenfassung der Therapiebegrenzung bei willensäußerungsunfähigen Patienten nach der neuen Rechtslage

Maßgeblich für die Frage der Gebotenheit der Therapiebegrenzung lebenserhaltender Maßnahmen bei willensäußerungsunfähigen Personen ist der Wille des Patienten. Entweder ist dieser anhand einer Patientenverfügung zu ermitteln oder er muss anhand des mutmaßlichen Willens festgestellt werden. Die Art und das Stadium der Krankheit spielen keine Rolle so wie auch die lebenserhaltende Maßnahme irrelevant ist für die Frage der Gebotenheit.

III. Unterschiede zu der vorherigen Rechtslage

Der grundlegende Unterschied zur vorherigen Rechtslage ist der, dass das Selbstbestimmungsrecht gesetzlich gestärkt wird. Durch die neuen §§ 1901 a ff. BGB wird unzweifelhaft festgestellt, dass der Wille des willensäußerungsunfähigen Patienten allein maßgeblich ist. Ebenso werden die Verbindlichkeit der Patientenverfügung und deren Voraussetzungen rechtlich verankert. Des Weiteren wurde gesetzlich ausdrücklich festgehalten, dass die Art der Krankheit und das Krankheitsstadium für die Zulässigkeit bzw. Gebotenheit der Therapiebegrenzung unerheblich sind. Ebenso neu ist auch, dass die Kriterien des mutmaßlichen Willens sowie die Fragen der Notwendigkeit einer betreuungsgerichtlichen Genehmigung festgelegt wurden. Letztendlich wurde jedoch nur gesetzlich umgesetzt, was seit den Grundsatzentscheidungen des BGH im „*Kemptener Fall*“ und seit der Entscheidung vom 17. März 2003 bereits von der herrschenden Meinung anerkannt war.

Problematisch ist allerdings, dass an die Patientenverfügung sehr hohe inhaltliche Anforderungen gestellt werden. Gemäß § 1901 a I BGB muss der Testator einer Patientenverfügung schriftlich festlegen, ob er in bestimmte Heilbehandlungen oder ärztliche Eingriffe einwilligt oder sie untersagt. Allgemeine

Formulierungen und Richtlinien für künftige Behandlungen sind nicht als Patientenverfügung anzusehen[352]. Viele bereits verfasste Patientenverfügungen werden nicht diesen Anforderungen entsprechen, da bereits die schriftliche Äußerung „an mir sollen keine lebensverlängernden Maßnahmen vorgenommen werden, wenn nach bestem ärztlichem Wissen und Gewissen festgestellt wird, dass jede lebenserhaltende Maßnahme ohne Aussicht auf Besserung ist und mein Sterben nur verlängern würde[353]" nicht ausreicht. Diese Patientenverfügung gilt dann wiederum nur als Indiz für den mutmaßlichen Willen und muss daher von dem Bevollmächtigten/Betreuer untersucht werden.

Aufgrund der neuen Rechtslage scheint es so, als ob eine Betreuerbestellung grundsätzlich notwendig ist, wenn kein Bevollmächtigter für den Aufgabenkreis der Gesundheitsfürsorge und der Therapiebegrenzung bevollmächtigt wurde.

D. Zulässigkeit bzw. Gebotenheit eines Behandlungsverzichtes oder Behandlungsabbruches eines minderjährigen und betreuten Patienten

Im vierten Fallbeispiel (Fall D) geht es um den Abbruch oder Verzicht der künstlichen Ernährung bei einem minderjährigen oder betreuten Patienten. Ist der (mutmaßliche) Wille dieses Patienten, welcher einen Behandlungsverzicht oder einen Behandlungsabbruch lebenserhaltender Maßnahmen verlangt, für die behandelnden Ärzte verbindlich? Oder ist der Wille des Betreuers oder der Eltern zu beachten und der Wille des Minderjährigen oder Betreuten zu ignorieren?

I. Die Situation vor Verabschiedung des Patientenverfügungsgesetzes

Wiederum ist zwischen der Rechtslage vor und nach Inkrafttreten des Patientenverfügungsgesetzes zu differenzieren.

1. Der betreute Patient

Bei betreuten Patienten stellte sich vor Verabschiedung des Patientenverfügungsgesetzes die Frage, wer darüber zu entscheiden hatte, ob eine Therapie abgebrochen oder unterlassen werden sollte. Lag die Entscheidungskompetenz bei dem behandelnden Arzt, bei dem Betreuer oder etwa bei dem zuständigen Be-

352 BT-Dr 16/8442, S. 14.
353 *Brosey*, in: BtPrax 2009, S. 175 (176).

treuungsrichter? Diskutiert werden musste auch, ob die Entscheidung des Betreuers für eine Therapiebegrenzung der gerichtlichen Genehmigung bedurfte, wie dies nach § 1904 BGB für medizinische Maßnahmen notwendig war. Bevor auf diese Fragen eingegangen werden konnte, musste zunächst festgestellt werden, in welchen Fällen ein Betreuer zu bestellen war.

a) Maßstäbe für eine Entscheidungsbefugnis des Betreuers

Der Betreuer musste den Patientenwillen gemäß § 1901 BGB gegenüber den Ärzten und dem Pflegepersonal zur Geltung bringen[354]. Das bedeutete, dass nicht die Ärzte und Pflegeteams entscheidungsbefugt waren, sondern der bestellte Betreuer. Dieser musste bei der Ausführung seiner Betreuertätigkeiten gemäß § 1901 II, III BGB das Wohl des Betroffenen im Blick haben und dessen Wünsche beachten. Der Betreuer hatte die Wünsche des Betroffenen nicht nur zu beachten, sondern § 1901 III BGB stellte klar, dass er diese auch zu befolgen hatte („entsprechen"). Dies galt gemäß § 1901 III BGB nicht nur für aktuelle Wünsche, sondern auch für frühere Wünsche des Betroffenen. Daraus folgte unter anderem auch, dass vorher verfasste Patientenverfügungen von dem Betreuer zu befolgen waren[355]. Aus der Kombination von § 1901 II und III BGB ergab sich, dass die Wünsche des Betroffenen nur dann beachtet werden mussten, wenn diese dem Wohl des Betroffenen nicht zuwiderliefen und dem Betreuer zuzumuten waren. Hier war problematisch, inwiefern der Wunsch, lebenserhaltende Maßnahmen zu begrenzen, nicht dem Wohl des Patienten zuwiderlief. So war auch umstritten, ob der Betreuer früher geäußerte Wünsche oder aktuelle Wünsche, die dem Wohl des Betroffenen zuwiderliefen, einschränken durfte[356]. Durfte der Betreuer die Behandlungswünsche oder Behandlungsanweisungen des Betreuten einschränken, hätte dies zur Nichtbeachtung von Patientenverfügungen führen können, wenn deren Inhalt nicht dem Wohl des Patienten entsprach. Dahinter stand letztendlich die Schwierigkeit, ob das „Wohl" des Betroffenen anhand subjektiver oder objektiver Kriterien zu ermitteln war. Für eine rein objektive Auslegung sprach sich niemand mehr aus, da § 1901 II S. 2 BGB deutlich machte, dass zum Wohl des Betreuten gehörte, sein Leben nach seinen eigenen Wünschen und Vorstellungen zu gestalten. Eine rein subjektive Auslegung stieß ebenfalls auf Kritik[357], weil die subjektiv-orientierte Wunschbefolgungspflicht nach § 1901 III S. 1 BGB zu Gunsten des Wohles eingeschränkt werden musste („wie es dessen Wohl entspricht"). Dies setzte zwangsläufig voraus, dass dem Begriff des Wohles auch eine objektive Komponente zukommen

354 BGH, in: NJW 2003, S. 1588 (1589).

355 *Heyers*, S. 235; *Thias*, S. 270.

356 *Müller*, in: Bamberger/Roth, § 1901, Rn. 8; *Roth*, in: Erman, § 1901, Rn. 12 a; *Bienwald*, in: Bienwald/Sonnenfeld/Hoffmann, § 1901, Rn. 26.

357 *Rieger*, S. 131; *Heyers*, S. 245; *Thias*, S. 266; BGH, in: NJW 2003, S. 1588 (1589).

musste, ansonsten wäre eine Einschränkung subjektiver Wunschvorstellungen hinfällig gewesen. Zur Bestimmung des Wohles wurde vorgeschlagen, die Kriterien des BGH im „*Kemptener Fall*“ zur Ermittlung des mutmaßlichen Willens heranzuziehen[358]. Das Wohl des Betroffenen richtete sich also vordergründig nach den subjektiven Empfindungen des Betroffenen und zweitrangig nach allgemeinen Wertvorstellungen. Äußerte der Betroffene folglich den Wunsch, auf lebenserhaltende Maßnahmen zu verzichten oder solche abzubrechen, oder war ein solcher Wunsch aufgrund der Lebenseinstellung des Betroffenen anzunehmen, war das Wohl auch danach auszulegen. Es würde dann nicht mit dem Wohl des Patienten übereinstimmen, wenn lebenserhaltende Maßnahmen aufgenommen oder weiter fortgesetzt würden. Dem Wohl entspräche dann eine Therapiebegrenzung unter Vergabe von schmerzlindernden Mitteln, falls dies gewünscht wurde. Lag eine Patientenverfügung mit diesem Inhalt vor, musste der Betreuer diese befolgen und überprüfen, ob der Verfasser Abstand von der Patientenverfügung genommen hatte.

b) Betreuungsgerichtliche Genehmigung

Lange war umstritten, ob die Einwilligung oder die Einwilligungsverweigerung eines Betreuers, lebenserhaltende Maßnahmen nicht vorzunehmen oder nicht fortzusetzen, einer betreuungsgerichtlichen Genehmigung bedurfte[359].

aa) Analyse der Rechtsprechung

Hintergrund dieser neunjährigen Diskussionen waren die Entscheidung des 1. Strafsenates des BGH im „*Kemptener Fall*“[360] und die danach folgenden Entscheidungen des Amtsgerichtes Hanau[361], des OLG Frankfurt[362] und weiterer Zivilgerichte[363]. Der BGH stellte im „*Kemptener Fall*“ fest, dass eine betreuungsgerichtliche Genehmigung gemäß § 1904 BGB analog notwendig sei[364]: „Nach ihrem Sinn und Zweck muss sie jedoch in Fällen der Sterbehilfe jedenfalls dann - erst recht - entsprechend anzuwenden sein, wenn die ärztliche Maßnahme in der Beendigung einer bisher durchgeführten lebenserhaltenden Behandlung besteht und der Sterbevorgang noch nicht unmittelbar eingesetzt hat. Wenn schon bestimmte Heileingriffe wegen ihrer Gefährlichkeit der alleinigen

358 *Rieger*, S. 132; *Heyers*, S. 247; *Thias*, S. 271.
359 Siehe dazu ausführlich: *Vollmert*, Richter über Leben und Tod?
360 BGHSt 36, S. 257 (257 ff).
361 AG Hanau, Bt-Praxis 1997, S. 82 (82 ff).
362 OLG Frankfurt, in: NJW 1998, S. 2747 (2747 ff).
363 LG München, in: NJW 1999, S. 1788 (1788 ff); OLG Karlsruhe, in: NJW 2002, S. 685 (685 ff).
364 BGHSt 36, S. 257 (261).

Entscheidungsbefugnis des Betreuers entzogen sind, dann muss dies umso mehr für Maßnahmen gelten, die eine ärztliche Behandlung beenden sollen und mit Sicherheit binnen kurzem zum Tode des Kranken führen“[365]. Dagegen entschieden das Amtsgericht Hanau und das Landgericht München, dass eine betreuungsgerichtliche Genehmigung nicht notwendig sei[366]. Teilweise wurde eine analoge Anwendung des § 1904 BGB auf die Fälle der Therapiebegrenzung bestritten[367], manche lehnten eine Genehmigungspflicht ab, um eine Flut von Anträgen für die Betreuungsrichter zu verhindern[368], wieder andere verwiesen auf die mögliche Beratungsfunktion des Betreuungsgerichtes nach §§ 1908 i I S. 1, 1837 I S. 1 BGB[369]. Es war dementsprechend nicht klar, ob ein betreuungsgerichtliches Genehmigungsverfahren auch von Seiten der Zivilgerichte und der Literatur als notwendig angesehen wurde.

Neun Jahre später entschied der 12. Zivilsenat des BGH in seinem Beschluss vom 17. März 2003, dass eine betreuungsgerichtliche Genehmigung der Einwilligung (Einwilligungsverweigerung) des Betreuers erforderlich sei[370]. Allerdings sah der 12. Zivilsenat des BGH nicht § 1904 BGB analog als Rechtsgrundlage für die Genehmigungspflicht an, sondern stellte dafür auf eine richterliche Rechtsfortbildung ab[371]. Eine betreuungsgerichtliche Genehmigung kam nach Ansicht des BGH auch nur in Betracht, wenn die lebenserhaltenden Maßnahmen von Seiten der Ärzte überhaupt angeboten wurden. Wurde die lebenserhaltende Maßnahme nicht angeboten, konnte es nach Angaben des BGH auf eine Einwilligung (Einwilligungsverweigerung) des Betreuers und einer damit verbundenen Genehmigungspflicht nicht ankommen[372]. Dahinter stand der Gedanke, dass das fachliche Urteil, wann lebenserhaltende Maßnahmen notwendig sind oder nicht, den Ärzten vorbehalten sein musste. Diese Einschätzung bedurfte deswegen keiner richterlichen Genehmigung.

Wurde eine lebenserhaltende Maßnahme angeboten und verweigerte der Betreuer seine Einwilligung, war diese erst wirksam, wenn das Betreuungsgericht der Einwilligungsverweigerung zustimmte[373]. Wurde das Betreuungsgericht angerufen, traf das Gericht keine eigene Entscheidung, sondern überprüfte das Verhalten des Betreuers auf seine Rechtmäßigkeit[374]. Das heißt nichts anderes, als dass überprüft wurde, ob der Betreuer die Wünsche und das Wohl des

365 BGHSt 36, S. 257 (263).
366 LG München, in: NJW 1999, S. 1788 (1789); AG Hanau, in: Bt-Prax 1997, S.82 (82).
367 LG München, in: NJW 1999, S. 1788 (1789).
368 *Nickel,* in: MedR 1998, S. 521 (521); *Szelies*, in: ZRP 2001, S. 388 (388).
369 *Heyers*, S. 285.
370 BGH, in: NJW 2003, S. 1588 (1591 ff).
371 BGH, in: NJW 2003, S. 1588 (1588,1592).
372 BGH, in: NJW 2003, S. 1588 (1593).
373 BGH, in: NJW 2003, S. 1588 (1593).
374 BGH, in: NJW 2003, S. 1588 (1593).

Betroffenen beachtet hat. Widersprach eine lebenserhaltende Maßnahme dem Wunsch des Betroffenen, musste das Betreuungsgericht der Einwilligungsverweigerung des Betreuers zustimmen.

Wie schon erwähnt[375], konnte die vom XII. Zivilsenat aufgestellte Voraussetzung einer irreversibel tödlich verlaufenden Krankheit nicht gefolgt werden, so dass diese Voraussetzung auch im Rahmen eines betreuungsgerichtlichen Genehmigungsverfahrens außer Acht gelassen werden musste.

Nicht klar wurde allerdings, ob ein Genehmigungsverfahren grundsätzlich immer durchgeführt werden musste, wenn der Arzt eine lebenserhaltende Maßnahme anbot, der Betreuer diese aber ablehnte. So führte der BGH an: „Die Beschränkung des Prüfungsvorbehaltes auf Fälle, in denen eine lebensverlängernde oder -erhaltende Behandlung des Betroffenen medizinisch indiziert ist oder jedenfalls von Seiten des Arztes angeboten wird, der Betreuer aber in die angebotene Behandlung nicht einwilligt, stellt schließlich sicher, dass die Betreuungsgerichte nur in Konfliktlagen angerufen werden können; damit wird vermieden, dass die Vormundschaftsgerichte generell zur Kontrolle über ärztliches Verhalten am Ende des Lebens berufen und dadurch mit einer Aufgabe bedacht werden, die ihnen nach ihrer Funktion im Rechtssystem nicht zukommt,“[376]. Dies passte nicht mit den eben genannten Ausführungen zusammen, nach welchen eine Einwilligungsverweigerung des Betreuers erst wirksam wurde, wenn das Betreuungsgericht dieser zugestimmt hatte. Festzuhalten war nur, dass in Konfliktfällen und bei einem Angebot der lebenserhaltenden Maßnahmen eine betreuungsgerichtliche Genehmigung vom BGH als erforderlich angesehen wurde.

Weiterhin war unklar, ob eine betreuungsgerichtliche Genehmigung auch dann von Nöten war, wenn eine Patientenverfügung des Betroffenen vorlag. Der BGH sprach davon, dass eine Patientenverfügung oder der nur mutmaßliche Wille des Patienten für die Ärzte und Betreuer zwar verbindlich seien, dies eine betreuungsgerichtliche Genehmigung allerdings nicht von vornherein ausschloss[377]. Daraus war nicht ersichtlich, ob das Genehmigungsverfahren zwingend notwendig war oder ob es lediglich durchgeführt werden konnte.

375 Siehe S. 82.

376 BGH, in: NJW 2003, S. 1588 (1594).

377 BGH, in: NJW 2003, S. 1588 (1591): „Auch wenn der Beteiligte somit strikt an den wirklichen und (nur) hilfsweise an den mutmaßlichen Willen des Betroffenen gebunden ist, so spricht dies ebenfalls nicht gegen die Möglichkeit, das Verlangen des Beteiligten, die künstliche Ernährung des Betroffenen einzustellen, einer vormundschaftsgerichtlichen Kontrolle zu unterziehen. Ein vormundschaftsgerichtliches Verfahren böte nicht nur den Rahmen für eine Prüfung, ob der Beteiligte den Willen des Betroffenen mit der Vorlage der von diesem getroffenen Verfügung erschöpfend ermittelt hat oder ob die Umstände des Einzelfalls weitere Erkundungen geboten erscheinen lassen. Sie eröffnet auch die Möglichkeit, für alle Beteiligten verbindlich festzustellen, dass die vom Beteiligten gewünschte Einstellung der Behandlung in der nunmehr vorliegenden Situation dem in der Verfügung zum Ausdruck gelangten Willen des Betroffenen entspricht“.

Direkt im Anschluss an den Beschluss des BGH im Jahre 2003 entschied das Amtsgericht Ellwangen, dass der Antrag auf Einstellung der Flüssigkeits- und Nahrungszufuhr der Bevollmächtigten zu genehmigen sei[378]. Das Amtsgericht Ellwangen wendete die Genehmigungspflicht des § 1904 BGB analog auch auf die Antragstellung des Bevollmächtigten an, obwohl der BGH sich hierzu nicht geäußert hatte.

Das Amtsgericht Stuttgart Bad-Cannstatt hat den Antrag eines Betreuers auf Genehmigung der Therapiebegrenzung auch nach dem BGH-Beschluss als unzulässig zurückgewiesen[379]. Weder sei eine analoge Anwendung des § 1904 BGB noch eine richterliche Rechtsfortbildung möglich. Diese Entscheidung müsse dem Gesetzgeber vorbehalten bleiben und, solange eine positivgesetzliche Rechtsgrundlage fehle, komme eine Genehmigung nicht in Betracht[380]. Das Landgericht Essen dagegen entschied am 29. November 2007, dass eine betreuungsgerichtliche Genehmigung dann erforderlich sei, wenn der Arzt die lebenserhaltenden Maßnahmen anbiete, der Betreuer jedoch eine Therapiebegrenzung fordere. Das Anbieten einer lebenserhaltenden Maßnahme nahm das Landgericht Essen allerdings schon dann an, wenn eine lebenserhaltende Maßnahme irgendwann aufgenommen wurde und nachträglich abgebrochen werden sollte, dies galt selbst dann, wenn Arzt und Betreuer sich über den Abbruch einig waren[381]. Auf einen Konflikt zwischen Betreuer und Arzt kam es demzufolge nicht an. Von einer gefestigten Rechtsprechung der Zivilgerichte konnte auch nach dem BGH-Beschluss von 2003 nicht gesprochen werden.

bb) Ansicht der Literatur

Fraglich war, ob sich die zivilrechtliche Literatur dem Beschluss des BGH angeschlossen hatte. *Hoffmann* ging davon aus, dass ein betreuungsgerichtliches Genehmigungsverfahren nur dann in Betracht komme, wenn der Arzt eine lebenserhaltende Therapie anbiete, der Betreuer diese aber ablehne, da diese dem ausdrücklichen oder mutmaßlichen Willen des Betroffenen widerspreche[382]. Voraussetzung für eine betreuungsgerichtliche Genehmigung sei ein irreversibles und tödlich endendes Grundleiden[383]. Irrelevant war für *Hoffmann*, ob der Betreuer eine eigene Entscheidung traf oder lediglich die Entscheidung des Betroffenen umsetzte[384]. *Meyer* setzte für eine betreuungsgerichtliche Genehmigung zwar auch die Irreversibilität des Grundleidens und das Angebot des Arztes, le-

378 AG Ellwangen, in: FamRZ 2004, S. 732 (733).
379 AG Stuttgart-Bad Cannstatt, vom 27.4.2005, unter: www.juris.de.
380 AG Stuttgart-Bad Cannstatt, vom 27.4.2005, unter: www.juris.de.
381 LG Essen, vom 29.11.2007, unter: www.juris.de.
382 *Hoffmann*, in: Bienwald/Sonnenfeld/Hoffmann, § 1904, Rn. 201.
383 *Hoffmann*, in: Bienwald/Sonnenfeld/Hoffmann, § 1904, Rn. 201.
384 *Hoffmann*, in: Bienwald/Sonnenfeld/Hoffmann, § 1904, Rn. 201/202.

benserhaltende Maßnahmen vorzunehmen, voraus[385]. Dagegen komme es nicht darauf an, dass der Sterbeprozess bereits begonnen habe[386]. *Ingelfinger* sprach sich für eine betreuungsgerichtliche Genehmigungspflicht gemäß § 1904 BGB analog aus, nannte aber keine weiteren Voraussetzungen[387], so dass davon auszugehen war, dass eine Genehmigung immer erforderlich war. Auch die Literatur konnte daher nicht weiterhelfen, eine einheitliche Linie für oder gegen eine Genehmigungspflicht vorzugeben. Nach wie vor war also unklar, wann eine betreuungsgerichtliche Genehmigung notwendig war.

c) Krankheiten und Krankheitsstadien

Eine Einschränkung der Therapiebegrenzung auf bestimmte Krankheiten und Krankheitsstadien zu Lasten betreuter Patienten wäre mit dem Selbstbestimmungsrecht der Betroffenen nicht vereinbar gewesen. Deswegen musste eine Therapiebegrenzung bei betreuten Patienten in denselben Krankheitsfällen möglich sein, wie bei nicht betreuten willensäußerungsunfähigen und volljährigen willensäußerungsfähigen Patienten. Es konnte daher nicht darauf ankommen, ob der Sterbeprozess bereits begonnen hatte oder noch bevorstand. So konnte auch nicht die Irreversibilität der Krankheit ausschlaggebend sein. Ausschlaggebend konnte wieder nur der ausdrücklich erklärte oder mutmaßliche Wille des Betroffenen sein, welcher durch den Betreuer gemäß § 1901 II, III BGB zur Geltung kam.

d) Strafrechtliche Rechtfertigung

Auch auf der Ebene des Strafrechts ergaben sich Besonderheiten, wenn eine Therapie bei einem betreuten Patienten begrenzt werden sollte. Lag eine betreuungsgerichtliche Genehmigung der Einwilligungsverweigerung des Betreuers vor, richtete sich die Straflosigkeit nach den Kriterien, die für einen nicht betreuten Patienten galten[388]. Probleme ergaben sich, wenn der Arzt eine Therapie aufgrund des mutmaßlichen Willens des Betroffenen begrenzte, aber den Betreuer nicht zur Entscheidungsfindung hinzuzog. Weitere Probleme entstanden, wenn die Entscheidung des Betreuers zwar befolgt wurde, die Therapie deswegen begrenzt wurde, aber keine betreuungsgerichtliche Genehmigung vorlag. Die erste Variante war noch recht einfach zu klären. Dem mutmaßlichen Willen kam immer nur eine subsidiäre Rolle zu, das heißt, der Arzt durfte nicht auf diesen abstellen, sondern musste, wenn ein Betreuer bestellt wurde, die Entschei-

385 *Meyer*, in: Jurgeleit, § 1904, Rn. 61/63.
386 *Meyer*, in: Jurgeleit, § 1904, Rn. 63.
387 *Ingelfinger*, S. 320 ff.
388 Siehe S. 38.

dung des Betreuers abwarten und diese befolgen[389]. Die zweite Variante erwies sich als schwieriger. Der Arzt handelte an sich zwar im Interesse seines Patienten und hatte auch den Betreuer mit in den Entscheidungsprozess integriert, es lag dann jedoch ein verfahrensrechtlicher Verstoß vor. Dieser Verstoß hatte zur Folge, dass der Arzt wegen eines Totschlages zu bestrafen war. Dieses Ergebnis konnte konsequenterweise nur dann in Betracht kommen, wenn eine lebenserhaltende Maßnahme vom Arzt angeboten wurde, da ansonsten das Vormundschaftsgericht nicht angerufen werden sollte. Eine Bestrafung wegen Totschlages erschien allerdings zu hoch gegriffen, wenn es sich nur um eine fehlende Genehmigung handelte. Schließlich handelte der Arzt mit dem ausdrücklichen oder mutmaßlichen Willen des Betroffenen, so dass eine Bestrafung an sich ausschied.

2. Der minderjährige Patient

Zunächst stellte sich das Problem, dass geklärt werden musste, wann ein Minderjähriger die nötige Einwilligungsfähigkeit bzw. Einwilligungsverweigerungsfähigkeit aufwies, um in medizinische Maßnahmen einzuwilligen oder nicht einzuwilligen.

a) Einwilligungsfähigkeit des minderjährigen Patienten

Wie bereits festgestellt, richtete sich die Einwilligungsfähigkeit bzw. Einwilligungsverweigerungsfähigkeit nicht nach den starren Altersangaben der §§ 104 ff. BGB, sondern orientierte sich an der konkreten Einsichts- und Urteilsfähigkeit des Patienten[390]. Eine kurze Analyse der Rechtsprechung zeigt, dass das Alter bei minderjährigen Patienten dennoch eine große Rolle spielte. So entschied der BGH bezüglich der Einwilligungsfähigkeit von Minderjährigen im Jahre 1958, dass ein 20-jähriger Patient (damals lag die Grenze zur Volljährigkeit bei 21 Jahren) durchaus in eine Operation an der Schilddrüse einwilligen konnte[391]. Dagegen wurde 1959 die Einwilligung einer 17-Jährigen, einen Wurmfortsatz zu entfernen, als unwirksam abgelehnt[392]. Begründet wurde dies damit, dass der medizinische Eingriff zum einen lebensgefährlich und zum anderen nicht erforderlich war[393]. Ähnlich argumentierte 1971 der BGH, als er über die Einwilligung einer 16-Jährigen zur Entfernung von gemeinen Warzen durch Bestrahlung zu entscheiden hatte. Die alleinige Einwilligung der minderjährigen Patientin wurde als nicht ausreichend anerkannt, da es sich nicht um

389 *Ingelfinger*, S. 325; *Rieger*, S. 127.
390 Siehe S. 34.
391 BGHZ 29, S. 33 (37).
392 BGHSt 12, S. 379 (379 ff).
393 BGHSt 12, S. 379 (382).

einen banalen und geringfügigen Eingriff handelte[394]. Auffallend an dieser Entscheidung war vor allem, dass der BGH nicht auf die geistige Reife und Fähigkeit der Klägerin im konkreten Fall eingegangen ist, sondern lediglich auf das Alter und die Schwere des Eingriffes abstellte. Auch in einer Entscheidung von 1991 prüfte der BGH nicht die Einwilligungsfähigkeit des 17½-Jährigen, sondern hielt die Einwilligung der Eltern für notwendig[395]. Somit kann festgehalten werden, dass für die Einwilligungsfähigkeit die starren Altersvorgaben der §§ 104 ff. BGB zwar nicht herangezogen wurden, die Rechtsprechung sich allerdings stark am Alter des Patienten orientierte.

b) Therapiebegrenzung bei einem minderjährigen Patienten

Folgende Situationen waren zu unterscheiden: Entweder der minderjährige Patient war einwilligungsverweigerungsfähig oder diese Fähigkeit lag nicht vor. Wurde die Einwilligungsverweigerungsfähigkeit des minderjährigen Patienten verneint, musste die Entscheidungsbefugnis gemäß §§ 1626, 1629 BGB in Verbindung mit Artikel 6 GG bei den Eltern liegen[396]. Gemäß § 1627 I S. 1 BGB hatte sich die Entscheidung der Eltern an dem Wohl des Kindes zu orientieren. Was dem Wohl des Kindes entsprach, wurde sowohl anhand subjektiver als auch objektiver Kriterien bestimmt[397]. Dem Arzt kam als Fachmann aber eine beratende und unterstützende Funktion zu[398].

Problematischer gestaltete sich die Situation, wenn der Patient die nötige Einsichts- und Urteilsfähigkeit aufwies. Es war unklar, ob der minderjährige Patient selbständig entscheiden durfte oder ob bei einer Therapiebegrenzung nur die Entscheidung der Eltern maßgeblich war oder ob, neben der Entscheidung des Minderjährigen, noch die Entscheidung der Eltern einzuholen war[399]. *Taupitz* sprach von einem notwendigen *Co-Konsens*, wenn durch die Entscheidung für oder gegen eine medizinische Behandlung eine Gefahr des Todes oder erheblicher Schäden entstehen konnte[400]. Das würde für den Fall einer Therapiebegrenzung bedeuten, dass neben der Einwilligungsverweigerung des entscheidungsfähigen Minderjährigen immer auch die Zustimmung der Eltern hierzu erforderlich war. Diesem Ergebnis war grundsätzlich zuzustimmen.

Des Weiteren war fraglich, ob eine vormundschaftliche Genehmigung der Einwilligungsverweigerung der Eltern im Sinne des § 1904 BGB notwendig war. Da es eine dem § 1904 BGB entsprechende Verpflichtung für das elterliche

394 BGH, in: NJW 1972, S. 335 (337).
395 BGH, in: NJW 1991, S. 2344 (2345).
396 *Ingelfinger*, S. 317; *Everschor*, S. 102.
397 *Taupitz*, A 74.
398 *Everschor*, S. 125.
399 *Taupitz*, A 63 ff.
400 *Taupitz*, A 127.

Sorgerecht nicht gab, wird davon ausgegangen, dass eine solche Genehmigung nicht notwendig sein konnte[401]. Der Gesetzgeber hatte einen dem § 1904 BGB entsprechenden Paragraphen auch bewusst nicht für das Sorgerecht geschaffen, so dass eine analoge Anwendung aufgrund der fehlenden planwidrigen Lücke nicht in Betracht kommen konnte[402]. Das Vormundschaftsgericht konnte nur dann aktiv werden, wenn die Eltern gemäß § 1666 I BGB das körperliche, geistige oder seelische Wohl des Kindes gefährdeten. Das galt aber nicht schon dann, wenn die Eltern die Zustimmung zu lebenserhaltenden Maßnahmen verweigerten.

3. Gebotenheit oder Zulässigkeit einer Therapiebegrenzung

Der Betreuer traf entweder eine eigene Entscheidung hinsichtlich einer Therapiebegrenzung oder setzte den in einer Patientenverfügung festgehaltenen Willen des Patienten um. Wenn sich der Arzt daran nicht hielt, handelte er ohne die notwendige Einwilligung des Patienten und ihm drohten rechtliche Konsequenzen. Deswegen war auch bei betreuten Patienten von einer Gebotenheit der Therapiebegrenzung zu sprechen. Gleiches galt auch für minderjährige Patienten.

II. Situation nach Verabschiedung des Patientenverfügungsgesetzes

Nach Verabschiedung des Patientenverfügungsgesetzes wird die Rechtslage hinsichtlich der betreuten willensäußerungsunfähigen Patienten gestärkt. Da die Rechtslage zwischen dem Betreuer und einem Bevollmächtigten, welcher auch zu Entscheidungen am Lebensende bevollmächtigt wurde, gleichgestellt wurde, gelten die Ausführungen eines betreuten Patienten entsprechend[403]. Wichtig ist vor allem, dass der Streit um die Genehmigungspflicht der Entscheidung eines Betreuers dahingehend gelöst wurde, dass gemäß § 1904 IV BGB das Betreuungsgericht nur dann angerufen werden muss, wenn zwischen Ärzten und Betreuer keine Einigung über den Willen des nunmehr willensäußerungsunfähigen Patienten zu erreichen ist. Nach § 1904 IV BGB muss das Betreuungsgericht die Therapiebegrenzung anordnen, wenn diese dem Willen des Patienten entspricht. Dafür ist nach § 298 FamFG erforderlich, dass das Betreuungsgericht den betroffenen Patienten und die sonstigen Beteiligten anhören sowie ein Sachverständigengutachten einzuholen muss. Gemäß § 298 IV FamFG dürfen der Sachverständige und der behandelnde Arzt nicht identisch sein. Per Beschluss an den Betreuer/Bevollmächtigten sowie an den Verfahrenspfleger wird die Genehmi-

401 *Taupitz*, A 92; *Ingelfinger*, S. 323.
402 *Taupitz*, A 92; *Ingelfinger*, S. 323.
403 Siehe S. 90.

gung der Therapiebegrenzung bekannt gegeben. Erst zwei Wochen nach dieser Bekanntgabe wird der Beschluss wirksam.

Die strafrechtlichen Konsequenzen für den Arzt sind nach wie vor unklar. Der Betreuer/Bevollmächtigte ist verpflichtet, den ausdrücklichen oder den mutmaßlichen Willen des Betroffenen umzusetzen. Wenn eine betreuungsgerichtliche Genehmigung nach § 1904 IV BGB nicht notwendig ist, ergibt sich die Straflosigkeit aus den bereits unter C. I. 2 dargestellten Begründungen. Schwierig und abzuwarten ist, welche strafrechtlichen Konsequenzen sich bei dem Vorliegen eines Dissenses zwischen Betreuer/Bevollmächtigten und Arzt ergeben, und das Betreuungsgericht nicht eingeschaltet wurde.

Da die neuen §§ 1901 a ff. BGB ausdrücklich die Volljährigkeit des Patienten voraussetzen, wurde die Rechtslage hinsichtlich minderjähriger willensunfähiger Patienten nicht verändert.

Drittes Kapitel: Ausnahmen von der Bindungswirkung an den Patientenwillen

Im Folgenden soll diskutiert werden, ob der Wille des Patienten immer beachtet werden muss, oder ob es von der Bindung an den Patientenwille Ausnahmen gibt. Schließlich wurde bis jetzt lediglich festgestellt, dass der tatsächliche oder der mutmaßliche Wille des Patienten dann Beachtung finden muss, wenn dieser auf den Abbruch oder das Unterlassen lebenserhaltender Maßnahmen gerichtet ist, so dass der Zeitpunkt des Todes früher eintritt. Muss der Wille des Patienten auch dann beachtet werden, wenn dieser den früheren Tod wünscht, dies aber wie im letzten Fallbeispiel (Fall D) durch das Spritzen von Morphium erreichen will? Es geht also um die Zulässigkeit der so genannten aktiven Sterbehilfe[404], da eine tätige Lebensverkürzung vom Arzt verlangt wird[405]. Nach herrschender Lehre ist diese tätige, aktive Lebensverkürzung grundsätzlich unzulässig[406]. Dies zeigt auch § 216 StGB, welcher eine Tötung auf Verlangen des Opfers ebenfalls, wenn auch unter mildere, Strafe stellt[407].

Allerdings steht § 216 StGB auch einem Abbruch von lebenserhaltenden Maßnahmen entgegen[408]. Dennoch sind diese Fälle (passive Sterbehilfe oder Änderung des Therapiezieles) unter den genannten Voraussetzungen geboten. Dieses Ergebnis verwundert auf den ersten Blick. Diese unterschiedliche Strenge ergibt bei genauerer Betrachtung aus zwei Gründen einen Sinn. Es ist zu bedenken, dass bei einer Therapiebegrenzung der Arzt es unterlässt, das Leben des Patienten mittels technischer oder medikamentöser Hilfsmittel zu verlängern. Dem Sterbeprozess des Patienten wird sein natürlicher Lauf überlassen[409]. Dagegen überlässt das aktive Töten weder der Krankheit noch dem Sterbeprozess seinen natürlichen Lauf. Der Tod tritt durch eine von der unheilbaren Krankheit völlig unabhängige neue Ursache ein. Des Weiteren ist anzumerken, dass sich der Arzt, der dem Wunsch nach aktiver Sterbehilfe nicht nachkommt, auch vor

---

404 Der Begriff der aktiven Sterbehilfe wird sowohl von der Bundesärztekammer als auch von der Judikatur benutzt.

405 *Koch*, in: Eser/Koch, S. 31 (35); *Fischer*, Vor §§ 211, Rn. 17. *Horn*, in: SK-StGB, § 212, Rn. 26 d.

406 BGHSt 37, S. 276 ff; *Eser*, in: Schönke/Schröder, Vorbem §§ 211 ff, Rn. 24; *Fischer*, Vor §§ 211, Rn. 17; *Horn*, in: SK-StGB, § 212, Rn. 26 d; *Roxin*, in: Roxin/Schroth, S. 92 (115).

407 *Fischer*, Vor §§ 211, Rn. 17; *Roxin*, in: Roxin/Schroth, S. 92 (109); *Engisch*, in: Eser, S. 312 (319); *Ingelfinger*, S. 245.

408 Siehe S. 39.

409 An dieser Stelle ist zunächst irrelevant, ob durch den Abbruch der künstlichen Ernährung, wie von *Merkel* behauptet, eine neue Ursachenreihe für den Tod des Patienten gesetzt wird oder eben nicht.

keinerlei strafrechtlichen Konsequenzen fürchten muss, während der Arzt, welcher den Wunsch des Patienten ignoriert, lebenserhaltende Maßnahmen abzubrechen, sich wegen einer Körperverletzung strafbar macht. Schließlich fehlt dem Arzt die notwendige Einwilligung, die lebenserhaltenden Maßnahmen durchzuführen. Aus diesen Gründen werden die so genannte aktive und passive Sterbehilfe unterschiedlich behandelt.

Es verwundert allerdings nicht, wenn von manchen Autoren behauptet wird, dass auch die aktive Sterbehilfe nach § 34 StGB gerechtfertigt werden könnte[410]. Die Stimmen gegen eine Anwendung des § 34 StGB sind noch in der Mehrzahl[411]. Der Wunsch der 52-jährigen Patientin, ihr ein tödlich wirkendes Medikament zu verabreichen, muss nach der heutigen Rechtslage als unzulässig angesehen werden (Fall E). Grundsätzlich kann somit festgehalten werden, dass der Wille des Patienten keine Beachtung findet, wenn eine aktive Tötung verlangt wird.

Fraglich ist, wie die Rechtslage aussieht, wenn die Patientin lediglich das tödlich wirkende Medikament verlangt, sich dieses aber selbst injizieren möchte. Dabei handelt es sich um einen ärztlich assistierten Suizid, sollte die Patientin das Medikament im Beisein des Arztes einnehmen. Hier muss eine Abgrenzung zwischen strafbarer Fremdtötung und strafloser Suizidteilnahme im Sinne des § 216 StGB vorgenommen werden. Hat der Arzt das Gesamtgeschehen oder das zum Tode führende Geschehen in der Hand, liegt eine strafbare Tötung nach § 216 StGB vor. Bleibt die Patientin dagegen Herrin des Geschehens, handelt es sich lediglich um eine an sich straflose Suizidteilnahme. Auch eine Strafbarkeit wegen einer unterlassenen Hilfeleistung kommt aus mehreren Gründen nicht in Betracht: Zum einen könnte argumentiert werden, der frei verantwortliche Suizid erfülle bereits den Tatbestand der unterlassenen Hilfeleistung nicht, da gerade kein Unglücksfall vorliege[412]. Zum anderen könnte die Zumutbarkeit der Hilfeleistung verneint werden, da ansonsten der Wille des Suizidenten vollkommen bedeutungslos wäre[413]. Daraus ergibt sich, dass der ärztlich assistierte Suizid straflos ist. Allerdings lehnt die Bundesärztekammer den ärztlich assistierten Suizid ab[414], und es gibt Bemühungen, den ärztlich assistierten Suizid auch unter Strafe zu stellen.

Noch schwieriger gestaltet sich dieses Fallbeispiel, wenn es sich nicht um einen ärztlich assistierten Suizid handelt, sondern der „Helfer“ gerade kein Arzt

---

410 *Herzberg*, in: NJW 1986, S. 1635 (1641 ff); *Merkel*, in: Hegelsmann/Merkel, *S.* 71 (97).

411 *Fischer*, Vor §§ 211, Rn. 17; *Lackner/Kühl*, Vor § 211, Rn. 7; *Eser*, in: Schönke/Schröder, Vorbem §§ 211 ff, Rn. 24; *Horn*, in: SK-StGB, § 212, Rn. 26 d.

412 *Otto*, in: NJW 2006, S. 2217 (2222) mit weiteren Nachweisen.

413 Im Rahmen dieser Arbeit kann nur oberflächlich auf diese Probleme eingegangen werden.

414 Grundsätze der Bundesärztekammer zur ärztlichen Sterbebegleitung, in: *Sahm*, S. 212 (212).

und keine Pflegeperson ist. In den letzten Monaten machte der ehemalige Hamburger Justizsenator *Roger Kusch* auf sich aufmerksam: Er half fünf sterbenswilligen Menschen beim Suizid, indem er ihnen tödlich wirkende Medikamente besorgte, welche sie selbst einnehmen konnten[415]. Darüber hinaus hat *Roger Kusch* eine Maschine entwickelt, die, per Knopfdruck, tödlich wirkende Substanzen in die Venen injiziert. Zuvor muss allerdings eine Kanüle in die Venen gelegt werden, womit die „Tötungsmaschine" verbunden werden muss[416]. Dieses brutale Vorgehen wird noch problematischer, da es für *Roger Kusch* und seine „Tötungsmaschine" völlig irrelevant ist, ob die Betroffenen sterbenskrank sind oder einfach nur lebensüberdrüssig. Des Weiteren ist auch nicht nachzuvollziehen, welche Kosten entstehen und dementsprechend welchen Profit *Roger Kusch* aus diesen „Dienstleistungen" zieht. Da diesbezüglich keine klaren gesetzlichen Regelungen existieren, ist das Verhalten von *Roger Kusch* als straflose Suizidteilnahme einzustufen.

---

415 Siehe nur: /www.spiegel.de/politik/deutschland/0,1518,562976,00.html; www.welt.de/welt_print/article1849210/Roger_Kusch_praesentiert_seine_Toetungsmaschine.html; www.focus.de/politik/deutschland/roger-kusch-sterbebegleitung-hat-ihren preis_aid_329974.html.

416 www.welt.de/welt_print/article1849210/Roger_Kusch_praesentiert_seine_Toetungsmaschine.html.

Viertes Kapitel: Zivilrechtliche Reformen und strafrechtliche Reformvorhaben zur Lösung der dargestellten Patientengeschichten

Das gesamte Gebiet der Sterbehilfe war bis zum Jahr 2009 dadurch geprägt, dass keine gesetzlichen Regelungen existierten. Interessant war aber, dass sich sowohl der deutsche Gesetzgeber als auch der Deutsche Juristentag, der Nationale Ethikrat, das Bundesjustizministerium und viele andere Institutionen intensiv mit Gesetzesvorschlägen beschäftigt haben. Lange Zeit stand dabei das Strafrecht im Vordergrund der Diskussion, während das Zivilrecht vernachlässigt wurde. Erst mit dem „*Kemptener Urteil*" änderte sich dies. Seitdem wurden zahlreiche zivilrechtliche Reformvorschläge[417] unterbreitet, die sich jedoch ausschließlich auf eine Kodifizierung der Patientenverfügung beschränkten. Der Deutsche Bundestag hat am 18. Juni 2009 einen dieser rein zivilrechtlichen Vorschläge angenommen. Am 01. September 2009 ist das so genannte Patientenverfügungsgesetz in Kraft getreten.

A. Zivilrechtliche Reform der §§ 1901 a ff. BGB

Zunächst werden kurz die Gesetzentwürfe zur Patientenverfügung vorgestellt und die Unterschiede zu dem vom Bundestag verabschiedeten Patientenverfügungsgesetz herausgearbeitet. Im Anschluss daran findet eine umfassende Würdigung des Gesetzes zur Patientenverfügung statt.

I. Gesetzentwurf von Wolfgang Bosbach, René Röspel, Katrin Göring-Eckhardt und anderen[418]

Am 23. Dezember 2008 wurde von den Abgeordneten *Bosbach, Röspel, Göring-Eckhardt* und anderen ein neuer Gesetzentwurf eingereicht. Dieser integrierte die Regelungen über die Voraussetzungen einer verbindlichen Patientenverfü-

---

417 Genannt seien nur der Referentenentwurf des Bundesjustizministeriums; der Entwurf der Enquête-Kommission des Deutschen Bundestages; die Beschlüsse des 63. und 66. Deutschen Juristentages; Stellungsnahmen des Nationalen Ethikrates; Gesetzentwürfe von Bosbach http://www.dip21.bundestag.de/dip21/btd/16/113/161, im Folgenden Gesetzentwurf Bosbach genannt; Stünker siehe unter: http://www.dip21.bundestag.de/-dip21/btd/16/084/160, im Folgenden Gesetzentwurf Stünker genannt; Gesetzentwurf Zöller siehe unter: www.bundestag.de/aktuell/archiv/2009/23281274_kw04_patienten/index.html, im Folgenden Gesetzentwurf Zöller genannt.

418 Gesetzentwurf Bosbach.

gung und der betreuungsgerichtlichen Genehmigungspflicht in das Betreuungsrecht.

1. Voraussetzungen einer verbindlichen Patientenverfügung

Jede einwilligungsfähige Person konnte in schriftlicher Form für den Fall später eintretender Einwilligungsunfähigkeit eine Patientenverfügung errichten, welcher der Betreuer Geltung verschaffen musste. Der Betreuer musste eine Patientenverfügung, welche auf den Abbruch oder die Nichtvornahme lebenserhaltender medizinischer Maßnahmen gerichtet war, nur dann umsetzen, wenn vor Abfassen der Patientenverfügung eine ärztliche und notarielle Aufklärung stattgefunden hat[419]. Hinzukommen musste, dass der Arzt die Aufklärung schriftlich dokumentiert hatte, dies der Patientenverfügung beigefügt war und die notarielle Beurkundung nicht länger als fünf Jahre zurücklag[420]. Lagen diese Voraussetzungen nicht vor, konnte eine Patientenverfügung dennoch für den Betreuer verbindlich sein, wenn die Krankheit des Betroffenen unheilbar und tödlich verlaufen wird oder bei Fällen der Bewusstlosigkeit, mit an Sicherheit grenzender Wahrscheinlichkeit das Bewusstsein niemals wiedererlangt wird und der Verfasser eine Behandlung für diesen Zustand ausdrücklich untersagt hatte[421]. Patientenverfügungen waren darüber hinaus unverbindlich, wenn sie gegen die guten Sitten verstoßen oder auf unerlaubte Handlungen gerichtet waren sowie in Unkenntnis der medizinischen Möglichkeiten errichtet worden waren[422]. Ebenso war der in einer Patientenverfügung festgehaltene Wunsch, auf die medizinische Basisversorgung zu verzichten, unbeachtlich. Der Gesetzentwurf sah ausdrücklich vor, dass eine Patientenverfügung jederzeit widerrufbar war und niemand dazu verpflichtet werden durfte, eine Patientenverfügung zu errichten.

2. Notwendigkeit einer betreuungsgerichtlichen Genehmigung

Eine betreuungsgerichtliche Genehmigung war nach diesem Entwurf nicht notwendig, wenn eine unheilbare, tödlich verlaufende Krankheit des Betroffenen vorlag und zwischen Betreuer und behandelndem Arzt Einvernehmen bestand, dass die Nichteinleitung oder der Widerruf der Einwilligung den in der Patientenverfügung geäußerten Wünschen des Betroffenen entsprach[423]. Dieses Einvernehmen musste, sofern dies zeitlich möglich war, durch Gespräche mit den Ärzten, Betreuer, Familie und den nahe stehenden Personen des Betreuten zu-

419 Gesetzentwurf Bosbach, S. 5.
420 Gesetzentwurf Bosbach, S. 5.
421 Gesetzentwurf Bosbach, S. 6.
422 Gesetzentwurf Bosbach, S. 6.
423 Gesetzentwurf Bosbach, S. 7.

stande kommen (beratendes Konzil). Der Entwurf hob deutlich hervor, dass dies auch für Entscheidungen des Bevollmächtigten galt[424]. Sollten sich Arzt und Betreuer nicht einigen, ob die Nichteinleitung oder der Widerruf der Einwilligung den zuvor geäußerten Wünschen des Betroffenen entsprach, regelte der Entwurf präzise, unter welchen Voraussetzungen der Betreuungsrichter eine Genehmigung der Nichteinleitung oder des Widerrufs der Einwilligung erteilen musste[425]. Zunächst musste der Betreuungsrichter eine Genehmigung erteilen, wenn eine unter den eben genannten Voraussetzungen verbindliche Patientenverfügung vorlag. Lag keine verbindliche Patientenverfügung vor, da zum Beispiel kein ärztliches Aufklärungsgespräch stattgefunden hatte, war die Genehmigung dennoch zu erteilen, wenn der Betroffene an einer unheilbaren, tödlich verlaufenden Krankheit leidet und die Nichteinleitung oder der Widerruf der Einwilligung den in der Patientenverfügung geäußerten Wünschen entsprach[426]. Lag überhaupt keine Patientenverfügung vor, war der mutmaßliche Wille entscheidend. Der mutmaßliche Wille war anhand früherer mündlicher oder schriftlicher Äußerungen, der Religionszugehörigkeit, der persönlichen Wertvorstellungen und der Einstellung zum Sterben zu ermitteln. Des Weiteren waren die noch zu verbleibende Lebenszeit und die zu erwartenden beziehungsweise bereits vorhandenen Schmerzen mit zu berücksichtigen[427]. Eine Genehmigung erteilte das Vormundschaftsgericht auch dann, wenn der Betroffene ohne Bewusstsein war und mit an Sicherheit grenzender Wahrscheinlichkeit das Bewusstsein niemals wieder erlangen wird und in einer Patientenverfügung die Nichteinleitung oder den Widerruf einer Einwilligung lebenserhaltender Maßnahmen kundgegeben hatte[428].

II. Gesetzentwurf von Joachim Stünker, Michael Kauch, Dr. Lukrezia Jochimsen und anderen[429]

Auch der Gesetzentwurf von *Stünker*, *Kauch* und *Jochimsen* und anderen integrierte die Patientenverfügung und die betreuungsgerichtliche Genehmigungspflicht in das Betreuungsrecht.

424 Gesetzentwurf Bosbach, S. 7.
425 Gesetzentwurf Bosbach, S. 7.
426 Gesetzentwurf Bosbach, S. 7.
427 Gesetzentwurf Bosbach, S. 8.
428 Gesetzentwurf Bosbach, S. 8.
429 Gesetzentwurf Stünker.

1. Voraussetzungen einer verbindlichen Patientenverfügung

Dieser Gesetzentwurf sah vor, dass jede einwilligungsfähige volljährige Person eine Patientenverfügung schriftlich errichten konnte[430]. Verlor diese Person die Einwilligungsfähigkeit, musste der bestellte Betreuer prüfen, ob die in der Patientenverfügung festgehaltenen Entscheidungen mit der eingetretenen Situation übereinstimmten. War dies der Fall, musste der Betreuer den Willen des Patienten umsetzen, dies galt auch dann, wenn der Betroffene in einer Patientenverfügung die Vornahme lebenserhaltender medizinischer Maßnahmen ausdrücklich abgelehnt hatte[431]. Lag keine Patientenverfügung vor oder wich die in der Patientenverfügung beschriebene von der eingetretenen Situation ab, musste der Betreuer den mutmaßlichen Willen des Betroffenen ermitteln und danach entscheiden, ob lebenserhaltende Maßnahmen untersagt oder abgebrochen werden sollten. Dabei waren mündliche und schriftliche Äußerungen, ethische oder religiöse Überzeugungen, sonstige persönliche Wertvorstellungen und das Schmerzempfinden des Betreuten heranzuziehen[432]. Um diese Kriterien berücksichtigen zu können, wurde vorgeschlagen, dass der Betreuer mit den Angehörigen und den sonstigen Vertrauenspersonen des Betroffenen sprach. Besonders hob dieser Gesetzentwurf hervor, dass es auf die Art und das Stadium der Krankheit des Betroffenen nicht ankomme und keine Differenzierung zwischen einem Betreuer und einem Bevollmächtigten existiere[433]. Ebenso wurde deutlich betont, dass eine Patientenverfügung widerrufbar war.

2. Notwendigkeit einer betreuungsgerichtlichen Genehmigung

Nach dem Entwurf war eine betreuungsgerichtliche Genehmigung nicht erforderlich, wenn zwischen behandelndem Arzt und Betreuer Einvernehmen darüber bestand, dass die Einleitung, die Nichteinleitung oder der Widerruf der Einwilligung dem Willen des Betreuten entsprach[434]. Bestand kein Einvernehmen, war eine Genehmigung zu erteilen, wenn die Einwilligung, die Nichteinwilligung oder der Widerruf der Einwilligung dem Willen des Betreuten entsprach[435]. Diese Regelungen galten auch für einen Bevollmächtigten, wenn der Bevollmächtigte durch die Vollmacht auch ausdrücklich mit diesen Aufgaben betraut wurde[436].

430 Gesetzentwurf Stünker, S. 4.
431 Gesetzentwurf Stünker, S. 4.
432 Gesetzentwurf Stünker, S. 4.
433 Gesetzentwurf Stünker, S. 4.
434 Gesetzentwurf Stünker, S. 4.
435 Gesetzentwurf Stünker, S. 4.
436 Gesetzentwurf Stünker, S. 4.

III. Gesetzentwurf von Wolfgang Zöller, Dr. Herta Däubler-Gmelin, Dr. Angela Merkel und anderen[437]

Letztendlich wurde ein dritter Gesetzesvorschlag eingereicht, welcher die Patientenverfügung ebenfalls in das Betreuungsrecht integrieren wollte.

1. Voraussetzungen einer verbindliche Patientenverfügung

Es wurden keine hohen Voraussetzungen an eine Patientenverfügung gestellt. Der Vorschlag machte deutlich, dass jede einwilligungsfähige Person eine Patientenverfügung in schriftlicher Form erstellen konnte. Diese musste unterschrieben und mit Ort und Datum gekennzeichnet sein[438]. Die Patientenverfügung sollte in regelmäßigen Abständen erneuert werden[439]. Eine solche Äußerung galt unabhängig von der Art und Erkrankung des Betroffenen nach dessen Verlust der Einwilligungsfähigkeit fort und der Betreuer hatte diesem Willen Geltung zu verschaffen[440]. Keine Geltungskraft erzielte eine Patientenverfügung, wenn der Betroffene diese widerrufen hatte oder deutlich geworden war, dass er nicht mehr an dieser Patientenverfügung festhalten wollte. Diese Vorschriften galten auch bezüglich des mutmaßlichen Willens und eines Bevollmächtigten[441].

2. Betreuungsgerichtliche Genehmigung

Auch nach diesem Entwurf war eine betreuungsgerichtliche Genehmigung nur notwendig, wenn zwischen Arzt und Betreuer keine Einigung erzielt werden konnte, welche Behandlungsmaßnahme oder Therapiebegrenzung dem Patientenwillen entsprach[442]. Dies galt auch für einen Bevollmächtigten, wenn der Vollmachtgeber diesen ausdrücklich auch mit diesen Aufgaben beauftragt hatte[443].

3. Ermittlung des Patientenwillens nach eingetretener Entscheidungsunfähigkeit des Patienten

Für den Fall der eintretenden Entscheidungsunfähigkeit des Patienten verlangte der Entwurf, dass der Arzt zunächst prüfte, welche Behandlungsmaßnahmen

437 Gesetzentwurf Zöller.
438 Gesetzentwurf Zöller, S. 8 f.
439 Gesetzentwurf Zöller, S. 8 f.
440 Gesetzentwurf Zöller, S. 8 f.
441 Gesetzentwurf Zöller, S. 8 f.
442 Gesetzentwurf Zöller, S. 9.
443 Gesetzentwurf Zöller, S. 9.

indiziert waren. Dies und die Frage der Behandlungspräferenzen des Patienten sollten mit dem Betreuer besprochen werden. Entsprach die Behandlungsmethode dem Patientenwillen, musste der Betreuer seine Einwilligung in diese erteilen[444]. Bei Zweifelsfällen waren weitere Vertrauenspersonen des Patienten heranzuziehen. Dies galt ebenso für einen Bevollmächtigten.

IV. Unterschiede zwischen den Gesetzentwürfen und Entscheidung des Bundestages für den Gesetzentwurf von Joachim Stünker, Michael Kauch, Dr. Lukrezia Jochimsen und anderen

Einigkeit bestand darin, dass die straf- und verfassungsrechtlichen Grenzen der Sterbehilfe erhalten bleiben müssen. Keiner der Gesetzentwürfe setzte sich dafür ein, dass die in einer Patientenverfügung verlangte aktive Sterbehilfe umgesetzt werden darf. Alle Entwürfe lehnten die aktive Sterbehilfe ausdrücklich ab. Der Gesetzentwurf von *Bosbach et al.* unterschied zwei Arten von Patientenverfügungen. Ging dem Errichten der Patientenverfügung ein zeitnahes ärztliches und ein notarielles Aufklärungsgespräch voraus, sollte eine Patientenverfügung grundsätzlich verbindlich sein, und zwar unabhängig von der Art der Krankheit und des Krankheitsstadiums [445]. Die ärztliche Beratung hatte zeitnah mit der Errichtung der Patientenverfügung zu erfolgen. Zeitnah bedeutete, dass nicht mehr als drei Monate verstreichen sollten[446]. Hinzukommen musste, dass das ärztliche Aufklärungsgespräch das vorliegende Krankheitsbild umfasste. Eine lediglich allgemeine Aufklärung war dagegen nicht ausreichend[447]. Die notarielle Beurkundung und notarielle Aufklärung durften nicht länger als fünf Jahre zurückliegen[448]. Nach Ablauf der fünf Jahre war aber keine erneute notarielle Beurkundung und Aufklärung erforderlich, sondern eine ärztliche Aufklärung und eine erneute Unterschrift hätten für deren weitere Verbindlichkeit ausgereicht.

Sollte das ärztliche oder das notarielle Gespräch fehlen, oder wäre eine Patientenverfügung älter als fünf Jahre gewesen, erzeugen diese nur dann eine Bindungswirkung, wenn der Betroffene an einer unheilbaren, tödlich verlaufenden Krankheit leide[449]. Die Reichweite einer „einfachen“ und damit formlosen Patientenverfügung war daher begrenzt. Darüber hinaus galt eine Reichweitenbegrenzung nicht, wenn der Betroffene das Bewusstsein verloren hatte, mit an Sicherheit grenzender Wahrscheinlichkeit das Bewusstsein nicht wieder erlan-

444 Gesetzentwurf Zöller, S. 9.
445 Gesetzentwurf Bosbach, S. 37.
446 Gesetzentwurf Bosbach, S. 38.
447 Gesetzentwurf Bosbach, S. 38.
448 Gesetzentwurf Bosbach, S. 39.
449 Gesetzentwurf Bosbach, S. 40.

gen würde und zuvor den Abbruch lebenserhaltender Maßnahmen beziehungsweise den Verzicht auf lebenserhaltende Maßnahmen in einer „einfachen“ Patientenverfügung gewünscht hatte. Darunter fielen auch Fälle des längerfristigen Wachkomas und schwerster Demenz, allerdings beschränkt auf die Spätstadien[450].

Hier schien ein wichtiger Schritt in die Richtung eines Konsenses vollzogen worden zu sein. Schließlich sah der frühere Entwurf von *Bosbach* eine Reichweitenbegrenzung für alle Patientenverfügungen vor. Danach entfalteten Patientenverfügungen nur dann eine Bindungswirkung, wenn eine irreversible und unheilbare Krankheit des Betroffenen vorlag[451]. Die Gesetzentwürfe von *Stünker* und *Zöller* hielten dagegen daran fest, dass eine Begrenzung auf bestimmte Krankheiten und Krankheitsstadien nicht als Verbindlichkeitskriterium herangezogen werden durfte. Schriftliche Patientenverfügungen einwilligungsfähiger bzw. volljähriger Personen waren danach immer verbindlich, wenn die beschriebene Situation eintrat[452].

Weiterhin wiesen die Reformvorhaben keine einheitliche Linie hinsichtlich der Voraussetzungen einer Patientenverfügung auf. So verlangten die Entwürfe von *Bosbach* und *Zöller* lediglich, dass eine Person einwilligungsfähig war, während der Gesetzentwurf von *Stünker* zusätzlich noch die Volljährigkeit verlangte.

Lag keine Patientenverfügung vor, bestand Übereinstimmung darin, dass der mutmaßliche Wille des Betroffenen ermittelt werden sollte. Wie dieser ermittelt wurde, war wiederum differenziert zu betrachten. Der Gesetzentwurf von *Stünker* schien die subjektiven Komponenten etwas mehr in den Vordergrund zu stellen, als dies der Entwurf von *Bosbach* zuließ. Der Gesetzesentwurf von *Zöller* äußerte sich hierzu überhaupt nicht.

Eine betreuungsgerichtliche Genehmigung sahen die meisten Vorschläge nur dann als notwendig an, wenn kein Einvernehmen zwischen behandelndem Arzt und Betreuer beziehungsweise Bevollmächtigtem bestand.

V. Verabschiedung des Patientenverfügungsgesetzes

Am 18. Juni 2009 entschieden sich 317 Bundestagsabgeordnete für den Gesetzentwurf von *Stünker et al.*, nachdem dieser kurz vor der Abstimmung nochmals verändert worden war. Der Gesetzentwurf von *Stünker et al.* wurde um den § 1901 b BGB erweitert. Ebenso wurde der Entwurf zu § 1901 a BGB dahingehend verändert, dass der mutmaßliche Wille eines Patienten anhand früherer mündlicher oder schriftlicher Äußerungen, ethischer oder religiöser Überzeu-

450 Gesetzentwurf Bosbach, S. 42.

451 Gesetzentwurf Bosbach, S. 5 ff.

452 Gesetzentwurf Stünker, S. 16.

gungen und sonstiger persönlicher Wertvorstellungen zu ermitteln ist. Das Schmerzempfinden, welches der ursprüngliche Gesetzentwurf von *Stünker et al.* vorgesehen hatte, gehört nicht mehr dazu. Neu eingefügt wurden somit nach der Abstimmung im Bundestag und der Zustimmung des Bundesrates die §§ 1901 a, b; 1904 II - V BGB.

1. Die neu eingefügten §§ 1901 a ff. BGB

Gemäß § 1901 a I BGB wird zum ersten Mal definiert, was genau unter einer Patientenverfügung zu verstehen ist. Dies sind schriftliche Äußerungen eines einwilligungsfähigen Volljährigen, welcher bestimmte Heilbehandlungen oder ärztliche Eingriffe für den Fall seiner Einwilligungsunfähigkeit untersagt. Nach § 1901 a I BGB hat der Betreuer/Bevollmächtigte die Patientenverfügung eines einwilligungsunfähigen Patienten zum Ausdruck und zur Geltung zu bringen. Damit wurde gesetzlich festgelegt, dass die Patientenverfügung verbindlich ist. Ohne dies explizit zu nennen, wird die Patientenverfügung sowohl für den behandelnden Arzt als auch den Betreuer/Bevollmächtigten verbindlich[453]. Dies gilt jedoch nur, wenn die Patientenverfügung die in § 1901 a I BGB genannten Anforderungen erfüllt. Dazu gehören die Volljährigkeit und die Einwilligungsfähigkeit des Betroffenen. Die Einwilligungsfähigkeit muss zum Zeitpunkt des Verfassens der Patientenverfügung vorliegen. Des Weiteren ist die Schriftform vorgeschrieben. Die Patientenverfügung muss beinhalten, dass bestimmte (konkrete) Heilbehandlungen oder ärztliche Eingriffe untersagt werden. Der Betreuer/Bevollmächtigte muss gemäß § 1901 a I BGB prüfen, ob die in der Patientenverfügung beschriebene Situation auf die aktuelle Situation zutrifft oder ob die Patientenverfügung eventuell widerrufen wurde. Der Widerruf einer Patientenverfügung ist jederzeit und formlos nach § 1901 a I S. 3 BGB möglich.

§ 1901 a II BGB legt fest, nach welchen Kriterien der Betreuer/Bevollmächtigte eine Entscheidung zu treffen hat, wenn entweder keine Patientenverfügung vorliegt oder diese nicht den Anforderungen des § 1901 a I BGB entspricht. Maßgeblich ist dann der mutmaßliche Wille des Betreuten. Der mutmaßliche Wille ist anhand konkreter Anhaltspunkte zu ermitteln. Nicht abschließend aufgelistet werden die Kriterien, welche dabei zu berücksichtigen sind. Dazu gehören: Frühere mündliche oder schriftliche Äußerungen, ethische oder religiöse Überzeugungen und sonstige persönliche Wertvorstellungen des Betreuten.

Stark umstritten, aber wichtig, war die Einfügung des § 1901 a III BGB. Dieser stellt klar, dass die Art und das Stadium der Erkrankung des Betreuten keine Rolle für die Frage der Therapiebegrenzung lebenserhaltender Maßnahmen spielt. Damit wird deutlich, dass allein der Wille des Patienten maßgeblich

453 *Diederichsen*, in: Palandt, § 1901 a, Rn. 24.

ist, und zwar unabhängig davon, ob dieser in einer Patientenverfügung festgehalten oder anhand des mutmaßlichen Willens ermittelt wurde. Einer so genannten Reichweitenbegrenzung, wie vom Gesetzentwurf *Bosbach* gefordert, wurde damit eine klare Absage erteilt.

Gemäß § 1901 a IV BGB darf niemand zum Verfassen einer Patientenverfügung verpflichtet werden. Nach § 1901 b I BGB hat der Arzt zu prüfen, welche ärztlichen Maßnahmen im Hinblick auf Gesamtzustand und die Prognose des Patienten medizinisch indiziert sind. Danach sind diese mit dem Betreuer/Bevollmächtigen zu erörtern. Anhand des Willens des Betreuten nach § 1901 a BGB ist dann eine Entscheidung zu treffen. Dabei sollen nahe Angehörige oder sonstige Vertrauenspersonen des Betreuten mit einbezogen werden, indem ihnen Gelegenheit zur Stellungnahme angeboten wird, falls dies zeitlich möglich ist.

Nach § 1904 II BGB bedarf die Therapiebegrenzung lebenserhaltender Maßnahmen bei einwilligungsunfähigen Patienten grundsätzlich einer Genehmigung des Betreuungsgerichtes. Diese Genehmigung ist nach § 1904 III BGB zu erteilen, wenn die Nichteinwilligung oder der Widerruf der Einwilligung in die lebenserhaltenden Maßnahmen dem Willen des Betreuten entspricht. Auf eine Genehmigung kann gemäß § 1904 IV BGB verzichtet werden, wenn zwischen dem behandelnden Arzt und dem Betreuer/Bevollmächtigten Einvernehmen über den Willen des Betreuten besteht. Nach § 1904 V BGB darf auch der Bevollmächtigte in eine lebenserhaltende Maßnahme einwilligen, nicht einwilligen oder die Einwilligung widerrufen, wenn die Vollmacht diese Maßnahmen ausdrücklich und schriftlich erfasst.

2. Anwendung des Patientenverfügungsgesetzes auf die Fallbeispiele

Die rechtliche Würdigung der Fallbeispiele A und B wird durch das Patientenverfügungsgesetz nicht verändert. Die Patientinnen haben das Recht, die Behandlungen abzulehnen bzw. abzubrechen. Die Ärzte sind verpflichtet, sich an den Willensäußerungen der Patientinnen zu orientieren. Sie dürfen nur die von den Patientinnen gewünschten medizinischen Maßnahmen vornehmen, wie zum Beispiel die Verabreichung schmerzstillender Medikamente. Gesetzestexte, die diese Fallbeispiele erfassen, gibt es nach wie vor nicht.

Es ist fraglich, ob die Patientenverfügung eines willensäußerungsunfähigen Patienten, wie im Fallbeispiel C, auch von dem neuen Patientenverfügungsgesetz erfasst wird. § 1901 a BGB richtet sich ausschließlich an den Betreuer und nicht an den behandelnden Arzt oder das Pflegeteam. Sobald kein Betreuer oder ein Bevollmächtigter für den willensäußerungsunfähigen Patienten vorhanden ist, stellt sich die Frage, ob die Ärzte eine vorhandene Patientenverfügung direkt umsetzen dürfen, oder ob zunächst das Betreuungsgericht eingeschaltet werden muss. Gleiches gilt auch, wenn keine Patientenverfügung vorliegt, und die Ärzte den mutmaßlichen Willen des Patienten feststellen müssen. Doch auch hier ist § 1901 a II BGB nicht direkt anwendbar.

Im Fallbeispiel D geht es um die Therapiebegrenzung eines minderjährigen oder eines betreuten Patienten. Die §§ 1901 a ff. BGB sind nicht auf den minderjährigen Patienten anwendbar, da § 1901 a BGB die Volljährigkeit des Patienten voraussetzt. Dies gilt auch dann, wenn ein 17-jähriger Patient eine Patientenverfügung bereits erstellt hat. Die zuvor beschriebene Rechtslage gilt demnach weiter fort.

Die neu eingefügten §§ 1901 a ff. BGB kommen bei der Therapiebegrenzung eines betreuten/bevollmächtigten Patienten zur Anwendung. Gemäß § 1901 b BGB muss der Arzt zunächst prüfen, welche medizinischen Maßnahmen ärztlich indiziert sind und diese dann mit dem Betreuer/Bevollmächtigten besprechen. Der Betreuer/Bevollmächtigte muss im Anschluss den Willen des Patienten erforschen. Da keine Patientenverfügung vorliegt, muss der Betreuer den mutmaßlichen Willen des Patienten gemäß § 1901 a II BGB feststellen. Dieser soll anhand konkreter Anhaltspunkte ermittelt werden. Dabei sind frühere mündliche oder schriftliche Äußerungen, ethische oder religiöse Überzeugungen und sonstige persönliche Wertvorstellungen des Patienten zu berücksichtigen. Der Betreuer/Bevollmächtigte soll den mutmaßlichen Willen durch Gespräche mit nahen Angehörigen und sonstigen Vertrauenspersonen ermitteln. Kommt der Betreuer/Bevollmächtigte zu der Ansicht, dass der Patient keine weitere künstliche Ernährung wünsche, trifft der Betreuer/Bevollmächtigte eine eigene Entscheidung, und zwar gegen die Fortsetzung der künstlichen Ernährung. Die Ärzte sind dann dazu verpflichtet, die künstliche Ernährung abzubrechen. Sollten die Ärzte der Auffassung des Betreuers/Bevollmächtigten nicht entsprechen oder umgekehrt, muss das Betreuungsgericht eingeschaltet werden. Dieses hat dann eine Entscheidung anhand des mutmaßlichen Willens des Patienten zu treffen. Wichtig ist, dass die §§ 1901 a ff. BGB die Therapiebegrenzung bei allen lebenserhaltenden Maßnahmen zulassen.

Liegt dagegen eine Patientenverfügung vor, muss der Betreuer/Bevollmächtigte nach § 1901 a BGB diese daraufhin prüfen, ob die in der Patientenverfügung festgehaltenen Wünsche mit der aktuellen Situation übereinstimmen. Ebenso muss überprüft werden, ob die Patientenverfügung nicht widerrufen worden ist. Liegen diese Voraussetzungen vor, muss der Betreuer/Bevollmächtigte der Patientenverfügung Geltung und Ausdruck verschaffen. Die Ärzte sind dann an den so geäußerten Willen des nunmehr willensäußerungsunfähigen Patienten gebunden. Die lebenserhaltenden Maßnahmen werden nicht vorgenommen oder abgebrochen.

Strafrechtliche Konsequenzen haben sich aus der Verabschiedung des Patientenverfügungsgesetzes nicht ergeben. Hier gilt die bereits dargestellte Rechtslage entsprechend.

Auch das letzte Fallbeispiel E wird von den §§ 1901 a ff. BGB nicht berührt, so dass sich die Rechtslage nicht verändert hat.

3. Würdigung der neu eingefügten §§ 1901 a ff. BGB

Die neu eingefügten §§ 1901 a ff. BGB übernehmen größtenteils die von der Rechtsprechung bereits entwickelten Grundsätze. Die ursprünglichen Probleme konnten damit zumindest teilweise gelöst werden. Die Patientenverfügung wird zum ersten Mal definiert und ihre Verbindlichkeit für den Betreuer/Bevollmächtigten gesetzlich verankert. Ebenso entschieden sich die Abgeordneten des Deutschen Bundestages dafür, eine Reichweitenbegrenzung der Patientenverfügung abzulehnen. Eine Patientenverfügung ist danach unabhängig von der Art und dem Stadium der Krankheit verbindlich. Geklärt wurde auch, dass das Betreuungsgericht nur dann angerufen werden muss, wenn eine Einigung zwischen Ärzten und Betreuer/Bevollmächtigten über den Patientenwillen nicht erzielt werden kann. Diese Entscheidungen sind sehr positiv und als gelungen anzusehen.

Allerdings werden nicht alle Problembereiche gelöst. Die Umsetzung des § 1901 a I BGB bereitet bereits Schwierigkeiten, da der Gesetzestext verlangt, dass der Patient in bestimmte, zum Zeitpunkt der Festlegung noch nicht unmittelbar bevorstehende Untersuchungen seines Gesundheitszustandes, Heilbehandlungen oder ärztliche Eingriffe einwilligt oder sie untersagt. Fraglich ist jedoch, was genau darunter zu verstehen ist. Die Literatur geht davon aus, dass damit allgemeine Formulierungen und Richtlinien für künftige Behandlungen nicht als Patientenverfügung anerkannt werden[454]. Die Ausführungen zu dem Gesetzentwurf *Stünker* lassen eine solche Schlussfolgerung auch zu, da eindeutig zum Ausdruck gebracht wird, dass allgemein formulierte Willensbekundungen keine Patientenverfügung darstellen, sondern lediglich als Indiz für einen mutmaßlichen Willen heranzuziehen sind[455]. Es wird das Beispiel eines offensichtlich glücklichen Demenzkranken genannt, welcher an einer Lungenentzündung erkrankt ist und im einwilligungsfähigen Zustand eine Patientenverfügung erstellt hat. Diese Patientenverfügung hat folgenden Text zum Inhalt: „Wenn ich einmal dement bin, will ich keine lebenserhaltenden Maßnahmen“[456]. Diese Patientenverfügung würde nach diesen Ansichten keine Beachtung finden, sondern nur für den mutmaßlichen Willen eine Rolle spielen. Die Patientenverfügung des demenzkranken Patienten könnte dann durch andere Kriterien des § 1901 a II

454 *Diederichsen*, in: Palandt, § 1901 a, Rn. 6; *Höfling*, in: NJW 2009, S. 2848 (2850); *Brosey*, in: BtPrax 2009, S. 175 (175).

455 Gesetzentwurf Stünker, S. 14.

456 Gesetzentwurf Stünker, S. 14.

BGB sozusagen überstimmt werden. Eine Bedeutung würde ihr nicht mehr zugesprochen.

Fraglich ist jedoch, wie die Grenze zwischen allgemeinen Behandlungsanweisungen und Richtlinien und einer Patientenverfügung zu ziehen ist. *Brosey* geht davon aus, dass die Christliche Patientenverfügung mit der allgemeinen Formulierung nicht ausreicht: „An mir sollen keine lebensverlängernden Maßnahmen vorgenommen werden, wenn nach bestem ärztlichen Wissen und Gewissen festgestellt wird, dass jede lebenserhaltende Maßnahme ohne Aussicht auf Besserung ist und mein Sterben nur verlängert würde“[457]. Solche schriftlichen Verfügungen sollen danach nur für die Ermittlung des mutmaßlichen Willens eine Rolle spielen. Ihnen kommt dabei letztendlich eine besondere Bedeutung zu. Dennoch bleibt abzuwarten, ob sich, aufgrund dieser hohen Anforderungen, in der Praxis Schwierigkeiten bei der Auslegung einer Patientenverfügung ergeben werden.

Weiterhin besteht die Möglichkeit, dass die Tatsache, dass eine Patientenverfügung zwar schriftlich erfolgen muss, aber formlos widerrufen werden kann, in der Praxis zu Schwierigkeiten führt. Bedacht werden muss, dass schwer verständliche Äußerungen eines Patienten auch einen Widerruf darstellen können. Hierbei ist auch unklar, ob der Widerruf einer Patientenverfügung ebenfalls die Einwilligungsfähigkeit voraussetzt. Dies wird vom Gesetzgeber explizit nicht gefordert, während dies bei der Patientenverfügung als Voraussetzung für deren Wirksamkeit genannt wird. In der Gesetzesbegründung wird darauf hingewiesen, dass der Widerruf auch durch nonverbales Verhalten möglich ist. Dies würde an sich gegen eine starre Anwendung der Einwilligungsfähigkeit sprechen[458]. An anderer Stelle heißt es in der Gesetzesbegründung jedoch: „Wurden behandlungsrelevante Festlegungen in einer schriftlichen Patientenverfügung durch den einwilligungsfähigen Betroffenen im Nachhinein nicht in schriftlicher Form, also mündlich, abgeändert oder widerrufen,...“[459]. Danach muss die Einwilligungsfähigkeit wohl vorliegen. Auffallend ist hierbei auch, dass der Gesetzgeber die Worte einwilligungsfähig und einwilligungsunfähig benutzt, ohne diese jedoch näher zu definieren. Die Möglichkeit, die von der Rechtsprechung entwickelten Kriterien auch gesetzlich zu nennen, hat der Gesetzgeber verpasst. Natürlich muss hier den Ärzten ein großer Spielraum überlassen bleiben, aber gesetzliche Anhaltspunkte wären hilfreich gewesen.

Problematisch ist, dass der Gesetzgeber keine Regelung darüber getroffen hat, ob die Bestellung eines Betreuers auch notwendig ist, wenn eine wirksame Patientenverfügung im Sinne des § 1901 a BGB vorliegt. Dies könnte vor allem dann schwierig werden, wenn weder ein Bevollmächtigter noch ein Betreuer

457 *Brosey*, in: BtPrax 2009, S. 175 (176); so auch *Diederichsen*, in: Palandt § 1901 a, Rn. 6.

458 So auch: *Meyer-Götz*, in: NJ 2009, S. 363 (366).

459 BT-Drs. 16/8422, Rn. 13.

eingesetzt wurde und die Entscheidung für oder gegen die Therapiebegrenzung zeitlich schnell getroffen werden muss. Ebenso wurde in dem neuen Patientenverfügungsgesetz offen gelassen, ob die Patientenverfügung hinterlegt werden muss.

Zusammenfassend ist das Gesetz in vielen Punkten gelungen. Das Selbstbestimmungsrecht der Patienten wurde gestärkt, indem in erster Linie der (mutmaßliche) Wille des Patienten für alle ärztlichen Maßnahmen maßgeblich ist. Besonders wird dies durch die Patientenverfügung hervorgehoben, welche unabhängig von der Art und dem Stadium der Krankheit verbindlich ist.

Kritisch betrachtet werden muss, dass zweifelhaft ist, ob der Gesetzgeber lediglich die Situation gesetzlich geregelt hat, in welcher ein willensäußerungsunfähiger Betroffener bereits einen Bevollmächtigten beauftragt hat oder ein gesetzlicher Betreuer bestellt wurde. Außer Acht gelassen worden könnte sein, wie vorzugehen ist, wenn eine Patientenverfügung zwar vorliegt, dagegen weder ein Betreuer noch ein Bevollmächtigter vorhanden ist. Die §§ 1901 a ff. BGB richten sich eindeutig nur an den Betreuer/Bevollmächtigten, dafür spricht natürlich schon die gesetzliche Verankerung im Betreuungsrecht. Doch wer ist Adressat einer Patientenverfügung, wenn kein Betreuer oder Bevollmächtigter vorhanden ist? Müssen die Ärzte zuerst das Betreuungsgericht einschalten, welches von Amts wegen einen Betreuer bestellt oder dürfen die Ärzte die Patientenverfügung ebenso umsetzen? Dies war nach vorheriger Rechtslage eindeutig, da eine Patientenverfügung die Erforderlichkeit einer Betreuerbestellung verneinte. Lediglich der Bezug der Gesetzesbegründung auf die *Empfehlungen der Bundesärztekammer und der Zentralen Ethikkommission bei der Bundesärztekammer zum Umgang mit Vorsorgevollmacht und Patientenverfügung in der ärztlichen Praxis*[460] kann für die Beantwortung dieser Frage nicht ausreichen. Merkwürdigerweise beschäftigt sich die Literatur mit diesem Problem kaum, da schlichtweg davon ausgegangen wird, dass der Arzt ebenso an die Patientenverfügung gebunden ist[461]. Diese Bindung soll auch nicht in Frage gestellt werden, und war bereits vor Einfügung der §§ 1901 a ff BGB anerkannt.

B. Strafrechtliche Reformvorhaben

Der Ruf nach einer Reform des Strafrechtes bezüglich der Sterbehilfe ist in den letzten Jahren etwas abgeklungen. Dies betrifft vor allem die „Zulässigkeit" bzw. Gebotenheit" der Therapiebegrenzung lebenserhaltender Maßnahmen im Rahmen einer Reform des § 216 StGB[462]. Ebenso unverändert bleibt die Haltung

460 www.bundesärztekammer.de/downloads/EmpfPatientenverfügung.pdf.

461 *Diederichsen*, in: Palandt, § 1901 a, Rn. 20 ff.

462 Beschlüsse des 66. Deutschen Juristentages, S. 7.

des deutschen Gesetzgebers, dass die aktive Sterbehilfe nach wie vor gemäß § 216 I StGB strafbar bleiben soll. Strittig ist zurzeit, ob die gewerblich betriebene und organisierte Suizidhilfe als straflose Beihilfe zum Suizid angesehen werden muss, oder ob sie durch Schaffung eines neuen Tatbestandes unter Strafe gestellt werden soll[463]. So schlagen die Bundesländer Thüringen, Hessen und das Saarland die Einführung eines § 217 StGB vor, welcher die gewerbliche oder organisierte Suizidhilfe mit Freiheitsstrafe bis zu drei Jahren oder mit Geldstrafe sanktioniert[464]. Die Bundesländer konnten sich am 04. Juli 2008 nicht auf eine Verabschiedung des Entwurfes einigen. Als zu ungenau wurde der Gesetzentwurf kritisiert. So wären auch Ärzte von Palliativstationen und Hospizeinrichtungen nicht von einer möglichen Strafverfolgung eindeutig ausgenommen. Interessant sind hierzu die Beschlüsse des 66. Deutschen Juristentages. Die dortige Abstimmung ergab, dass ein neuer Straftatbestand der „Förderung der Selbsttötung“ eingefügt werden soll, wenn das Handeln aus Gewinnsucht oder bei Ausbeutung einer Zwangslage in Bereicherungsabsicht erfolgte[465]. Die Strafbarkeit der „Förderung einer Selbsttötung“ bei nur geschäftsmäßiger Vermittlung oder geschäftsmäßiger Verschaffung einer Gelegenheit zur Selbsttötung wurde jedoch mit 73 zu 37 Stimmen abgelehnt. Es zeigt sich hier deutlich, dass der Antrag der drei Bundesländer eindeutig sehr weit formuliert ist, während der Deutsche Juristentag eine Strafbarkeit eben nur unter den eher engen Voraussetzungen der Gewinnsucht und der Ausbeutungskomponenten fordert.

Schwierigkeiten bereitet auch der ärztlich assistierte Suizid. Die Bundesärztekammer lehnt diesen als unvereinbar mit dem hippokratischen Eid ab[466]. Dagegen sieht das geltende Recht keine Strafbarkeit vor, wenn der Arzt sich in den Grenzen einer straflosen Suizidteilnahme bewegt. So hält auch der Deutsche Juristentag an der weiteren Straflosigkeit der Suizidteilnahme fest und fordert eine Lockerung der standesrechtlichen Missbilligung des ärztlich assistierten Suizids[467]. Wie sich der Gesetzgeber entscheiden wird, bleibt abzuwarten.

---

463 Siehe die aktuellen Debatten im Bundesrat vom 4.7.2008, unter: www. bundesrat.de/cln_090/nn_43984/SharedDocs/Downloads/DE/Plenarprotokolle/2008/Plenarprotokoll-846,templateId=raw,property=publicationFile.pdf/Plenarprotokoll-846.pdf.

464 Bundesrat, Drucksache 436/08, unter: www.bundesrat.de/cln_090/nn_8336/SharedDocs/Drucksachen/2008/0401-500/43608,templateId=raw,property=publicationFile.pdf/436-08.pdf; Artikel § 217 StGB: Wer ein Gewerbe betreibt oder eine Vereinigung gründet, deren Zweck und Tätigkeit darauf gerichtet ist, anderen die Gelegenheit zur Selbsttötung zu gewähren oder zu verschaffen, wird mit Freiheitsstrafe bis zu drei Jahren oder mit Geldstrafe bestraft. Ebenso wird bestraft, wer für eine Vereinigung der in Absatz I bezeichneten Art als Mitglied oder Außenstehender geistig oder wirtschaftlich eine maßgebende Rolle spielt.

465 Beschlüsse des 66. Deutschen Juristentages, S. 12.

466 Grundsätze der Bundesärztekammer zur ärztlichen Sterbebegleitung, in: *Sahm*, S. 212 (212).

467 Beschlüsse des 66. Deutschen Juristentages.

Fünftes Kapitel: „La loi sur la fin de vie"

In Frankreich wurde am 22. April 2005 ein Gesetz über das Ende des Lebens (*loi relative aux droits des malades et à la fin de vie*) verabschiedet. Dieses soll zunächst ausführlich dargestellt werden, bevor im anschließenden Kapitel ein Rechtsvergleich zwischen Deutschland und Frankreich durchgeführt wird. Eventuell könnte das französische Recht bei künftigen Gesetzesreformen hinsichtlich der Sterbehilfe als Vorbild herangezogen werden.

A. Zulässigkeit beziehungsweise Gebotenheit eines Behandlungsverzichtes oder eines Behandlungsabbruches lebenserhaltender Maßnahmen

Es soll im Folgenden untersucht werden, ob der Arzt an den Wunsch der vier in den Fallbeispielen (Fälle A bis D) genannten Patienten gebunden ist, wenn diese von Anfang an auf lebenserhaltende Maßnahmen verzichten wollen oder den nachträglichen Abbruch einer notwendigen Behandlung verlangen. Wenn der Arzt an den Willen der Patienten gebunden ist, welche Voraussetzungen müssen für eine solche Therapiebegrenzung beachtet werden? Es hier stellt sich die Frage, wie ein Widerspruch mit den Tötungsdelikten vermieden wird. Interessant ist auch, ob es eventuell Ausnahmen von der Bindung an den Patientenwillen, sterben zu wollen, gibt und welche juristischen Konsequenzen einem Arzt drohen, sollte er den Patentenwillen nicht beachten.

Der französische Gesetzgeber war auf dem Gebiet der Sterbehilfe in den letzten zehn Jahren sehr aktiv. Schon am 09. Juni 1999 wurde das erste französische Gesetz verabschiedet, welches einem kranken Patienten gestattete, sich jeglicher Untersuchung und Heilbehandlung zu entziehen[468]. Genauere Definitionen zu diesem Gesetz gab es nicht, so dass nicht deutlich wurde, ob auch das Abbrechen oder der Verzicht auf lebenserhaltende Maßnahmen gestattet wurde. Aufgrund der Unbestimmtheit dieses Gesetzes wurde es 2002 außer Kraft gesetzt. Ersetzt und erweitert wurde es durch die am 04. März 2002 verabschiedete so genannte „*loi Kouchner*". In Frankreich werden manche Gesetze nach den Personen benannt, welche für den Gesetzgebungsprozess verantwortlich waren. In diesem Fall war dies der ehemalige Gesundheitsminister *Bernard Kouchner*. Nach der „*loi Kouchner*" wurde der Artikel L 111-4 al. 2 CSP neu hinzugefügt.

468 Artikel L 1 C: „La personne malade peut s'opposer à toute investigation ou thérapeutique...", siehe unter: www.legifrance.gouv.fr/affichCode.do?cidTexte=LEGITEXT000006072665&date Texte=20080926.

Dieser Artikel gestattete erstmals explizit die Bindung des Arztes an den Willen der Person[469], und zwar auch, wenn dieser Wille auf einen Abbruch oder einen Verzicht[470] medizinischer Maßnahmen gerichtet war[471]. Diese Bindung galt gemäß Artikel L 1111-4 al. 2 CSP selbst dann, wenn der Wille der Person auf den Abbruch oder den Verzicht lebenserhaltender Maßnahmen gerichtet war (*met sa vie en danger*). Hergeleitet wird dieses Recht aus Artikel 2 der *Déclaration des droits de l'homme et du citoyen* vom 26. August 1789 der individuellen Freiheit (*liberté individuelle*) und aus dem Recht der Unverletzlichkeit des Körpers (*l'inviolabilité du corps humain*)[472]. Letzteres wird selbst aus dem verfassungsrechtlichen Prinzip der Menschenwürde (*sauvegarde de la dignité de la personne humaine*) abgeleitet[473].

Auch diese Gesetzesregelungen führten noch nicht zu vollkommener Zufriedenheit, so dass 2005 weitere Gesetzesänderungen durch die *„loi sur la fin de vie"*, auch als *„loi Leonetti"* bekannt, am 22. April 2005 verabschiedet wurden. Benannt wurde dieses Gesetz nach dem Senator *Jean M. Leonetti*, welcher für das Gesetzgebungsverfahren dieser Erweiterung zuständig war. Diese Änderungen kamen vor allem durch den stark in den Medien thematisierten Fall *Vincent Humbert*[474] zustande, welcher einige Gesetzeslücken und Unklarheiten offenbar werden ließ.

---

469 Der CSP spricht ausschließlich von *personne* oder von *personne malade* und nicht von *patient*. Im Verlaufe der Arbeit soll dennoch nur von dem Patienten die Rede sein.

470 Das französische Recht spricht von refuser (ablehnen). Dennoch soll im Laufe dieser Arbeit auch der Begriff Verzicht verwendet werden, um die Gemeinsamkeiten und Unterschiede zum deutschen Recht besser darstellen zu können.

471 Artikel L 1111-4 al. 2 vom 4. März 2002: „Le médecin doit respecter la volonté de la personne après l'avoir informée des conséquences de ses choix. Si la volonté de la personne de refuser ou d'interrompre un traitement met sa vie en danger, le médecin doit tout mettre en oeuvre pour la convaincre d'accepter les soins indispensables".

472 *Chauvaux*, in: Revue française de droit administratif 2002, S. 146 (147); *Dorsner-Dolivet*, Rn. 56 ff; *Cohen*, in: Robert/Tzitzis, S. 71 (72); *Coehlo*, in: Petites affiches 2005, S. 761 (765).

473 *Chauvaux*, in: Revue française de droit administratif 2002, S. 146 (147).

474 Vincent Humbert erlitt aufgrund eines schweren Autounfalles eine Lähmung aller Gliedmaßen (Tetraplegie). Außerdem verlor er das Augenlicht und die Sprachfähigkeit. Da er noch hören und den rechten Daumen bewegen konnte, war ihm eine Kommunikation mit der Umwelt dennoch möglich. Diese für ihn sehr belastende Situation veranlasste ihn dazu, um Sterbehilfe zu bitten. Letztendlich wurde ihm diese versagt, woraufhin die Mutter, Marie Humbert, ihrem Sohn eine tödliche Dosis Natrium-Pentobarbital injizierte. Vincent Humbert fiel daraufhin ins Koma. Nachdem trotz des Abschaltens der künstlichen Beatmung ein Herzstillstand nicht eintrat, injizierte ihm der behandelnde Arzt Dr. Chaussoy, nach Absprache mit der Familie, eine tödlich wirkende Dosis Kaliumchlorid. Vincent Humbert starb am 26. September 2003 im Alter von 22 Jahren. Siehe: *Vincent Humbert*, „Je vous demande le droit de mourir".

I. Behandlungsabbruch oder Behandlungsverzicht nach der *„loi Leonetti"*

Die *„loi Leonetti"* unterscheidet zwischen dem Behandlungsabbruch und dem Behandlungsverzicht, welcher ärztlicherseits angeboten wird, und dem, welcher auf Wunsch des Patienten erfolgt. Ein Abbruch oder ein Verzicht auf lebenserhaltende Maßnahmen kann danach geboten sein, und zwar unabhängig vom Willen des Patienten, wenn ein Fall der so genannten *obstination déraisonnable* (wörtlich übersetzt „unnützer Starsinn/Hartnäckigkeit") vorliegt. Gemäß Artikel L 1110-5 al. 2 CSP[475] ist darunter jede medizinische Maßnahme zu verstehen, welche aufgrund des Krankheitszustandes des Patienten unnütz, unverhältnismäßig oder einzig dem Zweck der künstlichen Lebensverlängerung dient. Dies scheint dem im Deutschen anerkannten Grundsatz der „medizinischen Indikation" zu entsprechen.

Ausgangspunkt für einen Behandlungsabbruch oder einen Behandlungsverzicht lebenserhaltender Maßnahmen auf Wunsch des Patienten sind die Artikel L 1111-4 ff. CSP[476], welche durch die *„loi Leonetti"* verändert wurden. Un-

---

475 Artikel L 1110-5 al. 2 CSP: „Ces actes ne doivent pas être poursuivis par une obstination déraisonnable. Lorsqu'ils apparaissent inutiles, disproportionnés ou n'ayant d'autre effet que le seul maintien artificiel de la vie, ils peuvent être suspendus ou ne pas être entrepris ...".

476 Artikel L 1111-4 CSP: Al. 1: „Toute personne prend, avec le professionell de santé et compte tenu des informations et des préconisations qu'il fournit, les décisions concernant sa santé ". Al. 2: „Le médecin doit respecter la volonté de la personne après l'avoir informée des conséquences de ses choix. Si la volonté de la personne de refuser ou d'interrompre tout traitement met sa vie en danger, le médecin doit tout mettre en oeuvre pour la convaincre d'accepter les soins indispensables. Il peut faire appel à un autre membre du corps médical. Dans tous le cas, le malade doit réitérer sa décision après un délai raisonnable. Celle-ci est inscrite dans son dossier médical. Le médecin sauvegarde la dignité du mourant et assure la qualité de sa fin de vie en dispensant les soins visés à l'article L 1110-10". Al. 3: Aucun acte médical ni aucun traitement ne peut être pratiqué sans le consentement libre et éclairé de la personne et ce consentement peut être retiré à tout moment". Al. 4: „Lorsque la personne est hors d'état d'exprimer sa volonté, aucune intervention ou investigation ne peut être réalisée, sauf urgence ou impossibilité, sans que la personne de confiance prévue à l'article L 1111-6, ou la famille, ou à défaut, un de ses proches ait été consulté". Al. 5: „Lorsque la personne est hors d'état d'exprimer sa volonté, la limitation ou l'arrêt de traitement susceptible de mettre sa vie en danger ne peut être realisé sans avoir respecté la procédure collégiale définie par le code de déontologie médicale et sans que la personne de confiance prévue à l'article L 1111-6 ou la famille ou, à défaut, un de ses proches et, le cas échéant, les directives anticipées de la personne, aient été consultés. La décision motivée de limitation ou d'arrêt de traitement est inscrite dans le dossier médical". Al .6: „Le consentement du mineur ou du majeur sous tutelle doit être systématiquement recherché s'il est apte à exprimer sa volonté et à participer à la décision. Dans le cas où le refus d'un traitement par la personne titulaire de

verändert verpflichten die Artikel L 1111-4 ff. CSP den Arzt, den Willen des Patienten zu respektieren, selbst wenn der Wille auf einen Behandlungsabbruch oder einen Behandlungsverzicht lebenserhaltender Maßnahmen gerichtet ist (*volonté de refuser ou interrompre*). Allerdings differenzieren die heute geltenden Artikel L 1111-4 ff. CSP genau zwischen einem Patienten, der in der Lage ist, seinen Willen auszudrücken, und einem Patienten, der dazu nicht mehr in der Lage ist. Aus diesem Grunde weichen die Bedingungen, wann ein Behandlungsverzicht oder Behandlungsabbruch bei Patienten, welche in der Lage sind, ihren Willen auszudrücken oder nicht, stark voneinander ab. Ebenso gelten separate Bedingungen nach Artikel L 1111-4 al. 6 CSP, wenn es sich um einen minderjährigen oder betreuten Patienten handelt. Ob die Bindung des Arztes an den Patientenwillen, lebenserhaltende Maßnahmen abzubrechen oder abzulehnen, für alle Patienten (Personen) gleichermaßen gilt, wird im Folgenden ebenfalls untersucht.

1. Personen, die zur Willensbildung fähig sind gemäß Artikel L 1111-4 al. 2 CSP

Unter welchen Voraussetzungen ist ein Arzt verpflichtet, lebenserhaltende Maßnahmen abzubrechen oder zu unterlassen, wenn ein zur Willensbildung fähiger Patient (40- und 65-jährige Patientin im Fall A und B) dies wünscht?

a) Anforderungen an den Willen an sich (*volonté de refuser ou d'interrompre*)

Gemäß Artikel L 1111-4 al. 3 CSP hat die Einwilligung in eine medizinische Behandlung frei und aufgeklärt (*sans consentement libre et éclairé*) zu erfolgen. Bezüglich des Willens, einen lebensnotwendigen Eingriff abzulehnen oder abzubrechen (*volonté de refuser ou d'interrompre*), schweigt das Gesetz. Es wird aber gefolgert, dass auch hier dieselben Anforderungen wie an eine Einwilligung gelten müssen[477]. Der Wille, eine Behandlung abzulehnen oder abzubrechen, muss ebenso frei und aufgeklärt (*libre et éclairé*) erfolgen. Dass eine solche Entscheidung frei von jeglichen Zwängen sein muss, ist nachzuvollziehen und richtig. Doch was ist unter *éclairé* zu verstehen? Auch hinsichtlich der Aufklärung hat der französische Gesetzgeber die Rechtslage durch Einführung des neuen Artikels L 1111-2 CSP vereinfacht[478]. Danach ist der Arzt verpflichtet,

---

l'autorité parentale ou par le tuteur risque d'entraîner des conséquences graves pour la santé du mineur ou du majeur sous tutelle, le médecin délivre les soins indispensables.

477 Kommentar zu Artikel L 1111-4 CSP, Rn. 6; *Dorsner-Dolivet*, Rn. 56.

478 Artikel L 1111-2 al. 1, 2 CSP: „Toute personne a le droit d'être informée sur son état de santé. Cette information porte sur les différentes investigations, traitements ou actions de prévention qui sont proposés, leur utilite, leur urgence éventuelle, leurs conséquences,

seinen Patienten über die unterschiedlichen Behandlungen und Präventionsmöglichkeiten sowie über deren Nützlichkeit, Notwendigkeit, Konsequenzen und die üblichen und nachteiligen Risiken aufzuklären. Möchte ein Patient auf eine ärztliche Aufklärung verzichten, so verleiht ihm Artikel L 1111-2 CSP auch das Recht dazu[479]. Der Wille, eine lebenserhaltende Behandlung abzubrechen oder abzulehnen, muss folglich frei und aufgeklärt erfolgen, außer der Patient verzichtet auf eine Aufklärung.

b) Krankheitsstadium des Patienten (*personne malade*)

Die 40-jährige Patientin (Fall A) leidet zwar an bösartigem Brustkrebs, ihr Gesundheitszustand ist jedoch stabil, so dass ihr baldiger Tod nicht zu erwarten ist. Dagegen befindet sich die an Darmkrebs erkrankte 65-jährige Patientin (Fall B) nicht in einem guten Gesundheitszustand, sie wird bald sterben. Kennt das französische Recht dahingehend einen Unterschied? Ist der Wille der Patienten, unabhängig vom Sterbeprozess, zu beachten und darüber hinaus bindend? Eine Antwort auf diese Frage geben die Artikel L 1111-4 CSP und Artikel L 1111-10 CSP[480]. Der Wortlaut des Artikels L 1111-10 CSP spricht davon, dass der Wille, lebenserhaltende Maßnahmen abzubrechen oder abzulehnen, zu respektieren ist, wenn sich der Patient im fortgeschrittenen oder im Endstadium einer schweren Krankheit befindet (*personne en phase avancée ou terminale*). Dagegen spricht Artikel L 1111-4 CSP lediglich von Personen (*personne*), unabhängig vom Krankheitsstadium. Daraus ist zu schließen, dass zu differenzieren ist, ob der Sterbeprozess bereits begonnen hat oder noch nicht.

aa) Sterbeprozess hat bereits begonnen (personne en fin de vie)

Für Patienten, die sich aufgrund einer schweren und unheilbaren Krankheit am Ende ihres Lebens befinden (65-jährige Patientin in Fall B), ist folglich Artikel L 1111-10 CSP maßgeblich[481]. Ist der Wille dieses Patienten darauf gerichtet,

---

les risques fréquents ou graves normalement prévisible qu'ils comportent ainsi que sur les autres possibles et sur les conséquences prévisibles en cas de refus ...".

479 Artikel L 1111-2 al. 4 CSP: „La volonté d'une personne d'être tenu dans l'ignorance d'un diagnostic ou d'un pronostic doit être respectée .... ".

480 Artikel L 1111-10 CSP: „Lorsqu'une personne, en phase avancée ou terminale d'une affection grave et incurable, quelle qu'en soit la cause, décide de limiter ou d'arrêter tout traitement, le médecin respecte sa volonté après l'avoir informée des conséquences de son choix. La décision du malade est inscrite dans son dossier médical. Le médecin sauvegarde la dignité du mourant et assure la qualité de sa fin de vie en dispensant les soins visés à l'article L 1110-10".

481 Rapport N° 1708, S. 255: „L'article L. 1111–10 serait destiné à régir la situation des malades en fin de vie conscients qui sont dans un colloque singulier avec le médecin"; *Leroyer/Rochfeld*, in: Revue trimestrielle de droit civil 2005, S. 645 (648); *Brunet*, in:

alle lebenserhaltenden Maßnahmen zu unterlassen oder abzubrechen, ist der Arzt gemäß Artikel L 1111-10 CSP verpflichtet, seinen Patienten über die Konsequenzen dieser Wahl aufzuklären. Weiterhin muss die Entscheidung des Patienten in seiner Krankenakte (*dossier médical*) festgehalten werden. Sollte der Arzt die notwendigen Behandlungen abbrechen oder unterlassen, ist er nach Artikel L 1111-10 CSP verpflichtet, die Würde und das Leben des Sterbenden zu achten und palliativ-medizinische Behandlungen nach Artikel L 1110 -10 CSP vorzunehmen.

bb) Sterbeprozess hat noch nicht eingesetzt (personne n'est pas en fin de vie)

Sollte der Sterbeprozess noch nicht eingesetzt haben, ist Artikel L 1111-4 al. 2 CSP anzuwenden (40-jährige Patientin in Fall A)[482]. Danach wird verlangt, dass der Arzt versuchen muss, seinen Patienten davon zu überzeugen, die lebenserhaltenden Maßnahmen vornehmen zu lassen. Aus dem Rapport N° 1708 geht hervor, dass darunter mehr zu verstehen ist, als über die Konsequenzen dieser Wahl aufzuklären[483]. Was „überzeugen" bedeutet, ist reichlich unklar. Auf jeden Fall muss der Patient seinen Willen in einer angemessenen Frist wiederholen. Dies muss in der Krankenakte des Patienten (*dossier médical*) festgehalten werden. Weitere Anforderungen stellt Artikel L 1111-4 al. 2 CSP hinsichtlich der Patienten, welche zur Willensäußerung fähig sind, nicht. Nicht obligatorisch schlägt Artikel L 1111-4 al. 2 CSP vor, dass der Arzt einen Kollegen zur Hilfe heranziehen kann. Eine Verpflichtung hierzu wurde jedoch abgelehnt[484]. Nach Artikel L 1111-4 al. 2 CSP ist der Arzt ebenfalls verpflichtet, die Würde des Sterbenden zu gewährleisten, indem Palliativmedizin gemäß Artikel L 1110-10 CSP verabreicht wird.

Bellivier/Noiville, S. 137 (141); *de Beaupré*, in: Recueil Dalloz 2005, S. 137 (141). Ein Rapport hat in Frankreich die Aufgabe, die Gesetzesvorhaben zu erläutern und gegebenenfalls zukünftige Gesetzesvorhaben zu untersuchen.

482 Rapport N° 1708, S. 249: „En effet, tant les problèmes soulevés par l'interprétation de l'article L. 1111-4 du code de la santé publique que les enseignements tirés de ses propositions l'ont amenée mécaniquement à prendre en considération le sort de malades qui ne sont pas forcément en fin de vie"; *Leroyer/Rochfeld*, in: Revue trimestrielle de droit civil 2005, S. 645 (648); *Brunet*, in: Bellivier/Noiville, S. 137 (141); *de Beaupré*, in: Recueil Dalloz 2005, S. 137 (141).

483 Rapport N° 1708, S. 120: „Si le principe de l'autonomie du patient est consacré dans la première phrase, il est ensuite atténué si la décision du patient met sa propre vie en danger; dans cette hypothèse, le médecin ne doit plus alors seulement „informer des conséquences" de la décision mais doit „tout mettre en oeuvre" pour le faire changer d'avis"; *Welsch*, S. 102; *Brunet*, in: Bellivier/Noiville, S. 137 (140).

484 Rapport N° 1929, S. 26.

c) Welche lebenserhaltenden Maßnahmen dürfen abgebrochen oder abgelehnt werden?

Problematisch ist, ob ein Patientenwille, welcher auf eine Therapiebegrenzung gerichtet ist, für den Arzt immer verbindlich ist oder ob es Ausnahmen von dieser Bindungswirkung gibt, wenn der Patient zum Beispiel auf die künstliche Ernährung verzichten möchte. Zu untersuchen ist, ob der Patientenwille, unabhängig von der Art der lebenserhaltenden Maßnahmen, für den Arzt verbindlich ist. Dürfen die 40-jährige (Fall A) und die 65-jährige (Fall B) Patientin auf die angebotenen Chemo- und Bestrahlungstherapien sowie Operationen verzichten oder bereits begonnene Therapien abbrechen? Die Suche nach einer Antwort gestaltet sich, trotz des CSP, schwierig. Das liegt daran, dass der französische Gesetzgeber verschiedene Ausdrücke für das Wort „Maßnahme" verwendet hat. So hatte Artikel L 1111-4 CSP in der Fassung vom 04. März 2002 zum Inhalt, dass eine Behandlung (*un traitement*) abgebrochen oder unterlassen werden dürfte. Artikel L 1111-4 al. 2 bzw. Artikel L 1111-10 CSP in der heutigen Fassung sprechen dagegen von allen Behandlungen (*tout traitement*). Es stellt sich die Frage, welcher Unterschied zwischen einer und allen Behandlungen (*un/tout*) besteht. Bemerkenswert und erschwerend für die Beantwortung dieser Fragen ist, dass eine Änderung des Wortes *tout traitement* nicht einheitlich eingefügt wurde: Artikel L 1111-4 al. 5 CSP spricht von Behandlung (*de traitement*) und Artikel L 1111-13 CSP dagegen von einer Behandlung (*d'un traitement*). Ob diese verschiedenen Ausdrucksweisen (*tout/de/d'un*) auch unterschiedliche Bedeutungen haben, ist fraglich.

Vorerst soll geklärt werden, welche Maßnahmen bei einem zur Willensäußerung fähigen Patienten unterbrochen oder abgelehnt werden müssen, sobald dieser es wünscht. Somit zurück zu Artikel L 1111-4 al. 2 bzw. L 1111-10 CSP, wonach alle Behandlungen (*tout traitement*) abgelehnt oder abgebrochen werden dürfen. Was genau ist unter „*tout traitement*" zu verstehen? Eine gesetzliche Definition existiert leider nicht. Vom Wortlaut ausgehend, könnte „*tout traitement*" bedeuten, dass jede medizinische Maßnahme abgebrochen oder abgelehnt werden kann. Darf also unbestritten auch auf eine künstliche Ernährung verzichtet oder diese abgebrochen werden? Der Rapport N° 1708 und der Rapport N° 1929 erklären ansatzweise, was unter *tout traitement* zu verstehen ist[485]. Darin heißt es sinngemäß, der Patient kann leichte Behandlungen (Verschreibung von Antibiotika) sowie Behandlungen, welche lebensnotwendige Funktionen übernehmen, in Frage stellen. Dazu gehören auch die Dialyse, die Unterstützung

---

485 Rapport N° 1708 vom 30. Juni 2004 Président et Rapporteur *Jean Leonetti* siehe: www.assemblee nationale.fr, im Folgenden als Rapport N° 1708 bezeichnet und Rapport N° 1929 vom 18. November 2004 Président *Gorce* et Rapporteur *Jean Leonetti* siehe: www.assemblee national.fr, im Folgenden als Rapport N° 1929 bezeichnet.

des Herzens und die künstliche Beatmung („*le patient peut donc remettre en cause tout aussi bien une thérapeutique légère (prescription d'antibiotiques par exemple) que des traitements de suppléance de fonctions vitales: dialyse, soutien du coeur, respiration artificielle")*[486]. Das bedeutet, dass nach dem Rapport N° 1708 bezüglich Artikel L 1111-4 al. 2 bzw. L 1111-10 CSP jede Behandlung abgebrochen oder unterlassen werden darf. Ob die künstliche Ernährung auch abgebrochen oder abgelehnt werden darf, war Gegenstand verschiedener Diskussionen. Letztendlich entschieden sich aber die Abgeordneten dafür, die künstliche Ernährung dem „*tout traitement*" zuzuordnen[487]. Die französische Literatur schloss sich dieser Meinung an, so dass die künstliche Ernährung bei Patienten, die ihren Willen äußern können, abgebrochen oder abgelehnt werden kann[488].

Nach dem Rapport N° 1929 darf jedoch nicht auf die künstliche Flüssigkeitszufuhr verzichtet werden[489]. Denn auf diese kann nicht verzichtet werden, ohne dass der Patient Schmerzen erleidet. Deswegen bleibt dies weiterhin verboten[490]. Dass dies natürlich nicht von allen befürwortet wird, ist offensichtlich. So gibt es durchaus Kritiker dieser Differenzierungen[491]. Es ist generell erstaunlich, dass in dem neu eingefügten Artikel L 1111-4 CSP nicht ein einziges Wort darüber verloren wird.

d) Zusammenfassung

Für die beiden Patientinnen (Fälle A und B) bedeutet dies, dass sie auf alle therapeutischen Maßnahmen, welche ihnen angeboten wurden, verzichten oder diese abbrechen können. Der Arzt muss versuchen, die 40-jährige Patientin davon zu überzeugen, die medizinischen Maßnahmen vornehmen zu lassen, und ihr eine Bedenkzeit einräumen. Nach dieser „Frist" muss die 40-jährige Patientin ihren Willen erneut wiederholen. Bei der 65-jährigen Patientin ist der Arzt nur verpflichtet, sie über die Konsequenzen ihrer Wahl aufzuklären. Werden die medizinischen Maßnahmen abgebrochen oder unterlassen, ist der Arzt verpflich-

---

486 Rapport N° 1708 bezeichnet, S. 120: „L'article L 1111-4 du code de la santé publique précité, parlant de traitement sans autre précision, le patient peut donc remettre en cause tout aussi bien une thérapeutique légère (prescription d'antibitoques par exemple) que des traitements de suppléance de fonctions vitales: dialyse, soutien du coeur, respiration artificielle" .

487 Rapport N° 1929, S. 25.

488 *Aumonier/Beignier/Letellier*, S. 118; *Cohen*, in: Robert/Tzitzis, S. 70 (76); *de Beaupré*, in: Recueil Dalloz 2005, S. 164 (164); *Hocquet-Berg*, in: Responsabilité civile et assurances, S. 47 (47).

489 Rapport N° 1929, S. 26.

490 Rapport N° 1929, S. 25.

491 *Aumonier/Beignier/Letellier*, S. 118; *Legros*, S. 60; *Berthiau*, S. 253 (257); *Alt-Maes*, in: Gazette du Palais 2006, S. 1658 (1661).

tet, die palliativ-medizinische Versorgung zu gewährleisten und alles in der Krankenakte zu vermerken.

2. Personen, die zur Willensbildung nicht mehr fähig sind (*hors d'état s'exprimer*)

Wie sieht die Situation aus, wenn der Patient nicht mehr zur Willensäußerung fähig ist? Zu denken ist an die dritte Patientengeschichte (Fall C), in welcher ein 80-jähriger komatöser Patient künstlich beatmet und ernährt werden muss. Die Patientengeschichte ist dahingehend zu erweitern, dass es sich um einen Patienten handelt, welcher sich im so genannten Wachkoma befindet und lediglich künstlich ernährt werden muss. Darüber hinaus ist der Gesundheitszustand des Patienten stabil, so dass sein Tod nicht in näherer Zukunft bevorsteht. Vorzustellen ist, dass sich der Allgemeinzustand des Patienten im Laufe der Zeit verschlechtert. Kommt es plötzlich zu einem Nierenversagen, wäre eine Behandlung (Dialyse) dringend nötig, um den bereits eingesetzten Sterbeprozess des Patienten aufzuhalten. Zu untersuchen ist, ob der Verlauf des Sterbeprozesses in der französischen Gesetzgebung eine Rolle spielt. Wie bei willensäußerungsfähigen Patienten differenziert der französische Gesetzgeber bei willensäußerungsunfähigen Patienten danach, ob der Sterbeprozess eingesetzt hat oder nicht. Maßgeblich sind hierfür die Artikel L 1111-4 al. 5 CSP und Artikel L 1111-13 CSP. Auffallend ist, dass weder Artikel L 1111-4 al. 5 CSP noch Artikel L 1111-13 CSP den Willen des Patienten erwähnen. Stattdessen wird von Konsultieren der Vertrauensperson, der Familie, nahe stehender Personen und der Patientenverfügung gesprochen. Zunächst ist daher zu klären, was unter „konsultieren" zu verstehen ist. Daraus können wiederum Schlussfolgerungen gezogen werden, welche Rolle dem Patientenwillen zukommt und in welchem Verhältnis dieser zu der Meinung der Ärzte, der Vertrauensperson, der Familie und den anderen nahe stehenden Personen steht. Im Anschluss daran wird auf die Voraussetzungen eingegangen, welche an die Zulässigkeit/Gebotenheit eines Behandlungsabbruches oder eines Behandlungsverzichtes bei willensäußerungsunfähigen Patienten vorliegen müssen.

a) Konsultieren von Vertrauensperson, Familie, Nahestehenden und Patientenverfügungen

Sowohl Artikel L 1111-13 als auch Artikel L 111-4 al. 5 CSP verlangen, dass vor einer Therapiebegrenzung die Vertrauensperson, die Familie oder weitere Nahestehende und eventuell vorhandene Patientenverfügungen konsultiert werden müssen. Was genau ist unter dem „Konsultieren" von Vertrauensperson, Familie, Nahestehenden oder der gegebenenfalls vorhandenen Patientenverfügungen zu verstehen? Es stellt sich die Frage, ob dadurch der Wille des mittlerweile äußerungsunfähigen Patienten ermittelt werden soll und welche Bindungswirkung der zuvor geäußerte Patientenwille erzeugt.

aa) Konsultieren von Vertrauensperson, Familie oder weiteren Nahestehenden

Eine wichtige Rolle nehmen gemäß Artikel L 1111-4 al. 4 und L 1111-13 CSP die Vertrauensperson, die Familie und andere nahe stehende Personen ein. Die Vertrauensperson und ihre Rolle sind dem deutschen Recht fremd und soll daher näher dargestellt werden. Im Anschluss wird kurz die Rolle der Familie und der weiteren nahe stehenden Personen beschrieben.

(1) Rolle der Vertrauensperson

Gemäß Artikel L 1111-6 CSP kann jede volljährige Person eine Vertrauensperson benennen. Artikel L 1111-11 CSP nennt abschließend, dass Eltern, nahe stehende Personen oder der behandelnde Arzt als Vertrauensperson ausgewählt werden können. Diese Benennung muss gemäß Artikel L 1111-6 CSP schriftlich erklärt werden. Nach Artikel L 1111-11 al. 3 CSP sind diese Bestimmungen nicht anwendbar, wenn die volljährige Person unter Betreuung steht. Sollte die Betreuung nachträglich angeordnet werden, obliegt es dem Richter festzustellen, ob die bezeichnete Person als Vertrauensperson weiterhin agieren soll oder nicht.

Die Vertrauensperson ist zu konsultieren, wenn die Person nicht mehr in der Lage sein sollte, ihren Willen auszudrücken. „Konsultieren" könnte zum einen für eine Entscheidungskompetenz der Vertrauensperson stehen, dass diese bestimmt, wann eine lebenserhaltende Maßnahme zu unterlassen oder abzubrechen ist. Zum anderen könnte „konsultieren" auch lediglich bedeuten, dass die Vertrauensperson ihre persönliche Meinung oder aber die Wünsche des äußerungsunfähigen Patienten darstellen kann. Das Gesetz gibt hier keine genaue Definition. Hinsichtlich der Frage nach der Entscheidungskompetenz kann allerdings Artikel L 1111-12 CSP[492] herangezogen werden. Dieser bekräftigt die herausragende Stellung der Meinung der Vertrauensperson gegenüber allen, die keine Ärzte sind. Dies ist so zu deuten, dass die Meinung der Vertrauensperson zwar einzuholen ist, die Entscheidungskompetenz aber alleine den Ärzten überlassen ist. Gegen eine Heranziehung des Artikels L 1111-12 CSP spricht aber, dass dieser nur für die Patienten gilt, bei denen der Sterbeprozess bereits eingesetzt hat. Der Artikel kann deswegen als alleinige Lösung nicht herangezogen werden. Auch in dem Rapport N° 1708 heißt es, dass die Vertrauensperson nicht das

492 Artikel L 1111-12 CSP: „... a désigné une personne de confiance en application de l'article L 1111-6, l'avis de cette dernière, sauf urgence ou impossibilité, prévaut sur tout autre avis non médical ...".

Recht hat, selbst zu entscheiden, sondern dies den Ärzten obliege[493]. Folglich ist davon auszugehen, dass die alleinige Entscheidungskompetenz für einen Behandlungsabbruch oder Behandlungsverzicht bei den Ärzten liegt. Die französische Literatur hat sich dieser Meinung weitgehend angeschlossen[494]. Da beide Artikel von „konsultieren" sprechen, gilt dies somit auch unabhängig davon, ob der Sterbeprozess bereits eingesetzt hat oder nicht. Schließlich kann eine unterschiedliche Auslegung des Wortes „konsultieren" nicht erwünscht sein.

Allerdings ist fraglich, welche Meinung eingeholt werden soll. Die der Vertrauensperson oder die des Patienten? Der Rapport N° 1929 kann hier weiter helfen: Aufgabe der Vertrauensperson ist es, den Patienten im äußerungsunfähigen Zustand zu vertreten, die therapeutischen Präferenzen des Patienten in dessen Namen darzustellen[495]. Es geht also an sich ganz eindeutig nicht um die Meinung der Vertrauensperson, sondern um die Ansichten des Patienten, die dieser gegenüber der Vertrauensperson geäußert hat. Das heißt jedoch nicht, dass der Arzt auch an diesen Willen gebunden ist.

(2) Rolle der Familie und der anderen nahe stehenden Personen

Die Familie ist nach Artikel L 1111-4 al. 5 CSP und Artikel L 1111-13 CSP ebenso zu konsultieren wie die Vertrauensperson. Existiert keine Familie und keine Vertrauensperson sind andere nahe stehende Personen zu konsultieren. Aufgrund der großen Bedeutung der Vertrauensperson kommt der Familie und den weiteren nahe stehenden Personen keine andere Befugnis als der Vertrauensperson zu.

(3) Zusammenfassung

Nach der „*loi Leonetti*" ist der Arzt verpflichtet, die Vertrauensperson, die Familie und weitere nahe stehende Personen des Patienten zu konsultieren. Darunter ist zu verstehen, dass der Arzt durch Gespräche den Willen des Patienten ermitteln soll. Jedoch ergibt sich daraus nicht, dass der Arzt diesen Willen auch berücksichtigen muss. Zwar ist der Arzt nach Artikel L 1111-4 al. 2 CSP auch verpflichtet, den Patientenwillen zu respektieren. Diese Bindungswirkung kann

493 Rapport N° 1708, S. 123: "Le fait qu'une personne de confiance ait été désignée oblige l'équipe médicale à la consulter pour toute intervention ou investigation mais cette personne n'a pas vocation à décider. La responsabilité du médecin demeure pleine et entière".

494 *Douplet*, in: Petites Affiches 2005 N° 124, S.6 (10); *Coehlo*, in: Gazette du Palais 2005, S. 762 (761); *Alt-Maes*, in: Gazette du Palais 2006, S. 1658 (1660).

495 Rapport N° 1929, S. 37: „... Ce dernier prévoit qu'une personne majeure peut désigner toute personne – parent, proche, médecin traitant- afin de présenter en son nom ses préférences thérapeutiques au cas où elle ne serait plus en mesure de les exprimer ...".

aber nicht auf willensäußerungsunfähige Patienten übertragen werden, da der Arzt nach Artikel L 1111-4 al. 2 CSP erst an den Patientenwillen gebunden ist, wenn er seinen Patienten über seine Krankheit und deren Heilungsmöglichkeiten aufgeklärt hat. Dies ist bei einem willensäußerungsunfähigen Patienten nicht möglich, so dass Artikel L 1111-4 al. 2 CSP nicht anzuwenden ist. Wie der Rapport N° 1929 zeigt, ist dies vom französischen Gesetzgeber auch nicht gewollt. Dort heißt es, dass der Wille des äußerungsunfähigen Patienten bezüglich der Frage nach einem Abbruch oder einem Unterlassen von lebenserhaltenden Maßnahmen nur eine untergeordnete Rolle spielt[496]. Als ausschlaggebende Kriterien für einen Abbruch oder einen Verzicht auf lebenserhaltende Maßnahmen werden genannt: Die medizinische Prognose, die Schmerzhaftigkeit der Behandlung, die Verfassung des Patienten und der Wille des Patienten. Auffallend ist, dass der Wille des Patienten an letzter Stelle genannt wird. Daher kommt diesem im französischen Recht lediglich eine Nebenrolle zu. Daraus folgt, dass der Arzt den Willen des willensäußerungsunfähigen Patienten beachten muss, sich aber über diesen hinweg setzen kann.

bb) Patientenverfügungen (anticipées directives)

Durch die *„loi Leonetti“* vom 22. April 2005 wurde die Patientenverfügung erstmals in Frankreich gesetzlich eingeführt. Gemäß Artikel L 1111-11 CSP hat jede volljährige Person das Recht, Patientenverfügungen zu verfassen[497]. In dieser sollen Wünsche bezüglich medizinischer Behandlungen am Lebensende festgehalten werden, für den Fall, dass der Patient nicht mehr in der Lage sein sollte, diese zu äußern. Das Dekret 119 vom 06. Februar 2006 legt die Voraussetzungen einer solchen Patientenverfügung fest, welche nunmehr in Artikel R 1111-17[498] und R 1111-18 CSP[499] zu finden sind.

---

496 Rapport N° 1929, S. 32 : „... le pronostic médical, la pénibilité du traitement pour le malade et son entourage et l`appréciation de la volonté du malade ...” (Medizinische Prognose, Schmerzhaftigkeit der Behandlung, Verfassung des Patienten und der Wille des Patienten).

497 Artikel L 1111-11 CSP: „Tout personne majeure peut rédiger des directives anticipées pour les cas où elle serait un jours hors d'état d'exprimer sa volonté. Ces directives anticipées indiquent les souhaits de la personne relatifs à sa fin de vie concernant les conditions de la limitation ou l'arrêt de traitement. Elles sont révocables à tout moment. À condition qu'elles aient été établies moins de trois ans avant l'état d'inconscience de la personne, le médecin en tient compte pour toute décision d'investigation, d'intervention ou de traitement la concernant. Un décret de Conseil d'État définit les conditions de validité, de confidentialité et de conservation des directives anticipées”.

498 Artikel R 1111-17 CSP: „Les directives anticipées mentionnées à l'article L 1111-11 s'entendent d'un document écrit, daté et signé par leur auteur dûment identifié par l'indication de ses nom, prénom, date et lieu de naissance”.

(1) Voraussetzungen einer Patientenverfügung

Gemäß Artikel R 1111-17 CSP müssen Patientenverfügungen schriftlich verfasst und mit Unterschrift und Datum versehen sein. Weiterhin müssen sie den Aussteller, Geburtsort und Geburtsdatum erkennen lassen. Nach Artikel R 1111-18 CSP können sie jederzeit teilweise oder komplett verändert werden sowie sie auch ohne weitere Erklärungen widerrufen werden können. Bei teilweisen oder kompletten Veränderungen muss Artikel R 1111-17 CSP wiederum beachtet werden, das heißt, sie müssen erneut datiert und signiert werden. Eine Verpflichtung, die Patientenverfügung an einer bestimmten Stelle (zum Beispiel bei einem Notar oder Anwalt) zu hinterlegen, existiert nicht. Gemäß Artikel R 1111-19 CSP kann der Verfasser seine Patientenverfügung selbst aufbewahren oder bei der ernannten Vertrauensperson, Familie oder sonstigen nahe stehenden Personen sowie bei seinem behandelnden Arzt hinterlegen.

Wirksam ist eine Patientenverfügung nach Artikel L 1111-11 CSP nur dann, wenn die ausstellende Person volljährig ist. Minderjährigen ist es demnach nicht möglich, eine wirksame Patientenverfügung zu verfassen. Doch Artikel L 1111-11 CSP spricht lediglich von Volljährigen (*majeure*). Auch die Artikel R 1111-17 ff. CSP präzisieren diesen Begriff nicht näher. Danach müssten betreute Volljährige (*tutelle* und *curatelle*) ebenfalls befugt sein, Patientenverfügungen zu verfassen.

(2) Bindungswirkung einer Patientenverfügung für den Arzt

Des Weiteren stellt sich die Frage, ob eine Patientenverfügung für den Arzt verbindlich ist. Artikel L 1111-11 CSP spricht davon, dass der Arzt die Patientenverfügung mit in die Entscheidungsfindung einbeziehen soll (*tient compte pour toute décision d'investigation, d'intervention ou de traitement concernant*). Es wird aber eine obligatorische Bindung an deren Inhalt entschieden abgelehnt[500]. Ihnen wird nicht einmal eine vorherrschende Stellung bei der Entscheidungsfindung eingeräumt[501]. Das verwundert nicht weiter, da der Wille eines äußerungs-

499 Artikel R 1111-18 CSP: „Les directives anticipées peuvent, à tout moment, être soit modifiés, partiellement ou totalement, dans les condition prévues à l'article R 1111-17 du Code de la santé publique, soit révoquées sans formalité".

500 Rapport N° 1708, S. 257: „Toutefois, il conviendrait de ne conférer qu'une valeur strictement indicative à ces documents car ils ne possèdent qu'une valeur relative"; *Berthiau*, S. 264; *Leroyer/Rochfeld*, in: Revue trimestrielle de droit civil 2005, S. 645 (649); *Vialla*, in: Recueil Dalloz 2005, S. 1797 (1798); *Aumonier/Beignier/Letellier*, S.109; *Legros*, S. 112.

501 *Legros*, S. 112; *Leroyer/Rochfeld*, in: Revue trimestrielle de droit civil 2005, S. 645 (650).

unfähigen Patienten lediglich eine Nebenrolle spielt[502]. Mehr als Beachtung findet eine Patientenverfügung demnach nicht. Gemäß Artikel L 1111-11 al. 2 CSP wird eine Patientenverfügung nur dann berücksichtigt, wenn das Ausstellungsdatum nicht länger als drei Jahre zurückliegt. Der in einer Patientenverfügung geäußerte Wille muss auch nur bei der Entscheidung herangezogen werden, wenn er sich gemäß Artikel L 1111-11 CSP auf den Abbruch oder die Beendigung von lebenserhaltenden Maßnahmen bezieht (*limitation ou l'arrêt de traitement*). Auch hier stellt sich die Frage, ob darunter zu verstehen ist, dass nicht alle Behandlungen abgebrochen werden dürfen (*de* und nicht *tout*).

Festzuhalten ist an dieser Stelle, dass einer Patientenverfügung keine Bindungswirkung zukommt. Der Arzt hat sich gemäß Artikel R 1111-20 CSP zu informieren, ob sein Patient eine Patientenverfügung verfasst hat und muss diese nach Artikel L 1111-11 CSP beachten. Doch muss er sich nicht an deren Inhalt halten.

cc) Zusammenfassung

„Konsultieren" im Sinne der Artikel L 1111-13 CSP und Artikel L 1111-4 al. 5 CSP bedeutet nicht, dass der Vertrauensperson, der Familie und weiteren nahe stehenden Personen eine Entscheidungskompetenz für das Pro und Contra eines Behandlungsabbruches bzw. -verzichtes zukommt. Dadurch soll lediglich gewährleistet werden, dass der Wille des willensäußerungsunfähigen Patienten durch Gespräche mit den genannten Personen zu ermitteln ist. An diesen Willen sind die Ärzte wiederum nicht gebunden. Damit liegt die alleinige Entscheidungskompetenz für oder gegen eine Therapiebegrenzung bei den behandelnden Ärzten. Weder der in einer Patientenverfügung festgehaltene Wille noch der mutmaßliche Wille ist ausschlaggebend für die Entscheidung der Ärzte. Die Ärzte sind lediglich verpflichtet, den ermittelten Willen zu beachten, müssen diesem aber nicht Folge leisten.

b) Weitere Voraussetzungen für einen Behandlungsabbruch oder einen Behandlungsverzicht

Nachdem festgestellt wurde, dass der Wille von willensäußerungsunfähigen Patienten nicht maßgeblich für die Frage der Therapiebegrenzung ist, sondern dies allein den Ärzten zukommt, ist zu prüfen, welche weiteren Voraussetzungen vorliegen müssen. Auch bei willensäußerungsunfähigen Patienten differenziert der CSP danach, ob der Sterbeprozess bereits eingesetzt hat oder nicht.

502 Siehe S. 137.

aa) Sterbeprozess hat noch nicht begonnen (la personne n'est pas en fin de vie)

Maßgeblich für äußerungsunfähige Personen, bei welchen der Sterbeprozess noch nicht eingesetzt hat, ist Artikel L 1111-4 al. 5 CSP. Es stellt sich wieder die Frage, ob auf alle lebenserhaltenden Maßnahmen verzichtet werden darf und unter welchen Voraussetzungen ein solcher Abbruch oder anfänglicher Verzicht zulässig bzw. geboten ist.

(1) Welche lebenserhaltenden Maßnahmen dürfen abgebrochen oder unterlassen werden?

Welche lebenserhaltenden Maßnahmen dürfen abgebrochen oder von Anfang an unterlassen werden? Bei einer äußerungsfähigen Person dürfen alle lebenserhaltenden Maßnahmen (außer die künstliche Flüssigkeitszufuhr) abgebrochen oder auf diese verzichtet werden[503]. Doch gilt dies auch für einen 80-jährigen Patienten, welcher sich im Wachkoma befindet und künstlich ernährt werden muss, der Patient also zur Willensäußerung nicht fähig ist (Fall C)? Darf auf die künstliche Ernährung verzichtet werden, obwohl der Patient nicht im Sterben liegt und aufgrund der künstlichen Ernährung eventuell sogar noch jahrelang leben könnte?

Artikel L 1111-4 al. 5 CSP spricht davon, dass selbst die Behandlung (*de traitement*) abgebrochen oder auf diese verzichtet werden kann, wenn sie das Leben des Patienten gefährdet (*met sa vie en danger*). Auffallend ist, dass nur von *de traitement* (die Behandlung) und nicht wie bei Artikel L 1111-4 al. 2 CSP von *tout traitement* (alle Behandlungen) gesprochen wird. Diese unterschiedlichen Ausdrücke stiften Verwirrung, und es stellt sich die Frage, ob ein gravierender Unterschied zwischen *tout traitement* und *de traitement* besteht. Darf der zur Willensäußerung fähige Patient alle Behandlungen abbrechen oder auf diese verzichten, während dies bei einem zur Willensäußerung unfähigen Patienten nicht gilt? Bemerkenswert ist, dass sowohl das Gesetz als auch Rapport N° 1708 und N° 1929 keine Antwort dazu liefern. Es scheint fast so, als sollte dieses Thema lieber vermieden werden, denn schließlich gehört genau an diese Stelle auch die Frage, ob der Abbruch künstlicher Ernährung bei Patienten mit apallischem Syndrom möglich ist. Diese Frage kann aufgrund ethischer und religiöser Ansichten nicht einheitlich beantwortet werden.

Aber auch die französische Literatur setzt sich sehr wenig mit diesem schwierigen Thema auseinander, zumindest wird hier vermieden, den Unterschied zwischen *tout* und *de traitement* zu präzisieren. So wird vereinzelt vertre-

503 Siehe S. 133.

ten, dass *tout* und *de* gleichzusetzen sei[504]. Meines Erachtens ist aus der unterschiedlichen Wortwahl (*de/tout*) jedoch zu schließen, dass es einen entscheidenden Unterschied gibt: Dieser kann nur so gewertet werden, dass bei den Patienten, welche zur Willensbildung nicht mehr fähig sind, eben nicht alle Behandlungen abgebrochen werden dürfen oder auf diese verzichtet werden darf[505]. Denn ansonsten würde die Differenzierung *tout* (alle) und *de* (eine) keinen Sinn ergeben[506].

Welche Maßnahmen dann abgebrochen werden dürfen, richtet sich wahrscheinlich nach den Kriterien der *obstination déraisonnable*: also nur diejenigen, welche entweder unnütz, unverhältnismäßig oder einzig dem Zweck der künstlichen Lebenshaltung dienen. Was genau darunter zu verstehen ist, muss untersucht werden. Der Rapport N° 1929 nennt als unnütze Behandlung (*inutile*) zum Beispiel eine Bluttransfusion oder eine erneute Chemotherapie, obwohl sicher ist, dass diese den Gesundheitszustand des Patienten nicht verbessern kann[507]. Die Unverhältnismäßigkeit (*disproportion*) einer medizinischen Maßnahme ist nach *Verspieren* anhand mehrerer Kriterien zu ermitteln: So müssen zum einen Vor- und Nachteile einer Behandlung verglichen werden. Zum anderen muss berücksichtigt werden, welche schädlichen Nebenwirkungen, Zwänge und Entbehrungen sich für einen Patienten ergeben, wenn dieser behandelt wird. Nach Ansicht von *Berthiau* erfasst der Begriff der *obstination déraisonnable* einerseits alle Behandlungen und vor allem die, welche nur der künstlichen Lebenserhaltung dienen[508]. Andererseits betont *Berthiau* auch, dass ein Unterschied zwischen *tout traitement* und der *obstination déraisonnable* besteht[509]. Worin der Unterschied besteht, bleibt allerdings ungesagt.

Der Rapport N° 1708 hat wiederum folgende Definition für eine *obstination déraisonnable* empfohlen: Eine medizinische Behandlung darf dann nicht aufgenommen werden, wenn keine Hoffnung auf Besserung des Krankheitszustan-

---

504 *Berthiau*, S. 253 (262); wohl auch *Alt-Maes*, in: Gazette du Palais 2006, S. 1658 (1661): „La loi prend également en considération le cas des personnes lourdement handicapées, comme Vincent Humbert, en leur permettant d'interrompre l'alimentation artificielle par application de l'article L 1111-4 Al. 2 CSP et en les faisant bénéficier des soins palliatifs."; *Doublet*, in: Petites affiches 2005 N° 124, S. 6 (10): „L'article 3 de la loi permettant l'arrêt de l'alimentation artificielle trouvera également à s'appliquer au malade inconscient."

505 *Legros*, S. 63.

506 So auch *Legros*, S. 63; *Leroyer/Rochfeld*, in: Revue trimestrielle de droit civil 2005, S. 645 (649).

507 Rapport N° 1929, S. 17: „Sont par exemple inutiles des examens tels que des prélèvements sanguins ou des thérapeutiques comme ces chimiothérapies renouvelées, alors que l'on sait pertinemment qu'aucun traitement n'améliorera l'état de santé du malade".

508 *Berthiau*, S. 253 (254).

509 *Berthiau*, S. 253 (262).

des besteht und nur die künstliche Lebensverlängerung zur Folge hat[510]. Welche Maßnahmen nun unter den Begriff der *obstination déraisonnable* fallen, ist nach wie vor unklar. Es ist davon auszugehen, dass dies von Fall zu Fall entschieden wird und vor allem den Ärzten und ihrer fachlichen Kompetenz überlassen bleiben muss, wann eine Maßnahme unnütz beziehungsweise unverhältnismäßig ist oder nur der künstlichen Lebensverlängerung dient. Die künstliche Ernährung eines apallischen Patienten, dessen Gesundheitszustand ansonsten stabil ist, als unnütz oder unverhältnismäßig zu bezeichnen, erscheint sehr problematisch, schließlich kann der Patient aufgrund der künstlichen Ernährung noch jahrelang leben. Der künstlichen Lebenserhaltung dagegen dient eine künstliche Ernährung prinzipiell wohl schon, so dass eine *obstination déraisonnable* vorliegen würde. Ohne Zweifel kann dies allerdings nicht behauptet werden. Ob die künstliche Ernährung bei einem Patienten, welcher sich noch nicht am Ende seines Lebens befindet, abgebrochen oder unterlassen werden kann, bleibt trotz der neuen „*loi Leonetti*" weiterhin unklar.

(2) Unter welchen Voraussetzungen ist ein Abbruch oder das Unterlassen lebenserhaltender Maßnahmen zulässig bzw. geboten?

Wenn auf lebenserhaltende Maßnahmen verzichtet wird oder diese abgebrochen werden sollen, ist fraglich, welche Voraussetzungen für die Zulässigkeit vorliegen müssen. Bei Patienten, die nicht mehr in der Lage sind, ihren Willen auszudrücken, und sich noch nicht am Ende ihres Lebens befinden, ist Artikel L 1111-4 al. 5 CSP zu beachten. Dieser verlangt, dass die lebenserhaltenden Maßnahmen nur dann unterlassen oder abgebrochen werden können, wenn die Regeln der Kollegialität beachtet werden. Die Regeln der Kollegialität richten sich nach Artikel R 4127-37 CSP[511]. Danach muss der behandelnde Arzt die Entscheidung treffen, nachdem eine Abstimmung mit dem behandelnden Team stattgefunden hat und ein weiterer Arzt um Rat gebeten wurde. Die Entscheidung, lebenserhaltende Maßnahmen abzubrechen oder zu unterlassen, ist zu begründen.

Darüber hinaus muss der Arzt die Vertrauensperson, Familie (oder nahe stehende Personen) und gegebenenfalls existierende Patientenverfügungen vor der Entscheidung für einen Behandlungsverzicht oder Behandlungsabbruch konsultieren.

---

510 Rapport N° 1708, S. 269: „Ils ne doivent pas être poursuivis par une obstination déraisonnable, lorsqu'il n'existe aucun espoir d'obtenir une amélioration de l'état de la personne et qu'ils entraînent une prolongation artificielle de la vie".

511 Artikel R 4127-37 CSP:„La décision est prise par le médecin en charge du patient, après concertation avec l'équipe de soins si elle existe et sur l'avis motivé d'au moins un médecin, appelé en qualité de consultant. La décision est motivée. Les avis recueillis, la nature et le sens des concertations qui ont eu lieu au sein de l'équipe de soins ainsi que les motifs de la décision sont inscrits dans le dossier du patient".

Sollten lebenserhaltende Maßnahmen abgebrochen oder unterlassen werden, ist der Arzt nach Artikel L 1111-4 al. 5 CSP zur Anwendung von Palliativmedizin verpflichtet. Weiterhin ist der Arzt verpflichtet, alle Details der Entscheidungsfindung und die Entscheidung selbst in der Krankenakte des Patienten festzuhalten.

bb) Sterbeprozess hat bereits begonnen (la personne en fin de vie)

Ändert sich die Situation, wenn sich der Gesundheitszustand des Patienten verschlechtert hat und weitere lebenserhaltende Maßnahmen (z.B. Dialyse) notwendig sind, um den bereits eingetretenen Sterbeprozess aufzuhalten oder hinauszuzögern?

(1) Welche lebenserhaltenden Maßnahmen dürfen abgebrochen oder unterlassen werden?

Wenn der Tod des zur Willensäußerung unfähigen Patienten in kurzer Zeit eintreten wird, ist Artikel L 1111-13 CSP maßgeblich[512]. Dieser spricht weder von *tout* noch von *de traitement*, sondern von einer Behandlung (*un traitement*), die abgebrochen oder unterlassen werden darf. Dies ist gemäß Artikel L 1111-13 CSP der Fall, wenn die Behandlung entweder unnütz oder unverhältnismäßig ist oder einzig dem Ziel der künstlichen Lebenserhaltung dient. Artikel L 1111-13 CSP wiederholt an sich nur die Voraussetzungen einer Behandlung, welche abgebrochen oder unterlassen werden kann, wenn ein Fall der *obstination déraisonnable* nach Artikel L 1110-5 CSP vorliegt. Dann stellt sich dieselbe Frage wie für den Patienten, welcher noch nicht im Sterben liegt, nämlich, was darunter zu verstehen ist. Vielleicht ist es jedoch einfacher zu bestimmen, welche Maßnahmen bei einem Sterbenden unnütz beziehungsweise unverhältnismäßig sind oder einzig der künstlichen Lebenserhaltung dienen. Eine lebensnotwendige Dialyse bei einem apallischen Patienten, welcher bereits im Sterben liegt, dürfte wohl als unverhältnismäßig oder als unnütz zu qualifizieren sein. Darauf wäre dann zu verzichten oder weitere Behandlungen sind einzustellen. Auch

512 Artikel L 1111-13 CSP: „Lorsqu'une personne, en phase avancée ou terminale d'une affection grave et incurable, quelle qu'en soit la cause, est hors d'état d'exprimer sa volonté, le médecin peut décider de limiter ou d'arrêter un traitement inutile, disproportionné ou n'ayant d'autre objet que la seul prolongation artificielle de la vie de cette personne, après avoir respecté la procédure collégiale définie par le code de déontologie médicale et consulté la personne de confiance visée à l'article L 1111-6, la famille ou à défaut, un de ses proches et, le cas échéant, les directives anticipées de la personne. Sa décision, motivée, est inscrite dans le dossier médical. Le médecin sauvegarde la dignité du mourant et assure la qualité de sa fin de vie en dispensant les soins visés à l'article L 1110-10".

hier ist unklar, welche Maßnahmen genau abgebrochen oder unterlassen werden können. Die Einschätzung, wann eine Behandlung eine so genannte *obstination déraisonnable* darstellt, bleibt zum einen den Ärzten überlassen und zum anderen wären weitere juristische Definitionen hierzu wünschenswert.

(2) Unter welchen Voraussetzungen ist ein Abbruch oder ein Unterlassen lebenserhaltender Maßnahmen zulässig bzw. geboten?

Welche Bedingungen der Arzt explizit beachten muss, nennt Artikel L 1111-13 CSP. Der Arzt muss ebenfalls die Regeln der Kollegialität (*procédure collégiale*) eingehalten haben. Des Weiteren müssen gemäß Artikel L 1111-13 CSP die Vertrauensperson, Familie oder nahe stehende Personen (*proches*) und gegebenenfalls die Patientenverfügungen (*anticipées directives*) konsultiert werden. Darüber hinaus ist gemäß Artikel L 111-13 CSP der Arzt verpflichtet, palliativ-medizinische Maßnahmen nach Artikel L 1110-10 CSP anzuwenden.

c) Zusammenfassung

Festzuhalten ist, dass ein Abbruch oder das Unterlassen von lebenserhaltenden Maßnahmen bei einem zur Willensäußerung unfähigen Patienten möglich ist. Sollten lebenserhaltende Maßnahmen abgebrochen oder unterlassen werden, muss der behandelnde Arzt die Regeln der Kollegialität beachten sowie die Vertrauensperson, Familie, nahestehende Personen und eventuell vorliegende Patientenverfügungen „konsultieren“. So sollen die Wünsche des Patienten hinsichtlich therapeutischer Maßnahmen herausgefunden werden, was in Deutschland dem mutmaßlichen Willen entsprechen würde. Allerdings muss sich der Arzt an die Patientenwünsche ausdrücklich nicht halten. Selbst in einer Patientenverfügung festgelegte Wünsche sind für den Arzt nicht verbindlich. Ob und wann eine Therapie unterlassen oder abgebrochen wird, obliegt also vollkommen den Ärzten. Weiterhin dürfen nicht alle lebenserhaltenden Maßnahmen abgebrochen oder unterlassen werden, sondern nur diejenigen, welche absolut unnütz beziehungsweise unverhältnismäßig sind und einzig der künstlichen Lebenserhaltung dienen. Was genau darunter zu verstehen ist, bleibt sehr schwer zu definieren und wird wohl nach wie vor den Ärzten überlassen bleiben.

3. Minderjährige und betreute Patienten

Aus Artikel L 1111-4 al. 6 CSP geht explizit hervor, dass lebenserhaltende Maßnahmen durchzuführen sind, selbst wenn diese Behandlungen nicht dem Willen der gesetzlichen Vertreter (Eltern oder Vormund) entsprechen. Das bedeutet zum einen, dass weder der Wille des minderjährigen oder des betreuten Patienten eine Rolle spielt noch der Wille der gesetzlichen Vertreter ausschlaggebend ist (Fall D). Zum anderen ist ein Abbruch oder das Unterlassen lebenserhaltender Maßnahmen bei Minderjährigen und betreuten Patienten nur dann möglich, wenn die Behandlungen nach Artikel L 1110-5 al. 2 CSP unnütz oder unverhältnismäßig sind und einzig allein dem Zweck der künstlichen Lebensverlängerung dienen (*obstination déraisonnable*).

4. Zusammenfassung der Voraussetzungen

Ist der Patient fähig, seinen Willen kundzutun, dürfen (fast) alle lebenserhaltenden Maßnahmen nachträglich abgebrochen oder von Anfang an abgelehnt werden. Die einzige Maßnahme, auf die nicht verzichtet werden darf, ist die künstliche Flüssigkeitszufuhr. Hat der Sterbeprozess noch nicht eingesetzt, wie bei der 40-jährigen an Brustkrebs erkrankten Patientin (Fall A), muss der Arzt versuchen, diese zu überzeugen, die lebenserhaltenden Maßnahmen vornehmen zu lassen. Gelingt ihm dies nicht, muss der Patient seine Entscheidung innerhalb einer bestimmten Frist wiederholen. Hat der Sterbeprozess dagegen schon eingesetzt, wie bei der 65-jährigen an Darmkrebs erkrankten Patientin (Fall B), muss der Arzt diese lediglich über die Konsequenzen der Entscheidung, alle lebenserhaltenden Maßnahmen abzulehnen bzw. abzubrechen, aufklären.

Ist der Patient dagegen nicht fähig, seinen Willen zu äußern, dürfen nicht alle lebenserhaltenden Maßnahmen abgebrochen oder unterlassen werden, sondern nur diejenigen Maßnahmen, welche entweder unnütz und unverhältnismäßig sind oder welche kein anderes Ziel verfolgen, als das Leben des Patienten künstlich zu verlängern (*obstination déraisonnable*). Der Arzt ist verpflichtet, die Regeln der Kollegialität einzuhalten und die Vertrauensperson, Familie oder weitere nahe stehende Personen zu konsultieren. Hervorzuheben ist, dass der Wille des Patienten zwar zu beachten ist, dieser aber eindeutig nicht im Vordergrund steht. Letztendlich ist der Arzt allein entscheidungsbefugt, ob lebenserhaltende Maßnahmen abgebrochen oder unterlassen werden, und zwar unabhängig von dem zuvor geäußerten Patientenwillen.

Ein Abbruch oder ein Verzicht auf lebenserhaltende Maßnahmen bei Minderjährigen (Fall D) oder Betreuten ist nur möglich, wenn die Maßnahmen keinerlei Heilungschancen aufweisen und somit unnütz und unverhältnismäßig sind (*obstination déraisonnable*).

Alle Entscheidungen sind in die Krankenakte des Patienten einzutragen. Des Weiteren sind die Ärzte gemäß Artikel L 1111-4 ff. CSP verpflichtet, an Stelle der lebenserhaltenden Maßnahmen zur Palliativmedizin überzugehen.

II. „Sterbenlassen" kein Widerspruch zum Code pénal

Interessant ist, wie in Frankreich ein Widerspruch zum strafrechtlichen Tötungsverbot und der unterlassenen Hilfeleistung vermieden wird. Eine Bestrafung wegen der Verwirklichung eines Tötungsdeliktes oder (und) wegen unterlassener Hilfeleistung scheint von vornherein nicht ausgeschlossen zu sein.

1. Welche Straftatbestände sind durch das Abbrechen oder das Unterlassen von lebenserhaltenden Maßnahmen verwirklicht?

Als erstes soll kurz geklärt werden, welche Straftatbestände als verwirklicht angesehen werden könnten, sollte ein Arzt auf Verlangen des Patienten lebenserhaltende Maßnahmen abbrechen oder unterlassen. In Betracht kommen könnte zum einen eine Verwirklichung der Tötungsdelikte nach Artikel 221-1 ff. Code pénal und zum anderen die unterlassene Hilfeleistung nach Artikel 223-3 ff. Code pénal.

a) Tötungsdelikte

Wenn ein Arzt auf Verlangen seines Patienten lebenserhaltende Maßnahmen unterlässt oder abbricht, könnte die Verwirklichung eines Tötungsdeliktes nach den Artikel 221-1 ff. Code pénal einschlägig sein.

aa) meurtre, meurtre aggravé, assassinat

Das französische Strafrecht kennt ebenfalls wie das deutsche Strafrecht mehrere Tötungsdelikte. Einschlägig könnte Artikel 221-1 Code pénal sein, nach welchem der *meurtre* zu einer Freiheitsstrafe bis zu 30 Jahren verurteilt wird[513]. Darüber hinaus könnte auch Artikel 221-3 Code pénal verwirklicht sein, demzufolge der *assassin* zu lebenslanger Freiheitsstrafe verurteilt wird. Nach Artikel 221-3 Code pénal ist ein *assassin* ein *meurtre*, der die Tötungshandlung mit *prémeditation* begangen hat[514]. Was unter *prémeditation* zu verstehen ist, definiert Artikel 132-72 Code pénal. Danach ist *prémeditation* die schon vor der Tat geformte Absicht des Täters, eben diese kriminelle Tat begehen zu wollen[515]. Da diese Definition recht schwammig ist, und keine weiteren gesetzlichen Regelungen existieren, hat die Lehre versucht, diesen Begriff weiter einzugrenzen. Nach der Lehre ist *prémeditation* der schon vor der Tat überlegte und ausgereifte Wille, eine Tat zu begehen.

---

513 Artikel 221-1 Code pénal: „Le fait de donner volontairement la mort à autrui constitue un meurtre. Il est puni de trente ans de réclusion criminelle".

514 Artikel 221-3 Code pénal: „Le meurtre commis avec préméditation constitue un assassinat".

515 Artikel 132-72 Code pénal: „La préméditation est le dessein formé avant l'action de commettre un crime ou un délit déterminé".

bb) Tatbestandsvoraussetzungen

Wenden wir uns nun den zusätzlichen Voraussetzungen des Artikels 221-3 Code pénal zu. Es ist zu klären, ob das Abbrechen oder das Unterlassen von lebenserhaltenden Maßnahmen auch als Tötungshandlung im Sinne des Atikels 221-3 Code pénal erfasst wird. Artikel 221-3 Code pénal in Verbindung mit Artikel 221-1 Code pénal setzt nämlich voraus, dass die Tötung durch ein aktives Tun (*le fait de donner la mort = commission*) begangen wird[516]. Eine Tötung durch Unterlassen (*omission*), wie sie in Deutschland nach §§ 211, 13 StGB strafbar ist, ist dem französischen Strafrecht fremd, da ein Äquivalent des § 13 StGB fehlt. Ein solches Äquivalent existierte schon 1809 bei Einführung des Code pénal nicht und wurde auch nachträglich nicht eingefügt. Wie das berühmte Urteil *la séquestrée de Poitiers* von 1901 zeigt, hielt sich auch die Rechtsprechung stets streng an das geschriebene Recht und nahm eine Unterlassensstrafbarkeit nur dann an, wenn dies auch gesetzlich vorgeschrieben war. So verurteilte die *Cour d'appel* von Poitiers den Täter nicht wegen einer Körperverletzung, da in dem schlichten Zurücklassen in einem Zimmer ohne Luft, Licht und ohne Nahrung kein aktives Tun erblickt werden konnte[517]. Dies wird jedoch für den Tatbestand der Körperverletzung vorausgesetzt[518]. Schockierend, aber gesetzestreu. Solche Fälle würden mittlerweile allerdings unter den 1941 eingefügten Straftatbestand der unterlassenen Hilfeleistung nach Artikel 223-6 al. 2 Code pénal fallen. Somit ist festzuhalten, dass es eine Tötung durch Unterlassen, wie im deutschen Recht nach §§ 211, 13 StGB, nicht geben kann.

b) Verwirklichung eines Tötungsdeliktes

Bricht der Arzt eine lebenserhaltende Maßnahme ab oder unterlässt diese, stellt sich die Frage, ob die eben genannten Voraussetzungen erfüllt wurden.

aa) Aktives Tun oder Unterlassen

Entscheidend ist vor allem, ob es sich hierbei um ein aktives Tun handelt. Sollte das Abbrechen oder das Unterlassen lebenserhaltender Maßnahmen nämlich kein aktives Tun darstellen, wäre der Tatbestand des *assassinat* und des *meurtre* von vornherein ausgeschlossen. Wann wird ein Verhalten als aktives Tun oder als Unterlassen bewertet? Ohne größere Umschweife wird das aktive Tun als

---

516 Kommentar zu Artikel 221-1 Code pénal, Rn.1; *Larguier/Conte/Larguier*, S. 7; *Dorsner-Dolivet*, Rn. 264; *Dunet-Larousse*, in: Revue de droit sanitaire et social 1998, S. 265 (269).

517 Cour d'appel de Poitiers, in: *Peillot/Urbansky*, S. 55.

518 Cour d'appel de Poitiers, in: *Peillot/ Urbansky*, S. 55.

körperliche Bewegung, welche für Außenstehende wahrnehmbar ist, beschrieben[519]. Dagegen wird das Unterlassen einfach als Abwesenheit von Handlungen definiert[520]. Während diese Abgrenzungen im französischen Recht sehr unproblematisch vorgenommen werden, fällt die Zuordnung des Abbruches/Verzichtes von lebenserhaltenden Maßnahmen den Autoren umso schwerer. Die Meinungen sind hier weit verzweigt und die unterschiedlichen Begrifflichkeiten *refuser/interrompre* und *arrêter/limiter* erleichtern die Einstufung sicherlich nicht. So geht eine Vielzahl von Autoren davon aus, dass es sich beim Abbrechen von lebenserhaltenden Maßnahmen (Abschalten von Reanimatoren, Respiratoren, künstlicher Ernährung und Dialysegeräten) um ein aktives Tun handelt, ohne dies jedoch näher zu erörtern[521]. Andere wiederum sehen darin ein Unterlassen. Eine Begründung existiert auch für diese Ansicht nicht[522]. Diese unterschiedlichen Einteilungen werden allerdings nicht, wie in Deutschland, intensiv problematisiert, sondern stillschweigend akzeptiert.

Erschwert werden alle diese Bemühungen zusätzlich dadurch, dass viele Autoren nicht zwischen einem Verzicht (*abstention/refuser*) und einem Abbruch (*interrompre/arrêter/limiter/refuser*) lebenserhaltender Maßnahmen differenzieren. Es wird folglich nicht klar, ob beide Verhaltensweisen ein aktives Tun oder ein Unterlassen darstellen. Einzig *Dunet-Larousse* hat versucht, dieses „Durcheinander“ zu lichten, indem er ausdrücklich die Unterschiede zwischen *abstenstion* und *arrêt* darstellt. Eine *abstention* ist nach *Dunet-Larousse* die Entscheidung, keine weiteren Behandlungen durchführen zu lassen. Dies stellt somit ein Unterlassen dar, so dass eine Bestrafung wegen eines *assassinat* nicht möglich ist[523]. Ein *arrêt* ist dagegen eine Entscheidung, dass schon aufgenommene Behandlungen abgebrochen werden[524]. Bricht der Arzt diese Maßnahmen ab, handelte es sich um ein aktives Tun, welches als *assassinat* geahndet werden kann[525]. Die Autoren, die sich mit dieser Differenzierung überhaupt auseinandersetzen, stimmen dieser Einstufung grundsätzlich zu[526]. Auch eine differenzierte Analyse der Rechtsprechung hilft nicht weiter, da es sehr wenige Urteile zu dieser Problematik gibt. Dies steht nicht im Einklang mit der medizinischen

519 *Peillot/Urbansky*, S. 55; *Salvage*, Rn. 61/62; *Larguier*, S. 22; *Desportes/Le Gunehec*, Rn. 436.

520 *Peillot/Urbansky*, S. 55; *Paulin*, Rn. 92; *Conte/du Chambon*, Rn. 311.

521 *Legros*, S. 27; *Dunet-Larousse*, in: Revue de droit sanitaire et social 1998, S. 265 (269); *Antonowicz*, Rn. 40; *Aureche*, S. 36.

522 *Aumonier/Beignier/Letellier*, S. 94; *Alt Maes*, in: Juris Classeur Périodique 2006 I, S. 483 (486); so auch *Jean-Claude Marin*, directeur des Affaires criminelles et des grâces au ministère de la Justice, in: Rapport N° 1708, *S.* 92; *Legros*, in: Recueil Dalloz 1998, S. 237 (238).

523 *Dunet-Larousse*, in: Revue de droit sanitaire et social 1998, S. 265 (278).

524 *Dunet-Larousse*, in: Revue de droit sanitaire et social 1998, S. 265 (278).

525 *Dunet-Larousse*, in: Revue de droit sanitaire et social 1998, S. 265 (278).

526 *Archer*, Rn. 74; *Aurenche*, S. 36.

Praxis, bei welcher 50 Prozent aller im Krankenhaus Verstorbenen durch Abbrechen lebenserhaltender Maßnahmen verstorben sind[527]. Einzig ein Urteil der *Cour de cassation* vom 19. Februar 1997 beschäftigte sich mit der Frage, wie ein Anästhesist zu bestrafen ist, der nach wiederholten Reanimationsversuchen seiner Patientin diese letztendlich abbrach, obwohl noch nicht sämtliche Hoffnungen nach Ansicht der Krankenschwestern verloren waren[528]. Aber auch hier wurde nicht lange diskutiert, ob nun ein Unterlassen oder ein aktives Tun vorliegt, sondern ein aktives Tun wurde als grundlegend vorausgesetzt. Ob diese Rechtsprechung richtungweisend sein kann, bleibt zweifelhaft. Da auch anders als im deutschen Strafrecht kaum nähere Ausführungen zu einer Abgrenzung zwischen Unterlassen und aktivem Tun existieren, kann eine dogmatisch fundierte Lösung an dieser Stelle auch gar nicht gefunden werden.

Zu folgen ist daher *Dunet-Larousse*, der sich zumindest etwas ausführlicher mit dem Thema auseinandergesetzt hat. Das Abbrechen von lebenserhaltenden Maßnahmen (*arrêt*) ist folglich ein aktives Tun. Eine Bestrafung wegen eines *assassinat* ist somit nicht ausgeschlossen. Der Verzicht auf eine lebenserhaltende Maßnahme (*abstention*) ist dagegen als Unterlassen zu bewerten, eine Bestrafung als *assassinat* damit ausgeschlossen. Bezogen auf die Patientengeschichten bedeutet dies, dass das Abbrechen der künstlichen Ernährung oder Beatmung des 80-jährigen Patienten (Fall C) sowie der Abbruch der Chemotherapie der 65-jährigen Patientin (Fall B) als *assassinat* bestraft werden könnte. Das Unterlassen einer operativen Entfernung der malignen Geschwulst der 40-jährigen Patientin (Fall A) kann dagegen nicht als *assassinat* bestraft werden. Hier kommt lediglich eine Bestrafung wegen einer unterlassenen Hilfeleistung in Betracht.

bb) préméditation

Eine weitere Voraussetzung, um als *assassinat* bestraft zu werden, ist, dass der Arzt vorsätzlich und zwar mit *préméditation* gehandelt hat. Dies dürfte regelmäßig anzunehmen sein, da der Arzt sehr wohl weiß, dass er durch den Abbruch der lebenserhaltenden Maßnahmen den Tod des Patienten verursacht. Wenn dies dann noch auf Bitten des Patienten geschieht, wird wohl auch eine Phase der Planung und Beratung vorausgegangen sein, wodurch dann auch *préméditation* anzunehmen ist. Der Tatbestand eines *assassinat* nach Artikel 221-3 Code pénal ist somit verwirklicht, wenn der Arzt auf Bitten seines Patienten die lebenserhaltenden Maßnahmen abbricht.

---

527 *Legros*, S. 30.

528 Cour de Cassation, in: Recueil Dalloz 1998, S. 236 (236).

c) Unterlassene Hilfeleistung

Sollte dagegen von Anfang an auf lebenserhaltende Maßnahmen verzichtet werden, kommt eine Bestrafung wegen unterlassener Hilfeleistung in Betracht. Es fällt jedoch auf, dass das französische Strafrecht mehrere Straftatbestände kennt, welche eine unterlassene Hilfeleistung in diesen Fällen sanktionieren könnten. So ist einerseits zwischen dem Tatbestand des Zurücklassens einer hilflosen Person (*délaissement d'une personne hors d'état de se protéger*) nach Artikel 223-3 ff. Code pénal[529] und andererseits der unterlassenen Hilfeleistung nach Artikel 223-6 al. 1 und 2 Code pénal[530] zu differenzieren. Das Zurücklassen einer hilflosen Person nach Artikel 223-3 ff. Code pénal ist nur durch ein positives Tun verwirklicht[531]. Eine Bestrafung kommt somit folglich nicht in Betracht, wenn der Arzt es von Anfang unterlassen hat, medizinische Maßnahmen vorzunehmen, da in diesem Fall ein Unterlassen und kein positives Tun anzunehmen ist. Doch auch für den Fall eines nachträglichen Behandlungsabbruches, bei welchem ein positives Tun angenommen wird, kann nicht von einem Zurücklassen einer hilflosen Person gesprochen werden, wenn der Arzt die weiteren vorgeschriebenen palliativen Medikamente verabreicht. Insgesamt kann dieser Tatbestand durch das Verhalten des Arztes nicht als verwirklicht angesehen werden.

Artikel 223-6 Code pénal sanktioniert nach Absatz 1 das Nichtverhindern eines Deliktes oder Verbrechens (*refus d'empêcher un délit contre l'intégrité corporelle ou un crime*), nach Absatz 2 dagegen das Unterlassen, Hilfe zu leisten (*non-assistance à personne en péril*). Sollte der Arzt von Anfang an auf eine Behandlung verzichten und die Patientin daraufhin versterben[532], handelt es sich dabei um einen Suizid, welcher kein Verbrechen und auch kein Delikt darstellt. Der Tatbestand des Artikels 223-6 al. 1 Code pénal kann also schon deswegen nicht in Betracht kommen. Allerdings könnte eine Strafbarkeit nach Artikel 223-

---

529 Artikel 223-3 Code pénal: „Le délaissement, en un lieu quelconque, d'une personne qui n'est pas en mesure de se protéger en raison de son âge ou de son état physique est puni de cinq ans d'emprisonnement et de 75000 € d'amende".

530 Artikel 223-6 al.1, 2 Code pénal: „Quiconque pouvant empêcher par son action immédiate, sans risque pour lui ou pour les tiers, soit un crime, soit un délit contre l'intégrité corporelle de la personne s'abstient volontairement de le faire est puni de cinq ans d'emprisonnement et de 75000 € d'amende. Sera puni des mêmes peines quiconque s'abstient volontairement de porter à une personne en péril l'assistance que, sans risque pour lui ou pour les tiers, il pouvait lui prêter soit par son action personnelle, soit en provoquant un secours".

531 *Conte*, Rn. 107; *Larguier/Conte/Larguier*, S. 56; Kommentar zu Artikel 223-3 Code pénal.

532 Es reicht für Artikel 223-6 Al. 1 Code pénal schon aus, dass sich der Gesundheitszustand „des Patienten" verschlechtert, da sowohl körperliche Verletzungen sowie der Todeseintritt erfasst werden.

6 al. 2 Code pénal vorliegen. Dafür wird vorausgesetzt, dass der Täter es unterlassen hat, einer gefährdeten Person zu helfen. Bezogen auf die erste Patientengeschichte (Fall A) bedeutet dies, dass sich die 40-jährige Patientin in Gefahr befunden haben muss. Daher ist der Begriff der Gefahr (*péril*) zu erörtern. Da dieser nicht gesetzlich definiert ist, ist es der Jurisprudenz und der Literatur überlassen worden, eine Definition zu finden[533]. Doch eine präzise Definition existiert trotzdem nicht, es wurden so aber die Voraussetzungen für das Vorliegen einer Gefahr gefunden. Verlangt wird, dass eine Gefahr für eine Person nur dann besteht, solange die Person noch am Leben ist, die Gefahr unmittelbar bevorsteht und wirklich auch bestanden hat[534]. Weiterhin ist es für das französische Recht irrelevant, ob die Gefahr von der bedrohten Person selbst ausgeht oder von äußeren Umständen beeinflusst wurde[535]. Sollte eine lebensgefährlich erkrankte Person alle Behandlungen zurückweisen, entsteht eine reale und bevorstehende Gefahr für ihr Leben. Ob diese Gefahr nun durch die Krankheit oder durch das Ablehnen aller medizinischen Behandlungen entsteht, ist dabei irrelevant, so dass eine Gefahr im Sinne des Artikels 223-6 Code pénal gegeben ist. Als weiteres Tatbestandsmerkmal muss hinzu kommen, dass der Arzt es unterlässt, Hilfe zu leisten, obwohl ihm dies möglich gewesen wäre. Die Möglichkeit zur Hilfeleistung ist gegeben, wenn von der Art der Hilfeleistung keine Risiken für den Arzt oder Dritte ausgehen[536]. Diese Voraussetzungen dürften vorliegen. Außerdem ist auch von einem vorsätzlichen Unterlassen des Arztes auszugehen. Dass die Behandlung eventuell nicht effizient gewesen wäre, hat nicht zur Folge, dass eine Hilfeleistung unterlassen werden darf[537], so dass grundsätzlich der Tatbestand erfüllt sein dürfte.

2. Begründung der Straflosigkeit

Obwohl tatbestandlich entweder ein *assassinat* oder eine unterlassene Hilfeleistung verwirklicht wurde, ist das Unterlassen und das Abbrechen von lebenserhaltenden Maßnahmen nicht strafbar. Wie wird die Straflosigkeit der Ärzte begründet? Es ist wieder zwischen einem Abbruch und einem Verzicht auf lebenserhaltende Maßnahmen zu differenzieren.

533 *Véron*, Rn. 155; *Gattegno*, Rn. 135.

534 *Gattegno*, Rn. 134; *Véron*, Rn. 155; *Aumonier/Beignier/Letellier*, S. 94.

535 *Larguier/Conte/Larguier*, S. 65; *Conte*, Rn. 143.

536 *Rassat*, Rn. 361; *Malabat*, Rn. 420; *Larguier/Conte/Larguier*, S. 66.

537 *Malabat*, Rn. 419; *Rassat*, Rn. 362.

a) Begründung der Straflosigkeit bei einem Abbruch lebenserhaltender Maßnahmen

Ebenso wie das deutsche Recht kennt das französische Recht Rechtfertigungsgründe, welche die Rechtswidrigkeit der Tatbestandsverwirklichung beseitigen. Zu diesen Rechtfertigungsgründen zählen gemäß Artikel 122-4 Code pénal sowohl die Verwirklichung des Tatbestandes aufgrund einer gesetzlichen Erlaubnis (*autorisation de la loi*) als auch das Handeln auf Befehl (*ordre de la loi*), dies gilt nicht, wenn dieses Handeln ausdrücklich illegal ist[538].

Artikel L 1111-4 al. 2 CSP und Artikel L 1111-10 CSP verlangen, dass der Arzt den Willen seines Patienten respektieren muss. Diese Bindung an den Patientenwillen gilt selbst dann, wenn der Patient lebenserhaltende Maßnahmen (*tout traitement*) abbricht. Danach ist es dem Arzt gesetzlich geboten, auf Wunsch des Patienten, die lebenserhaltenden Maßnahmen auch abzubrechen. Sollten die Voraussetzungen der Artikel L 1111-4 CSP und Artikel L 1111-10 CSP vorliegen, ist das Handeln des Arztes nach Artikel 122-4 Code pénal gerechtfertigt. Fraglich ist jedoch, ob es sich dabei um eine Rechtfertigung wegen einer gesetzlichen Ermächtigung (*autorisation*) oder wegen des Handelns auf Befehl (*ordre de la loi*) handelt. Überwiegend wird eine Rechtfertigung wegen einer gesetzlichen Ermächtigung angenommen[539], doch wird auch betont, dass abzuwarten ist, wie die Rechtsprechung darüber urteilen wird[540]. Letztendlich sind die Voraussetzungen so gut wie identisch: Es muss sich um ein Gesetz handeln (*dispositions legislatives ou réglementaires*), welches das Vorgehen des „Täters" vorschreibt oder erlaubt. Diese Differenzierung spielt keine große Rolle. Festzuhalten ist, dass das Abbrechen von lebenserhaltenden Maßnahmen nach Artikel 1221-4 Code pénal gerechtfertigt ist. Eine Bestrafung wegen eines *assassinat* ist folglich ausgeschlossen, natürlich nur, wenn der Arzt alle Bedingungen der Artikel L 1111-4 CSP und Artikel L 1111-10 CSP beachtet und erfüllt hat.

b) Begründung der Straflosigkeit bei einem anfänglichen Verzicht von lebenserhaltenden Maßnahmen

Hinsichtlich eines anfänglichen Verzichtes wird nicht ganz klar, ob der Wille, auf eine lebenserhaltende Maßnahme zu verzichten (*volonté de refuser ou d'interrompre*), schon den Tatbestand des Artikel 223-6 Code pénal beseitigt oder erst die Rechtswidrigkeit abgelehnt wird. So wird von manchen schon das

538 Artikel 122-4 Code pénal: „N'est pas pénalement responsable....un acte prescrit ou autorisé par des dispositions législatives ou réglementaires ...un acte commandé par l'autorité légitime, sauf si cet acte est manifestement illégal ...".

539 *Legros*, S. 101; *Alt Maes*, in: Juris Classeur Périodique 2006 I, S. 483 (486).

540 *Alt Maes*, in: Juris Classeur Périodique 2006 I, S. 483 (486).

Tatbestandsmerkmal der Gefahr abgelehnt, sobald der Patient seine Einwilligung in die Durchführung der lebenserhaltenden Maßnahmen verweigert[541]. Andere Autoren sprechen in solchen Fällen von *justification*[542], was bedeutet, dass ein Rechtfertigungsgrund des Arztes nach Artikel 122-4 Code pénal vorliegt. Die Rechtsprechung äußert sich hierzu leider nicht, obwohl sie dazu Gelegenheit gehabt hätte[543]. Dort heißt es lediglich, dass das Delikt der unterlassenen Hilfeleistung nicht verwirklicht ist, wenn das Opfer die Hilfeleistung aggressiv und stur ablehnt[544].

Doch erscheint es nicht konsequent, wenn es einerseits irrelevant sein soll, von wem die Gefahr für die Person ausgeht, andererseits eine Gefahr dann nicht vorliegen soll, sobald das Opfer diese bewusst in Kauf nimmt, so dass eine Gefahr dennoch anzunehmen ist. Der Einwilligungsverweigerung kommt demnach keine tatbestandsausschließende Wirkung zu, sondern es kommt eine Rechtfertigung nach Artikel 122-4 Code pénal in Betracht.

3. Zusammenfassung

Der Arzt, welcher eine lebenserhaltende Maßnahme abbricht (künstliche Ernährung/Beatmung/Chemotherapie), woraufhin der Patient verstirbt, ist nicht wegen eines *assassinat* zu bestrafen, wenn die Voraussetzungen der Artikel L 1111-4 ff. CSP beachtet werden. Ebenso entfällt eine Bestrafung wegen unterlassener Hilfeleistung, wenn der Arzt von Anfang an auf lebenserhaltende Maßnahmen verzichtet (Unterlassen des operativen Entfernens des Brustkrebses), sollte der Arzt die Voraussetzungen der Artikel L 1111-4 ff. CSP beachtet haben. Sind die Voraussetzungen der Artikel L 1111-4 ff. CSP erfüllt, handelt es sich um einen dem deutschen Recht fremden Rechtfertigungsgrund der *autorisation de la loi* nach Artikel 122-4 Code pénal.

III. Konsequenzen des nicht beachteten Patientenwillens

Fraglich ist allerdings, welche Konsequenzen es für den Arzt hat, wenn er entgegen dem Patientenwillen handelt und dieser durch die Behandlung am Leben erhalten wird. In Betracht kommen könnte sowohl ein Anspruch auf Schadens-

541 *Larguier/Conte/Larguier*, S. 65.

542 *Rassat*, Rn. 360; *Archer*, Rn. 171; *Véron*, Rn. 160.

543 Cour de Cassation, in: Bulletin des arrêts de la chambre criminelle de la Cour de cassation 1973 n° 2, S. 4 (5): Eine Bestrafung des Arztes wegen Unterlassener Hilfeleistung wurde grundsätzlich abgelehnt, sobald der Patient das Unterlassen aller medizinischen Maßnahmen gefordert hat. Allerdings wird nicht deutlich, wie die Straflosigkeit dogmatisch begründet wird.

544 Cour de Cassation, in: Bulletin des arrêts de la chambre criminelle de la Cour de cassation 1973 n° 2, S. 4 (5).

ersatz als auch eine Bestrafung gemäß dem Code pénal. Ebenso könnte ein Disziplinarverfahren nach den Artikeln R 4127-1 al. 3 CSP eingeleitet werden. Zu unterscheiden ist wieder zwischen einem Patienten, der zur Willensäußerung fähig ist, und denen, die dazu nicht mehr in der Lage sind.

1. Zur Willensäußerung fähige Patienten

Drohen dem Arzt rechtliche Konsequenzen, wenn er den Willen der beiden Patientinnen ignoriert und diese dennoch mit den lebenserhaltenden Maßnahmen behandelt, wenn zum Beispiel eine Chemotherapie trotz entgegenstehenden Willens verschrieben oder verabreicht wird?

a) Anspruch auf Schadensersatz nach dem Code civil

So könnte den Patientinnen ein Schadensersatzanspruch zustehen, wenn der Arzt lebensnotwendige medizinische Maßnahmen vornimmt, obwohl diese zuvor abgelehnt wurden. Das französische Recht differenziert ebenfalls zwischen vertraglichen und außervertraglichen Schadensersatzansprüchen (*responsabilité contractuelle/délictuelle*). Doch an dieser Stelle ist das in Frankreich herrschende *non-cumul Prinzip* zu erwähnen[545]. Dieses besagt, dass, sobald vertragliche Beziehungen zwischen den Parteien existieren, der Weg über das Deliktsrecht grundsätzlich versperrt ist sowie eine Verbindung der beiden Ansprüche nicht erlaubt ist[546]. Liegt ein Vertrag vor, muss also das vertragliche Schadensersatzrecht angewendet werden, deliktische Schadensersatzansprüche können dagegen nicht herangezogen werden, auch nicht subsidiär, falls der vertragliche Schadensersatzanspruch erfolglos sein sollte[547]. Es ist daher im französischen Recht äußerst wichtig, ob vertragliche Beziehungen zwischen den Parteien bestehen und folglich alle Sekundäransprüche nur über das dafür vorgesehene Vertragsrecht abgewickelt werden können. Zu prüfen ist demnach, ob zwischen dem Arzt und dem Patienten ein Vertrag besteht. Seit dem bekannten Urteil der *Cour de Cassation* im Fall *Mercier* aus dem Jahre 1936 ist anerkannt, dass ein Vertrag zwischen dem Patienten und dem Arzt geschlossen wird[548]. Werden nun Schadensersatzansprüche geltend gemacht, findet somit ausschließlich das Vertrags-

---

545 Cour de Cassation, in: Capitant/Terré/Lequette, N° 177, S. 184 (186).

546 Cour de Cassation, in : Capitant/Terré/Lequette, N° 177, S. 184 (185 ff); *Le Tourneau*, Rn. 1019; *Brun*, Rn. 88.

547 *Flour/Auber/Savoux*, Rn. 187; *Delebecque/Pansier*, Rn. 53, 54; *Le Tourneau*, Rn. 1019: "Le créancier d'une obligation contractuelle ne peut se prévaloir contre le débiteur de cette obligation, quand bien même il y aurait intérêt des règles de la responsabilité délictuelle".

548 Cour de Cassation, in: Capitant/Terré/Lequette, N° 161-162, S. 116 (117); *Penneau*, S. 8; *Castelletta*, Rn. 34.31.

recht Anwendung. Liegt ein Vertrag dagegen nicht vor, weil dieser nicht zustande gekommen ist oder der Patient geschäftsunfähig oder einwilligungsunfähig war, findet dagegen das Deliktrecht Anwendung[549].

aa) Vertraglicher Schadensersatzanspruch

Schon die Suche nach einer Anspruchsgrundlage erweist sich als schwierig. Einschlägig könnte Artikel 1137 Code civil[550] oder Artikel 1147 Code civil[551] sein. Da diese Artikel jedoch unterschiedliche Regelungen hinsichtlich der Beweislastverteilung beinhalten[552], muss die richtige Anspruchsgrundlage gefunden werden. Dazu wird die Unterscheidung zwischen *obligations de moyens* (Verhaltenspflichten) und *obligations de résultat* (Erfolgspflichten) herangezogen. Handelt es sich um einen *contrat de résultat*, ist Artikel 1147 Code civil anwendbar[553]. Liegt dagegen ein *contrat des moyens* vor, ist Artikel 1137 Code civil einschlägig[554]. Wie schon erwähnt, steht seit dem Urteil der *Cour de cassation* „Mercier“ von 1936 fest, dass ein Vertrag zwischen Arzt und Patient zustande kommt und dass aus diesem lediglich *obligations des moyens*, also Verhaltenspflichten entstehen[555]. Anspruchsgrundlage ist folglich Artikel 1137 Code civil. Weitere Voraussetzungen für einen Schadensersatzanspruch, sowohl vertragliche als auch außervertragliche, sind das Vorliegen einer *faute*, eines Schadens und der Kausalität[556]. Zu suchen ist die *faute*, wenn der Arzt einen Patienten behandelt, obwohl dieser die Behandlung abgelehnt hat. An dieser Stelle ist kurz anzumerken, dass es sich lediglich um die Verweigerung handelt, eine bestimmte medizinische Behandlung vorzunehmen, nicht aber um die generelle Zustimmung, einen Vertrag mit dem Arzt abzuschließen.

---

549 *Penneau*, S. 13; *Moreau/Truchet*, S. 227; *Welsch*, S. 165.

550 Artikel 1137 Code civil: ”L’obligation de veiller à la conservation de la chose, soit que la convention n’ai pour objet que l’utilité de l’une des parties, soit qu’elle ait pour objet leur utilité commune, soumet celui qui en est chargé à y apporter tous les soins d’un bon père de famille”.

551 Artikel 1147 Code civil: „Le débiteur est condamné, s’il y a lieu, au paiement de dommages et intérêts, soit à raison de l’inexécution de l’obligation, soit à raison du retard dans l’exécution, toutes les fois qu’il ne justifie pas que l’inexécution provient d’une cause étrangère qui ne peut lui être imputée, encore qu’il n’y ait aucune mauvaise foi à sa part”.

552 *Le Tourneau*, in: Responsabilité civile professionnelle, S. 24 ff; *Larroumet*, Rn. 609.

553 *Sonnenberger/Autexier*, S. 131; *Malaurie/Aynès/Stoffel-Munck*, Rn. 946; *Jourdain*, S. 49.

554 *Jourdain*, S. 49; *Sonnenberger/Autexier*, S. 131; *Malaurie/Aynès/Stoffel-Munck*, Rn. 941.

555 Cour de cassation, in: Capitant/Terré/Lequette, N° 161-162, S. 119 ff.

556 *Renault-Brahinsky*, S. 127, 128; *Flour/Aubert/Savaux*, Rn. 96.

Die *faute* könnte entweder der medizinische Eingriff an sich oder aber der Eingriff ohne fehlende Einwilligung des Patienten sein. Eine Haftung des Arztes kann durch technische Fehler (*faute technique*)[557] oder durch Verletzungen der menschlichen Pflichten (*manquement au devoir d'humanisme*) ausgelöst werden[558]. Mit Letzterem werden das Fehlen der Aufklärung sowie das Fehlen der Einwilligung des Patienten erfasst[559]. Nimmt der Arzt einen Eingriff vor, obwohl der Patient diesem nicht zugestimmt hat, begeht der Arzt folglich eine *faute*. Es stellt sich zumindest die Frage, ob eine *faute* auch dann vorliegt, wenn der Arzt das Leben des Patienten gerettet oder zumindest kurzzeitig verlängert hat. Artikel 16-3 Code civil und Artikel L 1111-4 al. 2 CSP geben dem Patienten zum einen das Recht, jegliche medizinische Eingriffe zu unterlassen oder abzubrechen, und zum anderen werden alle Eingriffe untersagt, die nicht von dem Patienten genehmigt sind. Konsequenterweise muss eine *faute* dann auch vorliegen, wenn der Arzt trotz des entgegenstehenden Willens des Patienten diesen am Leben erhalten hat. Abgesehen von einem Urteil des *Conseil d'État*[560] befasst sich die französische Literatur auffallend wenig mit dieser Art der *faute*. Deswegen wird auch nicht deutlich, ob der Schaden nun darin zu erblicken ist, dass ein Eingriff in die körperliche Integrität des Patienten stattgefunden hat (Körperverletzung) oder wegen der Verletzung des Selbstbestimmungsrechtes des Patienten. Letztendlich scheint diese Differenzierung auch nicht weiter relevant zu sein. Artikel 16-3 Code civil sowie Artikel L 1111-4 al. 3 CSP zeigen, dass ein medizinischer Eingriff in die körperliche Integrität nur mit der Einwilligung des einwilligungsfähigen Patienten gestattet ist.

bb) Zusammenfassung

Ein Schadensersatzanspruch gemäß Artikel 1137 Code civil liegt vor, wenn der Arzt seine Patienten ohne deren nach Artikel 16-3 Code civil und Artikel L 1111-4 CSP vorausgesetzte Einwilligung behandelt. Bezogen auf den Abbruch oder den Verzicht von lebenserhaltenden Maßnahmen bedeutet dies, dass die Patienten ebenfalls einen Anspruch auf Schadensersatz geltend machen können.

b) Strafrechtliche Verantwortung

In Deutschland ist der ohne Einwilligung handelnde Arzt auch strafrechtlich wegen einer Körperverletzung gemäß § 223 StGB zu belangen. Wie sieht die

---

557 *Penneau*, S. 17; *Castelletta*, Rn. 35.00 ff.

558 *Penneau*, S.17; *Dorsner-Dolivet*, Rn. 16.

559 *Penneau*, S.17; *Dorsner-Dolivet*, Rn. 16.

560 Cour Administrative d'appel de Paris, in: Recueil Dalloz jurisprudence, 1999 I, S. 277 ff.

Rechtslage in Frankreich aus? In Betracht kommen könnte ebenfalls eine Körperverletzung nach den Artikeln 222-7 ff. Code pénal. Der Begriff der Körperverletzung (*violences*) ist sehr weit gefasst. Darunter fallen Schläge, Stiche (*coups*) sowie alle weiteren Akte, die eine Verletzung (*blessure*) hervorrufen[561]. Zusätzlich zum deutschen Recht werden auch seelische Verletzungen und der Telefonterror vom Tatbestand der *violence* erfasst[562]. So erscheint es nicht merkwürdig, dass in Frankreich der medizinische Eingriff ohne weitere Diskussionen eine *violence* darstellt[563].

aa) Einwilligung als Rechtfertigungsgrund

Es stellt sich die Frage, ob der ohne Einwilligung (*consentement*) handelnde Arzt, obwohl er seinen Patienten das Leben rettet oder zumindest verlängert, wegen einer *violence* bestraft werden kann. In Deutschland ist die Einwilligung des Patienten der Grund für die Straffreiheit des handelnden Arztes; liegt diese nicht vor, begeht der Arzt eine strafbare Körperverletzung. Welche Wirkung hat die Einwilligung in Frankreich? Die Einwilligung wird vom Code pénal explizit nicht als Rechtfertigungsgrund aufgeführt und wird generell auch nicht als Rechtfertigungsgrund angesehen[564]. Dass die Einwilligung keinen Rechtfertigungsgrund darstellt, beruht auf einem Urteil aus dem Jahre 1837. Der Gerichtshof stellte in diesem Urteil fest, dass Personen, die freiwillig an einem Duell teilnehmen, sehr wohl wegen Mordes oder Körperverletzung bestraft werden können[565]. Hintergrund dieser Entscheidung ist, dass nicht das Opfer für die strafrechtliche Verfolgung zuständig ist, sondern die Gesellschaft bzw., damit verbunden, der Staat[566]. Eine Ausnahme von dieser Rechtsprechung ist nur dann zulässig, wenn die fehlende Einwilligung des Opfers notwendiges Tatbestandsmerkmal und das Rechtsgut somit disponibel ist[567]. Das ist zum Beispiel bei einem Diebstahl gemäß Artikel 311-1 Code pénal[568] der Fall[569]. Die Wegnahme muss, ebenso wie im deutschen Recht, gegen den Willen des Opfers vorgenom-

561 *Larguier/Conte/Larguier*, S. 31; *Conte*, Rn. 156; *Véron*, Rn. 51.

562 *Conte*, Rn. 157/160; *Larguier/Conte/Larguier*, S. 31; *Gattegno*, Rn. 57.

563 *Mascala*, Juris Classeur Périodique 2003 I, S. 8 (Rn. 29); *Dorsner-Dolivet*, Rn. 260.

564 *Bouloc*, Rn. 409; *Larguier*, S. 59; *Mascala*, in: Juris Classeur Périodique 2003 I, S. 8 (Rn. 29); *Dorsner-Dolivet*, S. 279 (Rn. 270); *Dunet-Larousse*, in: Revue de droit sanitaire et social 1998, S. 265 (271); *Conte/du Chambon*, Rn. 277.

565 *Bouloc*, Rn. 410, Fn. 2.

566 *Del Vogo/Gelli*, in: Caverni/Gori, S. 37 (37); *Leroy*, Rn. 262; *Bouloc*, Rn. 409; *Levasseur/Chavanne/Montreuil/Bouloc*, Rn. 233.

567 *Leroy*, Rn. 262; *Del Volgo/Gelli*, in: *Caverni/Gori*, S. 37 (44); *Desportes/Le Gunehec* Rn. 716.

568 Artikel 311-1 Code pénal: „Le vol est la soustraction frauduleuse de la chose d'autrui".

569 *Conte/du Chambon*, Rn. 278; *Mascala*, in: Juris Classeur Periodique 2003 I, S. 8 (Rn. 25).

men werden, ansonsten ist ein Diebstahl ausgeschlossen[570]. Anzumerken ist, dass es sich hier auch nicht um eine rechtswidrigkeitsbeseitigende Einwilligung von Seiten des Opfers handelt, sondern bereits der Tatbestand als nicht verwirklicht angesehen wird. Bezüglich der Körperverletzung existieren im französischen Recht weder eine tatbestandsbeseitigende noch eine rechtswidrigkeitsbeseitigende Einwilligung[571]. Im Ergebnis ist festzuhalten, dass die Einwilligung des Opfers für das Strafrecht nicht ausschlaggebend ist. Für das strafrechtliche Medizinrecht bedeutet dies, dass die Einwilligung oder eben auch die fehlende Einwilligung des Patienten irrelevant ist.

bb) Rechtswidrigkeit des handelnden Arztes

Wenn die Einwilligung aus strafrechtlicher Sicht keine Rolle spielt, kann die fehlende Einwilligung des Patienten wohl kaum ausschlaggebend für die strafrechtliche Verfolgung des Arztes sein. Doch wie wird das Handeln des Arztes gerechtfertigt?

Medizinische Eingriffe sind, trotz entgegenstehenden Willens des Patienten, in Frankreich nach Artikel 122-4 Code pénal gerechtfertigt. Gemäß Artikel 122-4 Code pénal ist die Tatbestandsverwirklichung gerechtfertigt, wenn diese entweder vorgeschrieben oder gesetzlich erlaubt ist (*autorisation de la loi*)[572]. Nach Artikel 16-3 Code Civil darf in die körperliche Integrität nur eingegriffen werden, wenn es aus medizinischer Sicht notwendig ist. Ausnahmsweise ist ein solcher Eingriff auch dann legitim, wenn dieser im therapeutischen Interesse eines anderen steht. Sobald ein medizinischer Eingriff notwendig ist, handelt der Arzt folglich nicht rechtswidrig, außer er behandelt seinen Patienten nicht kunstgerecht[573]. Daraus ist zu folgern, dass ein Arzt, welcher lebenserhaltende Maßnahmen gegen den Willen des Patienten durchführt, nicht wegen einer Körperverletzung (*violence*) nach Artikel 222-7 ff. Code pénal bestraft werden kann. Mögliche weitere strafrechtliche Verletzungen wegen der Missachtung des Willens des Patienten sind nicht ersichtlich. Bezogen auf die Patientengeschichten heißt dies, dass beide „Zwangsbehandlungen“ an der 40- und 65-jährigen Patientin keine strafrechtlichen Konsequenzen zur Folge haben.

---

570 Kommentar zu Artikel 311-1 code pénal, Rn. 1; *Desportes/Le Gunehec*, Rn. 716; *Conte*, Rn. 523.

571 *Conte*, Rn. 164; *Rassat*, Rn. 279; *Larguier/Conte/Larguier*, S. 35.

572 Artikel 122-4 Code pénal: „N'est pas pénalement responsable la personne qui accomplit un acte prescrit ou autorisé par des disposition législatives ou réglementaires ...".

573 *Bolouc*, Rn. 414; *Mascalat*, in: Juris Classeur Périodique 2003 I, S. 8 (30), Rn. 32.

c) Disziplinarische Konsequenzen

Des Weiteren könnten disziplinarische Sanktionen gegen den Arzt angeordnet werden, wenn dieser den Willen der Patientinnen nicht beachtet. Disziplinarische Konsequenzen ergeben sich gemäß Artikel R 4127-1 al. 3 CSP[574], wenn der Arzt gegen standesrechtliche Regeln verstoßen hat. Artikel R 4127-36 CSP[575] zeigt eindeutig, dass vor einem medizinischen Eingriff eine Einwilligung in diese vorliegen muss.

Untersucht wird im Folgenden, wie das disziplinarische Verfahren aufgebaut ist und welche Sanktionen existieren[576]. Unterschieden wird dabei zum einen zwischen Beschwerden gegen Ärzte im öffentlichen Sektor und zum anderen gegen Ärzte in privaten Einrichtungen.

Beschwerden gegen Ärzte im öffentlichen Sektor können gemäß Artikel R 4124-2 CSP nur vom Gesundheitsminister, dem Repräsentanten des Départements und dem Staatsanwalt erhoben werden. Beschwerden können sowohl vor dem *Conseil départemental* als auch vor der Disziplinarkammer erster Instanz erhoben werden. Der *Conseil départemental* hat keine Kompetenz, disziplinarische Sanktionen zu verhängen, sondern übernimmt gemäß Artikel L 4123-2 CSP die Funktion eines Vermittlers und soll eine Einigung zwischen den Parteien erzielen. Sollte eine solche nicht erreicht werden, muss die Beschwerde an die disziplinarische Kammer erster Instanz weiter gereicht werden[577].

Beschwerden gegen Ärzte im privaten Dienst sind dagegen zusätzlich auch von Patienten und Hinterbliebenen vor dem *Conseil départemental* möglich[578]. Hier wird zunächst versucht, eine Einigung zu finden. Sollte dies nicht gelingen, ist die Beschwerde ebenfalls an die Disziplinarkammer erster Instanz weiter zu leiten. Eine direkte Beschwerde vor der disziplinarischen Kammer erster Instanz von Seiten des Patienten oder der Hinterbliebenen ist dagegen nicht zulässig[579]. Direkte Beschwerden sind nur zulässig, wenn sie von dem *Conseil national*,

574 Artikel R 4127-1 al. 3 CSP: „Les infractions à ces dispositions relèvent de la juridiction disciplinaire de l'ordre".

575 Artikel R 4127-36 CSP: „Le consentement de la personne examinée ou soignée doit être recherché dans tous les cas. Lorsque le malade, en état d'exprimer sa volonté, refuse les investigations ou le traitement proposé, le médecin doit respecter ce refus après avoir informé le malade de ses conséquences. Si le malade est hors d'état d'exprimer sa volonté, le médecin ne peut intervenir sans que ses proches aient été prévenus et informés, sauf urgence ou impossibilité. Les obligations du médecin à l'égard du patient lorsque celui-ci est un mineur ou un majeur protégé sont définies à l'article R 4127-42".

576 Ausführliche Darstellungen in: *Moreau/Truchet*, S. 53 ff; *Dorsner-Dolivet*, S. 394 ff; *Welsch*, S. 21 ff.

577 *Moreau/Truchet*, S. 60; *Welsch*, S. 21; *Castelletta*, Rn. 92.28.

578 *Welsch*, S. 22, Rn. 34.

579 *Laude/Mathieu/Tabuteau*, Rn. 430; *Welsch*, S. 22, Rn. 33; *Penneau*, S. 123.

Conseil départemental, dem Gesundheitsminister, dem Staatsanwalt, dem Präfekten oder von Ärzten eingereicht werden.

Die Disziplinarkammer erster Instanz prüft, ob der Arzt gegen Regeln des CSP verstoßen hat. Behandelt der Arzt seinen Patienten trotz seines entgegenstehenden Willens, verstößt er eindeutig gegen Artikel R 4127-36 CSP, so dass disziplinarische Sanktionen verhängt werden können[580].

Auffallend ist jedoch hier die inkonsequente Rechtsprechung des *Conseil d'État*. Wie kommt ein disziplinarisches Verfahren vor den *Conseil d'État*? Gemäß Artikel L 4122-3 CSP kann gegen Entscheidungen der Disziplinarkammer erster Instanz Berufung (*appel*) vor der nationalen Disziplinarkammer eingelegt werden. Entscheidungen dieser Kammer können wiederum nach Artikel L 4122-3 V CSP von dem *Conseil d'État* kontrolliert (*susceptible de recours*) werden. Erwähnenswert sind zwei sehr verschiedene Entscheidungen des *Conseil d'État*[581]. Im Jahre 1981 wurde festgestellt, dass ein Arzt keine standesrechtlichen Regeln[582] verletze, wenn dieser auf Wunsch seiner Patientin von der lebensnotwendigen Chemotherapie Abstand nimmt und lediglich eine palliative Behandlung vornimmt[583]. Daraus ist zu folgern, dass auch aus Sicht des *Conseil d'État* der Wille des Patienten zu beachten ist und eben bei dessen Nichtbeachtung disziplinarische Sanktionen drohen. Doch 1994 entschied der *Conseil d'État* in einem ähnlichen Fall, dass ein Arzt eine *faute déontologique* begehe, sollte dieser nur palliativ-medizinische Maßnahmen anordnen, obwohl eine Chemotherapie notwendig wäre und seine Patientin diese entschieden ablehnt[584]. Nach dieser Rechtsprechung ist der Wille des Patienten als zweitrangig zu beachten, wenn sich die Ablehnung auf die Vornahme von lebensnotwendigen Behandlungen bezieht. Das ist mit dem Selbstbestimmungsrecht des Patienten jedoch unvereinbar, welches auch schon damals in Artikel 7 des Code de déontologique médicale verankert war[585]. Eine solche Rechtsprechung erscheint aus heutiger Sicht – aufgrund der ständigen Stärkung der Patientenrechte in Frankreich – an sich nicht mehr möglich.

Nach Artikel L 4124-6 CSP können verschiedene Sanktionen gegen den Arzt verhängt werden, wie eine Verwarnung, eine Rüge oder die Entziehung der

---

580 *Welsch*, S. 102, Rn. 171.

581 *Conseil d'État*, 6. März 1981, in: Revue de droit sanitaire et social 1981, S. 413 ff; *Conseil d'État*, 29. Juli 1994, in: Revue de droit sanitaire et social 1995, S. 57 ff;

582 Die Regeln des Code de déontologie médicale sind heute Bestandteil des CSP. In diesem Fall ging es um eine Verletzung des damaligen Artikel 4 Code de déontologie médicale von 1979: „*Tout médecin qui se trouve en présence d'un malade ou d'un blessé en péril, ou informé qu'un malade ou un blessé est en péril, doit lui porter assistance ou s'assurer qu'il reçoit les soins nécessaires*".

583 *Conseil d'État*, 6 mars 1981, in: Revue de droit sanitaire et social 1981, S. 413 ff.

584 *Conseil d'État*, 29 juillet 1994, in: Revue de droit sanitaire et social 1995, S. 57 (58).

585 So auch: *Dubouis* und *Verspieren*, in: Revue de droit sanitaire et social 1995, S. 57 (61).

Arbeitserlaubnis. Wichtig ist, dass lediglich diese gesetzlich vorgegebenen Sanktionen angeordnet werden können. Geldentschädigungen sind dagegen nicht möglich[586]. Insgesamt ist festzustellen, dass bei Nichtbeachtung des Patientenwillens eine disziplinarische Sanktion gegen den Arzt verhängt werden kann. Dies muss auch gelten, wenn es sich um lebensnotwendige Maßnahmen handelt, die auf Wunsch des Patienten unterlassen oder abgebrochen werden.

2. Patienten, die zur Willensäußerung nicht mehr in der Lage sind

Drohen dem Arzt rechtliche Konsequenzen, wenn er lebenserhaltende Maßnahmen vornimmt, obwohl diese dem Patientenwillen widersprechen, selbst wenn der Patient sich nicht mehr zu seinen Therapiewünschen äußern kann? Vorzustellen ist folgende Situation: Der 80-jährige komatöse Patient hat in einer vorherigen Patientenverfügung seinen Willen niedergelegt, dass er jegliche lebenserhaltenden Maßnahmen ablehne, oder er hat dies der Vertrauensperson gegenüber deutlich zum Ausdruck gebracht (Fall C).
Es könnten ebenfalls Schadensersatzansprüche, strafrechtliche und disziplinarische Sanktionen in Betracht kommen.

a) Schadensersatzanspruch nach dem Code civil

Sollte der Patient nicht mehr in der Lage sein, sich zu äußern, kann konsequenterweise auch kein Vertrag mehr zwischen dem Arzt und dem Patienten zustande kommen. Ein vertraglicher Schadensersatzanspruch nach Artikel 1137 Code civil scheidet folglich aus. Nach Artikel 1382 Code civil könnte ein deliktischer Schadensersatzanspruch einschlägig sein[587]. Wie sich schon aus dem Wortlaut ergibt, ist auch hierfür eine *faute* des Arztes notwendig. Nach Artikel 1382 Code civil liegt eine solche vor, wenn der Patient nicht in die Operation eingewilligt hat[588]. Zu beachten ist aber, dass der Patient aufgrund seines Gesundheitszustandes gar nicht mehr in eine therapeutische Maßnahme einwilligen kann. Die fehlende Einwilligung dann als *faute* anzusehen, ergibt somit einen Zirkelschluss. So gestattet Artikel 16-3 Code civil, dass Eingriffe in die körperliche Integrität auch ohne vorherige Einwilligung zulässig sind, wenn diese notwendig sind und der Patient aufgrund dieses Notfalles außerstande ist, eine Einwilligung zu erteilen. Eine *faute* des Arztes liegt dann nicht vor, wenn der Zustand des einwilligungsunfähigen Patienten dringend einer medizinischen Behandlung bedarf. Für die Aufnahme von lebenserhaltenden Maßnahmen bedeu-

586 *Welsch*, S. 22, Rn. 38.
587 Artikel 1382 Code civil: „Tout fait quelconque de l'homme, qui cause à autrui un dommage, oblige celui par la faute duquel il est arrivé, à le réparer".
588 Kommentar zu Artikel 1382 Code civil, Rn. 75; *Penneau*, S. 16/20.

tet dies, dass ein deliktischer Schadensersatzanspruch an sich ausgeschlossen sein müsste. Wenn der Patient nicht mehr fähig ist, seinen Willen auszudrücken, die Behandlung aber dringend notwendig ist, darf der Arzt diese vornehmen. Sollte der Patient mit dem lebenserhaltenden Eingriff nicht einverstanden sein, steht ihm kein Schadensersatzanspruch zu.

b) Strafrechtliche Konsequenzen

Strafrechtliche Konsequenzen ergeben sich für den Arzt nicht, da eine Einwilligung keinerlei Bedeutung für das französische Strafrecht aufweist. Ob eine Einwilligung für lebenserhaltende Eingriffe vorliegt oder nicht, ist folglich für eine strafrechtliche Verfolgung irrelevant.

c) Disziplinarische Konsequenzen

Gemäß Artikel R 4127-36 CSP[589] dürfen bei einwilligungsunfähigen Patienten medizinische Eingriffe nur dann vorgenommen werden, wenn zuvor die Vertrauensperson, die Familie oder nahestehende Personen benachrichtigt und informiert worden sind. Davon kann nur im Fall des Notfalles oder der Unmöglichkeit (*urgence/impossibilité*) abgewichen werden. Sollten diese Bestimmungen nicht beachtet worden sein, drohen gemäß Artikel R 4127-36 CSP in Verbindung mit Artikel R 4127-1 CSP auch disziplinarische Sanktionen.

3. Minderjährige und betreute Patienten

Da es weder auf den Willen des minderjährigen oder betreuten Patienten noch auf den Willen des gesetzlichen Vertreters ankommt, können keine juristischen Konsequenzen für den Arzt entstehen, welcher die lebenserhaltenden Maßnahmen vornimmt.

4. Zusammenfassung

Werden lebenserhaltende Maßnahmen bei den zur Willensäußerung fähigen 40- und 65-jährigen Patientinnen vorgenommen (Fälle A und B), obwohl dies ihrem Willen widerspricht, drohen dem Arzt zivilrechtliche und disziplinarische Konsequenzen. Eine strafrechtliche Verfolgung ist ausgeschlossen. Nimmt der Arzt lebenserhaltende Maßnahmen bei dem zur Willensäußerung unfähigen komatösen 80-jährigen Patienten vor (Fall C), kommen dagegen disziplinarische Sank-

589 Artikel R 4127-36 CSP: „Si le malade est hors d'état d'exprimer sa volonté, le medécin ne peut intervenir sans que ses proches aient été prévenus et informés, sauf urgence ou impossibilité".

tionen in Betracht, wenn der Arzt es unterlassen hat, die Vertrauensperson, die Familie oder weitere nahe stehende Personen zu informieren, falls dies möglich gewesen wäre. Der früher geäußerte Wille des Patienten, auch durch eine Patientenverfügung manifestiert, führt nicht zu einer rechtlichen Bindung des Arztes an diesen Willen. Ob eine lebenserhaltende Maßnahme aufgenommen oder weitergeführt wird, obliegt allein dem behandelnden Arzt. Gleiches gilt auch für minderjährige oder betreute Patienten. Allerdings könnten juristische Sanktionen entstehen, wenn der Arzt lebenserhaltende Maßnahmen vornimmt, welche unnütz beziehungsweise unverhältnismäßig sind oder nur der künstlichen Lebensverlängerung dienen (*obstination déraisonnable*). So könnten Schadensersatzansprüche sowie Disziplinarmaßnahmen in Betracht kommen.

B. Ausnahmen von der Bindung an den Patientenwillen bei willensäußerungsfähigen Personen

Im französischen Recht ist der Arzt grundsätzlich an den Patientenwillen eines zur Willensäußerung fähigen Patienten gebunden, auch wenn dieser den Abbruch oder den Verzicht lebenserhaltender Maßnahmen verlangt. Von Interesse ist, ob diese Bindung an den Patientenwillen uneingeschränkt gilt. Zum einen ist zu klären, ob der Patientenwille immer Beachtung finden muss, und zum anderen, wie weit dieser Wille gehen darf. Da der Arzt an den früher geäußerten Willen des nunmehr äußerungsunfähigen Patienten nicht gebunden ist, stellt sich die Frage insoweit nicht.

I. Ausnahme von der Bindung an den Patientenwillen

In den vorherigen Erörterungen wurde bereits angedeutet, dass die Rechtsprechung bei Notfällen (*urgence*) teilweise von einer rechtlichen Verfolgung (Schadensersatzansprüche oder disziplinarische Sanktionen) absieht. Doch auch der CSP gestattet das Durchführen lebenserhaltender Maßnahmen trotz entgegenstehenden Patientenwillens.

1. Rechtsprechung des *Conseil d'État*

Bezüglich der disziplinarischen Sanktionen wurde festgestellt, dass die Rechtsprechung abzulehnen ist, nach welcher eine *faute déontologique* vorliegt, wenn der Arzt den Willen des Patienten beachtet hatte[590]. Doch ist diese Rechtsprechung nicht singulär, wie das folgende Beispiel des *Conseil d'État* aus dem Jahr

590 Siehe S. 160.

2001 zeigt[591]. Anzumerken ist zu diesem Urteil, dass es sich in diesem Fall nicht um einen zivilrechtlichen Schadensersatzanspruch gegen das Krankenhaus handelte, sondern um einen administrativen[592]. Dabei ging es um eine lebensnotwendige Bluttransfusion, welche der Patient aufgrund seiner Religionszugehörigkeit zu den Zeugen Jehovas vehement ablehnte[593]. Trotz der eingeleiteten Transfusion verstarb der Patient. Seine Ehefrau versuchte, einen Schadensersatzanspruch in Höhe von 100.000 Francs geltend zu machen. Begründet wurde der Anspruch damit, dass ihr Ehemann wegen der von ihm unerwünschten Bluttransfusion einen moralischen Schaden erlitten habe. Die Richter des *Conseil d'État* lehnten diesen Anspruch ab, da sie der Auffassung waren, dass die eingeleitete Bluttransfusion ohne Einwilligung des Patienten eben keine *faute* darstellte[594]. Vorausgesetzt wurde jedoch, dass die Ärzte sich die Mühe gemacht haben, den Patienten zu einer Bluttransfusion zu bewegen, eine solche das einzige Mittel zur Lebenserhaltung gewesen ist und dies auch das Ziel der Ärzte darstellte[595]. Dieser Fall spielte sich jedoch vor der Stärkung der Patientenrechte durch das Gesetz vom 22. März 2002 ab. Doch der *Conseil d'État* bestätigte diese Rechtsprechung auch nach der gesetzlichen Änderung durch die „*loi Kouchner*" in einem ähnlichen Fall[596]. Es ist festzuhalten, dass der *Conseil d'État* die gesetzlichen Änderungen des CSP völlig ignorierte und demnach auch nicht davon auszugehen ist, dass zukünftig eine Wendung dieser Rechtsprechung eintritt.

Wenn diese Rechtsprechung auch nachvollziehbar ist, so ist dieses Ergebnis mit dem Sinn und Zweck des heutigen Artikels L 1111-4 CSP absolut unvereinbar und daher höchst erstaunlich. Auch in der französischen Literatur wird eine Ausdehnung dieser Rechtsprechung auf weitere Fälle strikt abgelehnt[597].

---

591 *Conseil d'État*, 26.Oktober 2001, in: Revue français de droit administratif 2002, S. 155/156.

592 An dieser Stelle kann nur sehr kurz auf die Unterscheidung der *responsabilité civile* und *responsabilité administrative* eingegangen werden: Ob das Opfer (Patient) einen zivilrechtlichen oder einen administrativen Schadensersatzanspruch geltend machen kann, hängt lediglich davon ab, ob es sich um ein privates oder ein öffentliches Krankenhaus handelt. Ist es ein öffentliches Krankenhaus, dann ist der Schadensersatzanspruch auf dem administrativen Wege geltend zu machen. Siehe: *Devers*, S. 19 ff.

593 *Chauvaux*, in: Revue française de droit administratif 2002, S. 146 (146).

594 *Chauvaux*, in: Revue française de droit administratif 2002, S. 146 (155); *Welsch*, Rn. 176.

595 Kommentar zu Artikel L 1111-4 CSP, Rn. 6; *Legros*, S. 94.

596 *Conseil d'État*, 16. August 2002, in: Recueil Dalloz, 2004, somm. Com. S.602: Es ging ebenfalls um die vorgenommene Bluttransfusion, obwohl die Patientin diese aufgrund religiöser Gründe entschieden ablehnte. Statt eine *faute* des Arztes festzustellen, bestätigte der *Conseil d'État* seine Ansicht aus dem Jahre 2001, trotz des eindeutig entgegenstehenden Wortlautes des zuvor eingefügten Artikel L 1111-4 CSP.

597 Kommentar zu Artikel L 1111-4 CSP, Rn. 6; *Welsch*, Rn. 177.

2. Ausnahmen nach Artikel L 1111-4 al. 2 CSP

Zu klären ist, ob weitere Ausnahmen von der Bindungswirkung an den Patientenwillen im CSP vorgesehen sind. Explizit nennt Artikel L 1111-4 al. 6 CSP eine Ausnahme: Sollte der Wille der Eltern oder des Betreuers darauf gerichtet sein, dass lebenserhaltende Maßnahmen abgebrochen oder nicht aufgenommen werden, können sich die Ärzte über diesen Willen hinwegsetzen. Dies gilt nur, wenn die Ablehnung der medizinischen Maßnahmen zu schweren Konsequenzen für den Patienten führen würde.

Darüber hinaus wird einheitlich eine weitere Ausnahme anerkannt, die an keiner Stelle des CSP genannt wird[598]. Artikel L 1111-4 al. 2 CSP verlangt, dass der Patient seinen Willen, lebenserhaltende Maßnahmen abzubrechen oder zu unterlassen, innerhalb einer bestimmten Frist bestätigt. Sollte während dieser Phase die Vergabe der lebenswichtigen Medikamente notwendig werden, dürfen diese nach einhelliger Meinung auch verabreicht werden[599]. Doch gilt dies wohl nur für den Patienten, bei welchem der Sterbeprozess noch nicht eingesetzt hat (*n'est pas en fin de vie*). Schließlich wird nach Artikel L 1111-10 CSP von einem Patienten, der sich am Lebensende befindet (*en fin de vie*), keine „Bedenkfrist" verlangt. Sollte sich der Krankheitszustand der 40-jährigen an Brustkrebs erkrankten Patientin während ihrer Entscheidungsphase für oder gegen eine Therapie plötzlich verschlechtern, dürfen lebensnotwendige Maßnahmen eingeleitet werden (Fall A).

3. Zusammenfassung

Zumindest die administrative Rechtsprechung nimmt weiterhin an, dass in bestimmten Situationen der Patientenwille nicht zu befolgen ist. Wann eine solche Situation vorliegt, ist reichlich unklar. Liegt es am Alter des Patienten, an der durchzuführenden Maßnahme oder an den Gründen, welche der Patient anführt, medizinische Maßnahmen abzulehnen? Auch nach dem CSP wird eine Aus-

---

598 *Brunet*, in: Bellivier/Noiville, S. 137 (149); *Leroyer/Rochfeld*, in: *Leroyer/Rochfeld*, in: Revue trimisttrelle de droit civil 2005, S. 645 (649); *Legros*, S. 100.

599 Rapport N° 1929, S. 26: „Cette procédure devrait permettre de répondre aux demandes de malades conscients, qui n'aspirent pas à être maintenus en vie par le seul biais de traitements de suppléance vitale ou qui se refusent à subir des traitements invasifs. En tout état de cause, cette obligation de réitérer le refus de tout traitement dans un délai raisonnable laissera aux médecins la possibilité de pratiquer un acte médical dans des situations d'urgence où un patient pourrait être sauvé par un acte thérapeutique approprié"; *Legros*, S. 100; *Alt Maes*, in: Juris Classeur Périodique 2006 I, S. 483 (486); *Leroyer/Rochfeld*, in: Revue trimistrelle de droit civil 2005, S. 645 (648); *Brunet*, in: *Bellivier/Noiville*, S. 137 (149).

nahme anerkannt, welche nicht explizit erwähnt wird, nämlich dass während der Bedenkfrist eine lebenserhaltende Maßnahme durchgeführt werden darf, wenn die Notwendigkeit hierzu besteht.

II. Wie weit darf der Wille des Patienten gehen?

Schließlich stellt sich die Frage, wie weit der Patientenwille gehen darf. Wie oben geprüft, dürfen lebenserhaltende Maßnahmen unter den genannten Voraussetzungen abgebrochen oder unterlassen werden[600]. Im fünften Fallbeispiel (Fall E) verlangt die unheilbar erkrankte 52-jährige Patientin die Vergabe einer sicher tödlich wirkenden Menge Morphium oder lediglich das Rezept für ein tödlich wirkendes Medikament, um dieses dann selbst einnehmen zu können. Wie sieht die Rechtslage in Frankreich aus? Finden die Wünsche der 52-jährigen Patientin Beachtung?

1. Vergabe einer tödlichen Dosis (*l'injection d'une substance mortelle*) auf Verlangen des Patienten

Ist das Verabreichen eines tödlich wirkenden Medikamentes erlaubt, wenn der Patient dies verlangt? Sollte der Arzt diesem Verlangen nachkommen, könnte eine Bestrafung wegen einer Vergiftung nach Artikel 221-5 Code pénal (*l'empoisonnement*) in Betracht kommen.

Vor der Verabschiedung des Gesetzes über die Patientenrechte am Lebensende (*loi sur la fin de vie*) am 22. April 2005 wurde genau diese Frage heftig diskutiert[601]. Letztendlich entschied sich der französische Gesetzgeber gegen eine solche Legalisierung, so dass das Verabreichen eines tödlich wirkenden Medikamentes nach wie vor strafbar ist[602]. Eine Verurteilung wegen Vergiftung (*l'empoisonnement*) seines Patienten gemäß Artikel 221-5 Code pénal kommt somit in Betracht[603]. Da auch ein Äquivalent zu § 216 StGB als Milderungsgrund dem französischen Strafrecht fremd ist, könnte der handelnde Arzt gemäß Artikel 221-5 al. 2 Code pénal zu einer Strafe von bis zu 30 Jahren Gefängnis verurteilt werden. Statt einer Strafmilderung droht dem Arzt sogar gemäß Artikel 221-5 al. 3 Code pénal eine Erhöhung des Strafmaßes, wenn Gründe vorliegen, welche eine Bestrafung wegen eines *meurtre aggravé* oder eines *assassinat*

600 Siehe S. 129.

601 Rapport N° 1708, S. 145 ff.

602 *Aumonier/Beignier/Letellier*, S. 89; Rapport N° 1708, S. 145; *Robert*, in: Robert/Tzitzis, S. 85 (85); *Legros*, S. 121; *Dorsner-Dolivet*, Rn. 266; *Brunet*, in: Bellivier/Noiville, S. 137 (141); *Doublet*, in: Petites Affiches 2005, n° 124, S. 6 (10).

603 *Legros*, S. 28.

rechtfertigen[604]. Trotz dieses hohen Strafmaßes gibt es auffallend wenige Verurteilungen beziehungsweise viele Freisprüche[605]. Die dogmatische Begründung dieser Freisprüche kann im Rahmen dieser Arbeit nicht näher beschrieben werden, doch soll ganz kurz nochmals auf den Fall *Vincent Humbert* eingegangen werden. *Marie Humbert* injizierte ihrem Sohn eine tödlich wirkende Dosis Natrium-Pentobarbital. *Vincent Humbert* starb nur deswegen nicht daran, weil *Marie Humbert* den Arzt über ihr Verhalten informierte und dieser daraufhin *Vincent Humbert* künstlich beatmete. *Vincent Humbert* fiel in ein tiefes Koma, und das gesamte Ärzteteam beschloss, die weitere künstliche Beatmung zu unterlassen und *Vincent Humbert* sterben zu lassen. Aufgrund des schlechter werdenden körperlichen Zustandes *Vincent Humberts*, ohne Aussicht auf einen baldigen Herzstillstand, verabreichte ihm der Arzt eine letztendlich tödlich wirkende Dosis Kaliumchlorid. Sowohl gegen den Arzt als auch gegen *Marie Humbert* wurde Anklage erhoben. Bemerkenswert daran ist, dass *Marie Humbert* nicht wegen Vergiftung (*l'empoisonnement*), sondern nur wegen der Vergabe schädlicher Substanzen (*l'administration de substances nuisibles*) gemäß Artikel 222-15 Code pénal[606] angeklagt wurde. Eine Anklage wegen Vergiftung (*l'empoisonnement*) nach Artikel 221-15 Code pénal hätte jedoch nichts im Wege gestanden, da der Tatbestand der Vergiftung nicht voraussetzt, dass der Tod des Opfers eintritt[607]. Eine Bestrafung wegen einer Vergiftung folgt schon aus der Tathandlung, dem Verabreichen einer möglicherweise tödlich wirkenden Substanz[608]. Dagegen ist eine Bestrafung nach Artikel 222-15 Code pénal nur möglich, wenn die schädliche Substanz eine spürbare Wirkung auf den Körper oder die Psyche des Opfers ausüben konnte[609]. Danach hätte das Verabreichen des Natrium-

604 Artikel 221-5 Code pénal: "Il est puni de la réclusion criminelle à perpétuité lorsque'il est commis dans l'une des circonstances prévues aux articles 221-2, 221-3, 221-4".

605 *Mascala*, in: Juris Classeur Périodique 2003, I, S. 1 (Rn. 13): Freispruch für *B. Gepponi* durch Cour d'assis des Alpes-Maritimes 1955; Freispruch für L. Faita durch Cour d'assises du Haut-Rhin 1962; Freispruch für S. Vendeputte durch Cour d'assises de Liège 1962; Freispruch Cour d'assises de la Vienne 1992. Hervorzuheben ist dagegen die Verurteilung der Krankenschwester *Christine Malèvre*, welche wegen sechsfach begangenen *assassinats* zu einer Freiheitsstrafe von 12 Jahren verurteilt wurde. *Christine Malèvre* injizierte, zumindestens wurde dies nachgewiesen, sechs krebskranken Patienten ein tödlich wirkendes Medikament, woraufhin diese verstarben. Siehe Cour d'assises Paris 16. Oktober 2003, n° 03/0083 und ausführlich dargestellt in: *Antonowicz*, in: Euthanasie, l'alternative judicaire, S. 40 ff.

606 Artikel 222-15 Code pénal: „L'administration de substances nuisible ayant porté à l'intégrité physique ou psychique d'autrui est puni des peines mentionnées aux articles 227- à 222-14 suivant les distinctions prévues par ces articles".

607 *Conte*, Rn. 13; *Rassat*, Rn. 266; *Larguier/Conte/Larguier*, S. 16; Kommentar zu Artikel 221-5 Code pénal.

608 *Rassat*, Rn. 266; *Larguier/Conte/Larguier*, S. 17; Kommentar zu Artikel 221-5 Code pénal.

609 *Larguier/Conte/Larguer*, S. 45; *Conte*, Rn. 199; *Gattegno*, Rn. 43.

Pentobarbitals an sich auch zu einer Anklage wegen Vergiftung nach Artikel 222-15 Code pénal führen können. Der Arzt wurde dagegen wegen einer Vergiftung durch Verabreichen des Kaliumchlorids angeklagt. Beide wurden nicht verurteilt[610]. *Marie Humbert* und der Arzt wurden gemäß Artikel 122-2 Code pénal[611] als schuldunfähig freigesprochen. Nach Artikel 122-2 Code penal darf der Täter nicht bestraft werden, wenn dieser durch Zwang oder Gewalt zu der Tat veranlasst wurde, welcher er nicht widerstehen konnte. Zwänge können dabei entweder moralischer oder körperlicher Natur sein[612]. *Marie Humbert* stand zum Zeitpunkt der Tat unter dem Druck, den Wunsch ihres Sohnes zu befolgen, ihn in Frieden sterben zu lassen[613]. Dies wurde als moralischer Zwang im Sinne des Artikels 122-2 Code pénal interpretiert und eine Bestrafung folglich vermieden[614]. Der Arzt stand währenddessen als Arzt unter dem Druck, dass er den Gesundheitszustand *Vincents Humberts* nicht verbessern, sondern nur noch verschlimmern konnte sowie unter dem Druck der Anfragen der Mutter, ihren Sohn sterben zu lassen, und der Scharen an Journalisten, welche sich bereits vor dem Krankenhaus versammelt hatten, um über die Situation live berichten zu können[615]. Weiterhin könnte eine Rechtfertigung ebenfalls durch die Rechtsfigur des Notstandes (*l'état de nécessité*) nach Artikel 122-7 Code pénal[616] erreicht werden. Dabei ergibt sich jedoch dieselbe schwierige Problematik, dass das Rechtsgut Leben mit dem Recht auf einen „sanften" Tod abzuwägen ist und das Recht des „sanften" Todes als höherrangig eingestuft werden müsste[617]. Insgesamt soll festgehalten werden, dass dem Arzt und einer dritten Person grundsätzlich eine Bestrafung sowie auch disziplinarische Sanktionen drohen, sollte ein tödlich wirkendes Medikament verabreicht werden. Dem Willen des Patienten werden zumindest von strafrechtlicher Seite Grenzen gesetzt.

2. Patient bittet um Hilfe zum Suizid (*l'aide au suicide ou suicide assisté*)

Wenden wir uns nun dem Fall zu, dass die Patientin ihren Arzt bittet, ihr ein tödliches Medikament zu verschreiben, welches sie selbst einnehmen möchte (Fall

---

610 *Legros*, S. 42 ff.

611 Artikel 122-2 Code pénal: „N'est pas pénalement responsable la personne qui a agi sous l'empire d'une force ou d'une contrainte à laquelle elle n'a pu résister".

612 *Bouloc*, Rn. 428; *Larguier*, S. 37; *Conte/du Chambon*, Rn. 365.

613 *Legros*, S. 43.

614 *Legros*, S. 43.

615 *Legros*, S. 43.

616 Artikel 122-7 Code pénal: „N'est pas pénalement responsable la personne qui, face à un danger actuel ou imminent qui menace elle-même, autrui ou un bien, accomplit un acte nécessaiere à la sauvegarde de la personne ou du bien, sauf s'il y a disproportion entre les moyens employés et la gravite de la menace".

617 *Legros*, S. 39; *Robert*, in: Robert/Tzitzis, S. 85 (90).

E). Die Patientin begeht Suizid, welcher auch in Frankreich nicht strafbar ist[618]. Eine Bestrafung des Arztes als Mittäter (*complice*) gemäß Artikel 121-7 Code pénal[619] kommt folglich nicht in Betracht, da der Suizid kein strafbares Verbrechen oder Vergehen darstellt, ein strafbares Verbrechen oder Vergehen jedoch Voraussetzung für eine Bestrafung als Mittäter (*complice*) ist[620]. Ist das Handeln des Arztes - Verschreiben des tödlich wirkenden Medikamentes - straflos?

Es könnten zwei verschiedene Delikte in Betracht kommen, welche durch das Verschreiben eines tödlich wirkenden Medikamentes verwirklicht sein könnten. Zum einen könnte eine Bestrafung wegen einer Provokation zum Suizid (*provocation au suicide*) nach Artikel 223-13 Code pénal[621] drohen, wonach eine Freiheitsstrafe von 3 bis 5 Jahren in Betracht käme. Zum anderen könnte der Arzt auch wegen einer unterlassenen Hilfeleistung nach Artikel 223-6 Code pénal (*non-assistance à personne en péril*), mit einen Strafmaß von bis zu 5 Jahren bestraft werden.

a) Provokation zum Suizid und Werbung oder „Propaganda“ zum Suizid

Es soll kurz auf den Tatbestand der Provokation, Werbung oder „Propaganda“ zum Suizid eingegangen werden, der dem deutschen Recht fremd ist. Dieses Delikt wurde 1987 eingefügt, nachdem bei 72 Suizidenten das Buch „Anleitung zum Suizid“ (*Suicide, mode d'emploi*) gefunden worden war[622]. In diesem Buch werden ausführlich die unterschiedlichsten Methoden dargestellt, wie der Suizid am „leichtesten“ und „effektivsten“ gelingen wird[623]. Um weitere künftige Publikationen zu verhindern und um das Verhalten strafrechtlich am besten einzuordnen, wurden die Artikel 223-13 ff. Code pénal (*provocation au suicide* und

---

618 *Larguier/Conte/Larguier*, *S.* 8; *Dunet-Larousse*, in: Revue de droit sanitaire et social 1998, S. 265 (268); *Pradel*, in: Robert/Tzitzis, S. 13 (16).

619 Artikel 121-7: „Est complice d'un crime ou d'un délit la personne qui sciemment, par aide ou assistance, en a facilité la préparation ou la consommation. Est également complice la personne qui par don, promesse, menace, ordre, abus d'autorité ou de pouvoir aura provoqué a une infraction ou donné des instructions pour la commettre". Im französischen Strafrecht wird zwar auch zwischen Anstifter, Gehilfe und Mittäter differenziert, aber allen kommt die Bezeichnung und Bestrafung als Mittäter (*complice*) zu.

620 Kommentar zu Artikel 121-7 Code pénal, Rn. 2; *Conte/du Chambon*, Rn. 410; *Larguier*, S. 76.

621 Artikel 223-13 Code pénal: „Le fait de provoquer au suicide d'autrui est punis de trois ans d'emprisonnement et de 45000 € d'amende lorsque la provocation a été suivie du suicide ou d'une tentative de suicide. Les peines sont portées à cinq ans d'emprisonnement et à 75000 € d'amende lorsque la victime de l'infraction définie à l'alinéa précédent est un mineur de quinze ans".

622 *Fenaux*, in: Recueil Dalloz 1990, S. 479 (483); *Malabat*, Rn. 264.

623 Sénat 2° session extraordinaire 1985-1986, p. 22; JO déb. Ass. nat. 1° séance du 14 déc. 1987, p. 7309.

propagande ou publicité en faveur de moyens de se donner la mort) am 31. Dezember 1987 mit 354:1 Stimmen verabschiedet[624]. Zu prüfen ist, was von diesen beiden Tatbeständen erfasst wird und ob das Verhalten des Arztes, welcher seiner Patientin auf deren Verlangen ein tödliches Medikament verschreibt, darunter fällt. Provokation zum Suizid setzt zunächst ein aktives Tun voraus, und zwar unabhängig davon, ob das Verhalten zu einem Suizid oder nur zu einem Suizidversuch geführt hat (*a été suivie du suicide ou d'une tentative de suicide*). Der Tatbestand ist erfüllt, wenn entweder eine materielle oder eine intellektuelle Provokation stattgefunden hat[625]. Allerdings ist bezüglich einer materiellen Provokation nicht unbestritten, was genau vom Tatbestand erfasst werden soll. So urteilte das *Tribunal de Grand Instance* in Lille 1990, dass die Waffenlieferung an einen Lebensmüden keineswegs unter den Tatbestand der Provokation zum Suizid fallen würde, da die Übergabe der Waffe auch eine abschreckende Wirkung haben könnte[626]. Dies wurde angenommen, obwohl der Waffenübergabe ein „geglückter" Suizid folgte[627]. Ob das Verschreiben eines tödlich wirkenden Medikamentes vom Tatbestand erfasst wird, ist also nicht ganz eindeutig.

Doch liegt eine Provokation unzweifelhaft dann vor, wenn der Provokateur den Suizidwunsch des Opfers hervorgerufen hat[628]. Keine Provokation im Sinne des Artikels 223-13 Code pénal liegt vor, wenn sich der Suizident auf jeden Fall auch ohne die „Hilfe" des Provokateurs umgebracht hätte[629]. Dahinter steht der Gedanke, dass der Gesetzgeber bei der Einfügung der Artikel 223-13 ff. Code pénal nicht die Hilfe zum Suizid (*aide au suicide*) unter Strafe stellen wollte[630]. Wenn nun aber der Lebensmüde den Arzt bittet, ihm ein tödlich wirkendes Medikament zu verschreiben, und der Wunsch, aus dem Leben zu scheiden, allein auf der freien Reflexion des Lebensmüden beruht, wäre danach eine Provokation zum Suizid nicht gegeben. Eine solche könnte nur dann in Betracht kommen, wenn der Arzt den Patienten zum Suizid verleitet, so dass eine Provokation zum Suizid regelmäßig nicht vorliegen dürfte. Dagegen spricht jedoch das vor Kurzem ergangene Urteil des *Tribunal Grande Instance de Dijon*[631]. Zu entscheiden war die, auch von den Medien stark hervorgehobene, Lebens- und Leidensgeschichte der *Chantal Sébire*. *Chantal Sébire* litt an einem unheilbaren Gesichts-

---

624 *Fenaux*, in: Recueil Dalloz 1990, S. 479 (483).

625 *Malabat*, Rn. 268; *Conte*, Rn. 31.

626 *Véron*, Rn. 176; *Malabat*, Rn. 268.

627 *Véron*, Rn. 176; *Levasseur*, in: Revue de sciences criminelle et de droit pénal, S. 324 (326).

628 *Conte*, Rn. 32.

629 *Conte*, Rn. 32.

630 *Rassat*, Rn. 345; *Antonowicz*, in: Euthanasie, l'alternative judiciaire, S. 90; *Fenaux*, in: Recueil Dalloz 1990, S. 478 (483).

631 Urteil des Tribunal Grande Instance de Dijon vom 17.3.2008, siehe unter: www.admd.net/actualite/cpresse.htm.

tumor und wendete sich an das Gericht mit der Bitte, ihrem Arzt zu genehmigen, ihr ein sicher tödlich wirkendes Medikament zu verschreiben. Dieses wollte sie alleine und im Beisein ihrer Familie einnehmen. Das Gericht lehnte ihre Bitte ab. Dieses Verhalten verstoße gegen Artikel 223-13 Code pénal: „*Attendu que cette demande s'oppose également au Code pénal, car le refus d'incriminer le suicide n'empêche pas celui-ci d'être considéré comme un acte répréhensible, et la personne qui se rend complice d'un suicide par aide ou par assistance ou fourniture de moyens engage sa responsabilité (article 223-13 du code pénal*"[632]. Dementsprechend scheint eine Entscheidung gegen die Straflosigkeit gefallen zu sein.

Zu überlegen ist, ob Organisationen wie *Dignitas* oder *Exit*[633] in Frankreich erlaubt wären. Hier könnte nämlich daran gedacht werden, dass durch das entgeltliche Anbieten der Begleitung zum Suizid, wofür letztendlich auch geworben wird, der Tatbestand der Werbung oder „Propaganda" zum Suizid (*publicité ou propagande en faveur de moyens de se donner la mort*) nach Artikel 223-14 Code pénal[634] verwirklicht sein könnte. Dieser Tatbestand ist gegeben, wenn für Produkte, Gegenstände oder Methoden geworben wird, mit denen ein Suizid begangen werden kann. Auf den ersten Blick erscheint dieser Tatbestand für die „Dienstleistungen" von Organisationen wie *Dignitas* oder *Exit* passend zu sein. Auseinanderzuhalten ist allerdings, dass *Dignitas* und *Exit* selbst nicht für bestimmte Methoden, aus dem Leben zu scheiden, werben, sondern nur „Hilfe" zu

632 Urteil des Tribunal Grande Instance de Dijon vom 17.3.2008, siehe unter: www.admd.net/actualite/cpresse.htm, S. 4.

633 *Dignitas* und *Exit* bieten in der Schweiz (*Dignitas* hat vor kurzem ein Büro in Hannover eröffnet) einen „Sterbebegleitungsservice/Freitodbegleitung" an, bei welchem die Mitglieder der Vereinigungen auf dem Weg zum Suizid begleitet werden. Zuvor muss allerdings von einem Arzt ein Rezept eines tödlich wirkenden Medikamentes (meistens Natrium-Pentobarbital) verschrieben werden, welches der Patient dann selbst, zum Beispiel, in den Räumlichkeiten von *Exit* und *Dignitas* einnehmen kann/muss. Vorausgesetzt wird, dass das sterbewillige Mitglied an einer unheilbaren Krankheit oder nicht beherrschbaren Schmerzen leidet, urteilsfähig ist und fähig ist, dass Natrium-Pentobarbital eigenhändig einzunehmen. *Dignitas* bietet diese Sterbebegleitung auch für Ausländer an, wenn die eben genannten Voraussetzungen vorliegen. *Exit* bietet die Freitodbegleitung nur für Schweizer an. Erlaubt ist diese Freitodbegleitung in der Schweiz, da Artikel 115 Schweizer Strafgesetzbuch die Hilfeleistung oder das Verleiten zum Suizid nur dann bestraft, wenn dies aus selbstsüchtigen Motiven geschieht. Liegen selbstsüchtige Beweggründe nicht vor, ist die Hilfeleistung oder das Verleiten zum Suizid demnach nicht strafbar. Siehe Artikel 115 Schweizer Strafgesetzbuch: „Wer aus selbstsüchtigen Beweggründen jemanden zum Suizide verleitet oder ihm dazu Hilfe leistet, wird, wenn der Suizid ausgeführt wurde, mit Zuchthaus bis zu fünf Jahren oder mit Gefängnis bestraft". Weitere ausführliche Informationen: www.dignitas.ch/www.exit.ch.

634 Artikel 223-14 Code pénal: „La propagande ou la publicité, quel qu'en soit le mode, en faveur de produits, d'objets ou de méthodes préconisés comme moyens de se donner la mort est punie de trois ans d'emprisonnement et de 45000 € d'amende".

bzw. während und nach einem Suizid anbieten. Wie sieht diese „Hilfe“ genau aus? Und ist diese „Hilfe“ mit einer Werbung oder einer „Propaganda“ zu einem Suizid gleichzusetzen? Die Sterbebegleitung von *Dignitas* gestaltet sich folgendermaßen: Die für den Suizid notwendigen 15 Gramm Natrium-Pentobarbital, welches rezeptpflichtig ist, werden bereitgestellt sowie ein Sterberaum und ein Sterbebegleiter werden organisiert[635]. Wichtig ist, dass der Suizident das aufgelöste Natrium-Pentobarbital eigenhändig trinken muss, da es sich ansonsten um eine, auch in der Schweiz, verbotene, „aktive“ Sterbehilfe handeln würde.

Von einer Werbung, „Propaganda“ oder Provokation zum Suizid kann in diesem Zusammenhang nicht gesprochen werden. Schließlich wirbt *Dignitas* nicht für bestimmte Methoden, Gegenstände oder Produkte, mit denen man leicht aus dem Leben scheiden kann. Allerdings gehört es ebenfalls zu der Aufgabe des 2005 in Hannover gegründeten Büros von *Dignitas*, Suizidwillige zu beraten und ihnen eine Reise in die Schweiz zu ermöglichen[636]. Sollte *Dignitas* ein Büro in Frankreich eröffnen, um dieselben Aufgaben zu übernehmen, könnte dies zu einer Anklage führen: Zum einen, weil Beratungen zu dem Suizid zuvor stattfinden würden, und zum anderen könnte auch das Ermöglichen einer „Suizidreise“ in die Schweiz als „Propaganda“ für die Methode „Suizid in der Schweiz“ angesehen werden.

b) Unterlassene Hilfeleistung

Der Arzt, welcher ein tödlich wirkendes Medikament auf Wunsch des Patienten verschrieben hat, könnte sich wegen einer unterlassenen Hilfeleistung nach Artikel 223-6 Code pénal strafbar gemacht haben.

Artikel 223-6 al. 1 Code pénal, welcher das Nichtverhindern eines Deliktes oder eines Verbrechens bestraft, kann schon deswegen nicht einschlägig sein, da der Suizid weder als Delikt noch als Verbrechen geahndet werden kann. Dagegen könnte Artikel 223-6 al. 2 Code pénal (*non-assistance à personne en péril*) verwirklicht sein. Hier ergeben sich allerdings einige Zweifel, ob Artikel 223-6 al. 2 Code pénal durch das Verschreiben von tödlich wirkenden Medikamenten verwirklicht werden kann. Zum einen stellt sich die Frage, ob das Verschreiben überhaupt als Unterlassen eingestuft werden kann, da Artikel 223-6 al. 2 Code pénal nur durch ein Unterlassen begangen werden kann[637]. Zum anderen wird auch hier der Einwand erhoben, dass eine unterlassene Hilfeleistung nicht in Betracht kommt, wenn es sich um das Abwehren eines Suizides handelt[638].

---

635 *Gronemeyer*, S. 177; www.exit.ch/www.dignitas.ch.

636 *Gronemeyer*, S. 177; www.dignitas-deutschland.ch.

637 *Conte*, Rn. 145; *Larguier/Conte/Larguier*, S. 64.

638 *Antonowicz*, in: Euthanasie, l’alternative judiciaire, S. 91.

So urteilte 1937 schon das *Tribunal Correctionnel* von Liesieux, dass weder die Hilfe zu noch das Mitwirken an einem Suizid strafbar sein kann[639]. Daraus und aus dem Schweigen des Code pénal folgert *Antonowicz*, dass der Richter einen ärztlich assistierten Suizid erlauben kann[640]. Doch schweigt der Code pénal wirklich? Schließlich wurde 1941, also nach dem eben genannten Urteil, die unterlassene Hilfeleistung in den Code pénal eingefügt, welche einschlägig sein könnte. So sprechen zwei Urteile der *Cour de Cassation* gegen ein Schweigen des Code pénal bezüglich der Strafbarkeit der Hilfeleistung zu einem Suizid[641]. Zwar wurde 1971 der Vater eines Suizidenten nicht wegen einer unterlassenen Hilfeleistung verurteilt, jedoch lag dies nicht an der grundsätzlichen Unanwendbarkeit des Tatbestandes. Die *Cour de Cassation* stellte nämlich schlichtweg fest, dass eine unterlassene Hilfeleistung durchaus vorliegen kann, wenn unterlassen wird, einen Lebensmüden von einem Suizid abzuhalten[642]. Dies wird durch das Urteil vom 26. April 1988 bestätigt, in welchem der Autor des Buches „Anleitung zum Suizid", *Yves Le Bonniec*, wegen unterlassener Hilfeleistung zu sechs Monaten auf Bewährung verurteilt wurde, nachdem er nichts unternommen hatte, um den Suizid von *Michel Bonnat* zu verhindern[643]. Auch die strafrechtliche Literatur geht davon aus, dass der Suizid im Sinne des Artikels 223-6 al. 2 Code pénal eine Gefahr (*péril*) darstellen kann[644]. Selbst wenn dies angenommen wird, muss jedoch noch näher auf die weiteren Voraussetzungen des Artikels 223-6 Code pénal eingegangen werden. Wie schon angedeutet, ist zu überlegen, ob das Verschreiben eines tödlich wirkenden Medikamentes überhaupt als Unterlassen eingestuft werden kann. Die Abgrenzung von aktivem Tun und Unterlassen wird in Frankreich weder von der Rechtsprechung noch von der Literatur problematisiert. Wenn den oben dargestellten Definitionen von Unterlassen und Tun gefolgt wird, müsste das Verschreiben als körperliche Bewegung, als aktives Tun angesehen werden, dagegen das weitere Nichteinschreiten als Abwesenheit einer Handlung und damit als Unterlassen. Während in Deutschland umfassende Diskussionen um die Einordnung als Unterlassen oder aktives Tun folgen würden, wäre es sehr wahrscheinlich, dass in Frankreich das Verhalten des Arztes ohne nähere Erklärung als Unterlassen betrachtet wird. Zumindest wurde das Verhalten des Autors *Yves le Bonniec* ohne weitere Begründungen als Unterlassen eingestuft, und dies, obwohl er dem Suizidenten

639 *Antononwicz*, in: Euthanasie, l'alternative juidiciaire, S. 93 mit Verweis auf Juris-Classeuer, op. Cit. S. 8.

640 *Antonowicz*, in: Euthanasie, l'alternative judiciaire, S. 107.

641 Cour de Cassation, 23. April 1971, in: Recueil Dalloz. 1971, Somm. 121 (Bull. crim. n° 116) und 26. April 1988, in: Recueil Dalloz 1990, S. 479.

642 *Fenaux*, in: Recueil Dalloz 1990, S. 479 (481).

643 Cour de Cassation, 26. April 1988, in: Recueil Dalloz 1990, S. 479 (480).

644 *Conte*, Rn. 142; *Larguier/Conte/Larguier*, S. 65; Kommentar zu Artikel 223-6 Code pénal, Rn. 9; *Levasseur*, in: Revue science criminelle 1987, S. 203 (204).

Michel Bonnat zweimal per Brief antwortete und ihm hilfreiche Anregungen zu dem bevorstehenden Suizid gab. Es hat den Anschein, dass dadurch die Straflosigkeit des aktiven Hilfeleistens umgangen werden sollte, indem sofort auf das Nichthilfeleisten eingegangen wird. Daher ist wahrscheinlich, dass auch im Falle eines ärztlich assistierten Suizids eine unterlassene Hilfeleistung angenommen wird. Anzumerken ist allerdings, dass dies grundsätzlich auch anders beurteilt werden könnte, so dass eine Bestrafung wegen einer unterlassenen Hilfeleistung hinsichtlich eines ärztlich assistierten Suizids entfallen könnte[645].

3. Zusammenfassung

Ganz eindeutig ist der Arzt dann nicht an den Willen des Patienten gebunden, wenn dieser darauf gerichtet ist, dass der Arzt ihn mittels einer Injektion tötet (aktive Sterbehilfe). Ebenso ist der Arzt nicht an den Willen gebunden, wenn der Wille des Patienten „nur" auf einen Therapieabbruch gerichtet ist, sich der Zustand des Patienten jedoch innerhalb der Frist, in welcher der Patient seinen Willen wiederholen muss, verschlechtert.

Ist der Wille auf die Begleitung zu einem Suizid gerichtet, wenn zum Beispiel ein tödlich wirkendes Medikament verlangt wird, droht dem Arzt eventuell eine Bestrafung wegen unterlassener Hilfeleistung nach Artikel 223-6 Code pénal. Ob der Arzt auch verurteilt wird, obliegt dem Richter. Eine „Sterbebegleitung", wie *Dignitas* und *Exit* sie in der Schweiz anbieten, könnte in Frankreich als „Propaganda" oder Werbung zum Suizid nach Artikel 223-14 Code pénal bestraft werden, wobei auch hier den Richtern ein Ermessensspielraum zusteht. Wie die Richter urteilen würden, ist sehr unklar, da teilweise eine Verurteilung wegen unterlassener Hilfeleistung schnell angenommen wurde, sich jedoch die Stimmen für die Zulassung eines ärztlich assistierten Suizids mehren.

C. Analyse und Bewertung der *„loi sur la fin de vie"*

Die Tendenz in Frankreich, die Patientenautonomie mehr und mehr zu stärken, ist als wegweisend anzusehen. Allerdings hat die *„loi sur la fin de vie"* auch einige Schwachstellen. Zu nennen ist vor allem die unterschiedliche Handhabung des Selbstbestimmungsrechtes von willensäußerungsfähigen und willensäuße-

645 *Antonowicz*, in: Euthansie, l'alternative judiciaire, S. 109: „En l'absence d'incrimination spécifique de l'aide au suicide, y compris médicale, les juges français ont en main toutes les cartes voulues pour faire, s'ils le veulent, oeuvre jurisprudentielle"; *Pradel*, in: Robert/Tzitzis, S. 13 (14): „L'aide au suicide devrait être incriminée et seul la mansuétude du juge pourrait (et même devrait) rendre la situation de l'agent moins inconfortable".

rungsunfähigen Patienten. Bei letzteren liegt die Entscheidungskompetenz nur bei den behandelnden Ärzten. Der früher geäußerte Wille oder der mutmaßliche Wille des nunmehr äußerungsunfähigen Patienten spielt nur eine untergeordnete Rolle. Wieso das Selbstbestimmungsrecht des willensäußerungsunfähigen Patienten stärker eingeschränkt wird, ist aus deutscher Sicht nicht nachzuvollziehen. Schließlich steht dem willensäußerungsfähigen Patienten das Selbstbestimmungsrecht in gleicher Weise zu wie dem willensäußerungsunfähigen Menschen. Hier scheint sich das französische Arzt-Patienten-Verhältnis noch nicht von dem ärztlichen Paternalismus gelöst zu haben. Das ist meines Erachtens höchst fragwürdig. Eng verbunden damit und als ebenso kritisch anzusehen ist, dass die Patientenverfügung (*directives anticipées*) nicht für den Arzt verbindlich ist. Auch dies ist eine klare Absage an das Selbstbestimmungsrecht. Weiterhin ist kritisch anzumerken, dass die *„loi sur la fin de vie"* relativ zügig verabschiedet wurde. Das ist zum Beispiel an den unterschiedlich gebrauchten Begriffen für Maßnahme (*tout/de/un/d'un traitement*) zu bemerken. Ob darunter wirklich verschiedene Maßnahmen zu verstehen sind oder nicht, ist nicht ganz eindeutig festzustellen. Hier wären genauere Definitionen, welche Maßnahmen bei welchen Patienten abgebrochen oder unterlassen werden können, äußerst hilfreich gewesen. Es ist bei der momentanen Rechtslage nicht eindeutig, ob zum Beispiel die künstliche Ernährung bei äußerungsunfähigen Patienten abgebrochen werden darf oder nicht. Ebenso wären auch Definitionen für den Begriff *obstination déraisonnable* hilfreich gewesen. So stehen die verschiedenen Begrifflichkeiten nebeneinander und es ist nicht eindeutig, welche lebenserhaltenden Maßnahmen bei äußerungsunfähigen Patienten abgebrochen oder unterlassen werden dürfen.

Auch der französische Gesetzgeber überprüfte die *„loi sur la fin de vie"*. Diese Überprüfung wurde notwendig, nachdem das *Tribunal Grande Instance de Dijon* die Bitte von *Chantal Sébire* ablehnte, ihrem Arzt zu erlauben, ihr ein tödlich wirkendes Medikament verschreiben zu dürfen. Ende November 2008 wurde der Rapport N° 1287 veröffentlicht, welcher klarstellt, dass es keine gesetzlichen Änderungen auf dem Gebiet der Sterbehilfe geben wird. Es wurde nochmals ausdrücklich auf die vorhandenen Regelungen hingewiesen und diese wurden ausführlich interpretiert[646]. Das Problem wird von Seiten des französischen Gesetzgebers eher darin gesehen, dass die genannten Gesetze in der Bevölkerung nicht hinreichend bekannt sind.

---

646 Rapport N° 1287 vom 28. November 2008 Président et Rapporteur Jean Leonetti siehe: www. assemblee nationale.fr.

Sechstes Kapitel: Vergleich der „*loi sur la fin de vie*“ mit der deutschen Rechtslage

Zuletzt soll die französische „*loi sur la fin de vie*“ mit der deutschen Rechtslage verglichen werden. Der wohl größte Unterschied zwischen Frankreich und Deutschland fällt schnell auf: In Frankreich existieren einschlägige Gesetze. In Deutschland hat der Deutsche Bundestag dagegen nur die zivilrechtlichen Reformvorhaben gesetzlich umgesetzt. Dagegen hat der französische Gesetzgeber versucht, sowohl die straf- als auch die zivilrechtlichen Fragestellungen mit der „*loi sur la fin de vie*“ zu lösen. Zwar ist es dem französischen Gesetzgeber nicht vollkommen gelungen, alle Schwierigkeiten anhand des Gesetzes zu überwinden, wie die Debatte über den Freitod von *Chantal Sébire* zeigt. Dennoch ist dieses Gesetz als wichtiger Schritt in die richtige Richtung zu würdigen.

A. Unterschiede zwischen willensäußerungsfähigen, willensäußerungsunfähigen und minderjährigen oder betreuten Patienten

Bei einem Patienten, der zur Willensäußerung fähig ist, können sowohl in Deutschland als auch in Frankreich alle lebenserhaltenden Maßnahmen vom Patienten abgelehnt werden. Die Ärzte haben diesen Willen zu akzeptieren, wenn der Patient sich aus freien Beweggründen für eine Therapiebegrenzung entschieden hat. In Frankreich ist gemäß Artikel L 1111-4 al. 2 CSP eine vorherige Aufklärung des Patienten über die Konsequenzen der Therapiebegrenzung notwendig. Dagegen ist in Deutschland eine vorherige Aufklärung nicht erforderlich. Weiterhin ist der Arzt in Frankreich nach Artikel L 1111-4 al. 2 CSP verpflichtet, den Patienten anhand von Argumenten davon zu überzeugen, dass die vorgeschlagenen lebenserhaltenden Maßnahmen für ihn von Vorteil sind. Unabhängig davon, kann der Patient die vorgeschlagenen Maßnahmen auch weiterhin ablehnen. Eine solche Pflicht, den Patienten von der Vorteilhaftigkeit lebenserhaltender Maßnahmen zu überzeugen, existiert in Deutschland nicht. Dies wäre aber wünschenswert. Ob der Sterbeprozess bereits eingesetzt hat oder nicht, spielt in beiden Ländern keine zentrale Rolle. Allerdings gibt es bei einem zur Willensäußerung unfähigen, betreuten oder minderjährigen Patienten einige recht beachtliche Unterschiede. In Frankreich entscheidet bei willensäußerungsunfähigen, betreuten oder minderjährigen Patienten der Arzt, ob lebenserhaltende Maßnahmen abgebrochen oder unterlassen werden sollen. Der Wille des Patienten selbst spielt im französischen Recht an dieser Stelle keine wichtige Rolle. Im deutschen Recht dagegen ist der Arzt selbst dann an den Willen des Patienten gebunden, wenn er seinen Willen nicht mehr äußern kann oder wenn er betreut wird. Der Patientenwille muss entweder gemäß § 1901 a II BGB über die Konstruktion des mutmaßlichen Willens oder über die zuvor nach § 1901 a I BGB verfasste Patientenverfügungen berücksichtigt werden. In Frankreich ist weder der mutmaßliche Wille noch die Patientenverfügung des Patienten bindend. Daraus folgt, dass das Selbstbestimmungsrecht im deutschen Recht eine stärkere Beachtung findet als im französischen Recht. Der Arzt muss in Frankreich eine Patientenverfügung zwar berücksichtigen, aber er muss ihr nicht Folge leisten. Außerdem muss der Arzt dem geäußerten Willen des Patienten nicht einmal eine vorrangige Bedeutung im Rahmen der Entscheidungsfindung beimessen. In Deutschland dagegen spielen Patientenverfügungen eine wichtige Rolle. Sie dienen zum einen als Indizfunktion für den Willen des Patienten, zum anderen ist eine wirksame Patientenverfügung gemäß § 1901 a I BGB auch für den Arzt verbindlich. Der Arzt darf sich nicht über eine wirksame Patientenverfügung hinwegsetzen, ansonsten würde er sich wegen einer Körperverletzung gemäß § 223 StGB strafbar oder nach § 823 BGB schadensersatzpflichtig machen.

Ebenso darf in Frankreich eine lebenserhaltende Maßnahme bei willensäußerungsunfähigen, betreuten oder minderjährigen Patienten nur dann abgebrochen oder unterlassen werden, wenn die Maßnahme an sich unverhältnismäßig, unnütz ist und einzig der künstlichen Lebenserhaltung dient oder dienen würde (*obstination déraisonnable*). Daran ist zu sehen, dass die Frage, ob eine Therapiebegrenzung vorzunehmen ist, einzig dem Arzt vorbehalten bleibt. Schließlich kann nur dieser darüber entscheiden, ob eine Maßnahme unverhältnismäßig, unnütz ist oder allein der künstlichen Lebenserhaltung dient. In Deutschland dagegen können auch bei willensäußerungsunfähigen, betreuten oder minderjährigen Patienten alle Maßnahmen unterlassen oder abgebrochen werden, wenn diese dem Willen des Patienten oder des gesetzlichen Vertreters widersprechen.

Ein weiterer großer Unterschied liegt darin, dass die Nichtbeachtung des Patientenwillens zu verschiedenen Konsequenzen führt. Beachtet in Frankreich der Arzt den Willen des Patienten nicht und führt die lebenserhaltenden Maßnahmen durch, kommen keine strafrechtlichen Konsequenzen in Betracht. Unabhängig davon, ob der Patient willensäußerungsfähig ist oder dazu nicht mehr fähig war, ist eine strafrechtliche Verfolgung wegen einer begangenen *violence* nicht möglich. Grund dafür ist Artikel 122-4 Code pénal, welcher in Verbindung mit Artikel 16-3 Code civil einen Eingriff in die körperliche Integrität rechtfertigt, wenn der Eingriff aus medizinischer Sicht notwendig gewesen ist. Auf die Einwilligung des Patienten (*consentement*) kommt es nicht an. Ganz anders sieht diese Situation in Deutschland aus. Der Arzt, der ohne oder gegen den Willen des Patienten einen medizinischen Eingriff vornimmt, handelt rechtswidrig und macht sich nach § 223 StGB strafbar. Darüber hinaus können auch Schadensersatzansprüche nach § 823 BGB entstehen. Schadensersatzansprüche nach dem

Code civil kommen dagegen nur in Betracht, wenn der Patient zur Willensäußerung fähig ist und medizinische Maßnahmen ausdrücklich ablehnt. Ist der Patient dagegen zur Willensäußerung unfähig, kommt ein Schadensersatzanspruch nicht in Betracht. Denn Artikel 16-3 Code civil gestattet Eingriffe in die körperliche Integrität auch ohne vorherige Einwilligung, wenn diese notwendig sind und der Patient aufgrund des Notfalles außerstande ist, eine Einwilligung zu erteilen.

B. Gegenüberstellung der fünf Fallbeispiele

Interessant ist die Gegenüberstellung der jeweiligen Lösungen der fünf Fallbeispiele. Die Patienten in den ersten zwei Fallbeispielen (Fälle A und B) können in beiden Ländern auf die jeweils lebensnotwendigen Behandlungen verzichten. Ihr Wille muss beachtet werden. Dieser ist für die Ärzte verbindlich. Ob lebenserhaltende Maßnahmen bei dem 80-jährigen komatösen Patienten aus dem dritten Fallbeispiel (Fall C) eingeleitet oder beibehalten werden, obliegt in Frankreich der Entscheidung der Ärzte. In Deutschland dagegen muss diese Entscheidung anhand des mutmaßlichen Willens, des vorher geäußerten Willens (Patientenverfügung) oder mit Hilfe des Bevollmächtigten getroffen werden. Da in Frankreich nur die Maßnahmen abgebrochen oder unterlassen werden dürfen, welche unverhältnismäßig, unnütz sind und einzig der künstlichen Lebenserhaltung dienen, ist unklar, ob auch die künstliche Ernährung abgebrochen werden kann. In Deutschland kommt es dagegen darauf an, welche Maßnahmen der nunmehr willensäußerungsunfähige Patient mutmaßlich oder ausdrücklich ablehnte. Bei betreuten oder minderjährigen Patienten (Fall D) entscheiden in Frankreich wieder die Ärzte allein über das Für und Wider einer Therapiebegrenzung. In Deutschland muss auch hier zunächst die Einwilligungsverweigerungsunfähigkeit des Patienten festgestellt werden. Erst danach kann die Entscheidung des Betreuers/Bevollmächtigten eine Rolle spielen. Liegen Patientenverfügungen vor, muss der Betreuer/Bevollmächtigte diese umsetzen. Fehlen solche, muss der Betreuer eine eigene Entscheidung treffen, welche sich gemäß § 1901 a II BGB nach dem mutmaßlichen Willen des Betroffenen zu richten hat. Sollten sich Ärzte und Betreuer/Bevollmächtigte nicht über den (mutmaßlichen) Willen des Patienten einigen können, muss das Betreuungsgericht eingeschaltet werden. Dieses hat dann den Willen des Patienten zu ermitteln und danach eine Entscheidung zu treffen. Die Erforderlichkeit einer betreuungsrechtlichen Genehmigung ist dem französischen Recht fremd, woran sich wieder die herausgehobene Position der Ärzte zeigt.

In Deutschland kann es bei Therapiebegrenzungen minderjähriger Patienten auf einen Co-Konsens hinauslaufen, sollte der Minderjährige die Tragweite und Konsequenzen seiner Krankheit und seiner Entscheidung erfassen können. Ist dies nicht der Fall, sind die Eltern entscheidungsbefugt. Im Ergebnis bedeutet dies, dass eine Therapiebegrenzung bei den Patienten aus dem dritten und dem vierten Fallbeispiel in Frankreich nur dann in Betracht kommt, wenn die Ärzte dies für sinnvoll halten, in Deutschland dagegen schon dann, wenn der mutmaßliche Wille darauf hindeutet oder eine Patientenverfügung bzw, eine Vorsorgevollmacht vorliegt, welche den Wunsch nach einer Therapiebegrenzung beinhaltet.

In beiden Ländern ist die aktive Sterbehilfe, wie sie die 52-jährige Patientin (Fall E) verlangt, indem sie ein tödlich wirkendes Medikament injiziert bekommen möchte, verboten. Verlangt die Patientin dagegen nur das Medikament und will dieses selbst einnehmen, liegt in Deutschland eine straflose Suizidteilnahme vor. Der Arzt könnte ihrem Begehren folglich nachkommen. Allerdings ist in Deutschland umstritten, ob der ärztlich assistierte Suizid strafbar ist. Die Bundesärztekammer spricht sich klar gegen einen assistierten Suizid aus. Auch die Mehrheit im Bundesrat geht von einer Strafbarkeit aus. Das StGB dagegen differenziert danach, wer das zum Tode führende Geschehen in der Hand gehalten hat. Liegt dieses Verhalten beim Arzt, handelt es sich um eine Tötung auf Verlangen nach § 216 StGB. Spielt der Patient die „Hauptrolle", liegt nur eine straflose Suizidteilnahme vor. Wie sich die deutsche Gesetzgebung hierzu entscheiden wird, bleibt unklar und ist abzuwarten. Bezüglich des assistierten ärztlichen Suizids ist die Rechtslage in Frankreich nach dem Urteil des *Tribunal de Grande Instance* von Dijon geklärt. Danach stellt der ärztlich assistierte Suizid einen Verstoß gegen den CSP und gegen den Code pénal dar[647]. Eine Gegenüberstellung des folgenden Falles, welcher sowohl in Frankreich als auch in Deutschland tatsächlich vorgekommen ist, ist ebenfalls aufschlussreich. Es handelt sich um die Situation, dass Ärzte Bluttransfusionen gegen den Willen der Patienten vorgenommen haben. Die Patienten lehnten eine Bluttransfusion aus religiösen Gründen ab, obwohl eine Aussicht auf Lebensverlängerung nicht ausgeschlossen war. Wie oben dargestellt, gab der *Conseil d'État* einem Schadensersatzanspruch der Klägerin nicht statt[648]. Das OLG München hatte darüber zu entscheiden, ob der Klägerin ein Anspruch auf Schadensersatz zusteht, weil die Ärzte ihr trotz entgegenstehenden Willens mehrfach Blutkonserven verabreichten[649]. Dabei wurde festgestellt, dass die fehlende Einwilligung in eine medizinische Maßnahme und somit auch in die lebensnotwendige Bluttransfusion grundsätzlich zu einem Schadensersatzanspruch führen kann. Allerdings sei zu differenzieren, ob der Arzt ebenfalls zu den Anhängern der Zeugen Jehovas gehört und ob voraussehbar ist, dass eine Bluttransfusion erforderlich ist[650]. Ist dies nicht

647 www.lepoint.fr/actualites-societe/desavouee-par-la-justice-chantal-sebire-ne-fera-pas-appel/920/0/230046.

648 Siehe S. 164.

649 OLG München, in: NJW-RR 2002, 811 (812).

650 OLG München, in: NJW-RR 2002, 811 (812).

voraussehbar und der Arzt gehört den Zeugen Jehovas nicht an, ist es für einen nach christlichen Werten erzogenen Arzt unmöglich, sich dem Willen des Patienten zu unterwerfen. Sollte sich die Notwendigkeit einer Bluttransfusion jedoch schon zu Beginn der Behandlung zeigen, muss der Arzt das Veto des Patienten beachten. Wirklich einleuchtend ist diese Differenzierung allerdings nicht und eine verständliche Begründung fehlt. Festzuhalten ist, dass es sowohl deutschen als auch französischen Gerichten schwer fällt, dem Patienten einen Schadensersatzanspruch zuzusprechen, wenn es sich „lediglich" um eine gegen den Patientenwillen vorgenommene Bluttransfusion handelt.

C. Zulässigkeit oder Gebotenheit der Therapiebegrenzung lebenserhaltender Maßnahmen

Innerhalb dieser Arbeit wurde bezüglich des deutschen Rechts großer Wert auf die Differenzierung gelegt, ob eine Therapiebegrenzung geboten oder zulässig ist. Bei den Ausführungen zum französischen Recht kam dieser Unterscheidung keine Gewichtung zu. Es soll kurz überprüft werden, ob diese verschiedenen Begrifflichkeiten auch in Frankreich angebracht wären. Artikel L 1111-4 al. 2 CSP spricht davon, dass der Arzt den Willen des äußerungsfähigen Patienten respektieren muss (*doit respecter*), und zwar auch dann, wenn eine lebenserhaltende Therapie begrenzt werden soll. Ist der Patient dagegen äußerungsunfähig, ist der Arzt gemäß Artikel L 1111-4 al. 5 CSP „nur" dazu verpflichtet, die Regeln der Kollegialität zu beachten und die Vertrauensperson, Familie und Patientenverfügungen zuvor zu konsultieren (... *ne peut être réalisé sans avoir respecté ... aient été consulté*). Daraus kann jedoch geschlossen werden, dass bei zur Willensäußerung fähigen Patienten ebenfalls von der Gebotenheit der Therapiebegrenzung zu sprechen ist, da der Arzt die Entscheidung des Patienten respektieren muss. Bei willensäußerungsunfähigen Patienten sollte dagegen von der Zulässigkeit der Therapiebegrenzung gesprochen werden, da es hier auf den Willen des Patienten vordergründig nicht ankommt und der Arzt in Frankreich „fast" alleine über das Für und Wider einer Therapiebegrenzung zu entscheiden hat.

D. Begründung der dargestellten Unterschiede

Der entscheidende Unterschied zwischen dem französischen und dem deutschen Recht liegt folglich in der Reichweite des Selbstbestimmungsrechtes. Einem willensäußerungsfähigen Patienten wird in beiden Ländern ein großes Maß an

Selbstbestimmung eingeräumt, während in Frankreich das Selbstbestimmungsrecht des willensäußerungsunfähigen Patienten sehr stark beschnitten wird.

I. Unterschiedliche Reichweite des Selbstbestimmungsrechtes

Fraglich ist, warum die Patientenautonomie eines willensäußerungsunfähigen Patienten in Frankreich weniger stark gewährleistet wird. Die Beantwortung dieser Frage gestaltet sich äußerst schwierig. Sicherlich liegt das auch daran, dass das Ergebnis auf den ersten Blick sehr verwundert. Schließlich war es doch das französische Volk, welches sich 1789 für mehr Freiheits- und Gleichheitsrechte (*liberté, égalité et fraternité*) einsetzte und diese Bewegung letztendlich zur feierlichen Verabschiedung der (Menschen- und Bürgerrechtsdeklaration) *Déclaration des droits de l'homme et du citoyen* am 26. August 1789 führte. Auffallend ist, dass auch dem französischen Recht eine explizite Nennung des Selbstbestimmungsrechtes fremd ist. So wird das Selbstbestimmungsrecht weder in der Menschenrechtserklärung von 1789 noch in der Präambel der französischen Verfassung (*Préambule de la Constitution*) von 1958 erwähnt. Wahrscheinlich liegen die Wurzeln des Selbstbestimmungsrechtes in Artikel 4 der Menschen- und Bürgerrechtsdeklaration von 1789. Dort heißt es: „*La liberté consiste à pouvoir faire tout ce qui ne nuit pas à autrui: ainsi, l'exercice des droits naturels de chaque homme n'a de bornes que celles qui assurent aux autres Membres de la Société la jouissance de ces mêmes droits. Ces bornes ne peuvent être déterminées que par la Loi*"[651]. Schon die Suche nach einer exakten Übersetzung für *Selbstbestimmungsrecht* fällt nicht leicht, was unter anderem auch daran zu erkennen ist, dass Artikel 4 der Menschen- und Bürgerrechtserklärung lediglich von der Freiheit spricht, alles tun zu können (*libertés à pouvoir faire tout*)[652]. Weiter ist auffallend, dass sich nur wenige französische Autoren überhaupt mit dem Selbstbestimmungsrecht auseinandergesetzt haben.

Vielleicht kann hier eine kurze Analyse des deutschen Selbstbestimmungsrechtes weiterhelfen, um die Unterschiede zwischen Frankreich und Deutschland zu erklären. Allerdings führt auch eine Recherche in der deutschen Literatur zum Selbstbestimmungsrecht erstaunlicherweise nicht zu einer größeren Anzahl von Aufsätzen und Monographien. Auch in Deutschland gibt es nur wenige Autoren, die sich diesem Thema widmen. Eventuell ist dies damit zu erklären, dass das Selbstbestimmungsrecht eben keine ausdrückliche Nennung im Grundgesetz gefunden hat, sondern als ein anerkanntes und übergreifendes Verfassungsprinzip in den verschiedenen Grundrechten verwurzelt ist[653]. Dadurch wird

651 Siehe: http://www.legifrance.gouv.fr/html/constitution/const01.htm.

652 In der französischen Literatur finden sich die Begriffe *le droit à l'autodisposition* sowie *l'autonomie de la volonté*. Doch scheint sich weder der eine noch der andere Begriff durchgesetzt zu haben.

653 *Heide*, S. 193. So zum Beispiel in Artikel 1; 2 I und II; 4; 12; 14 GG.

das Erfassen des weiten Begriffes des Selbstbestimmungsrechtes erheblich erschwert, eventuell sogar unmöglich gemacht. *Hofmann*, welcher das Selbstbestimmungsrecht durch Artikel 2 I GG als geschützt ansieht, versucht beispielhaft aufzuzählen, was alles vom Schutzbereich des Selbstbestimmungsrechtes erfasst werden kann. Zum Kern des Selbstbestimmungsrechtes zählt *Hofmann* die Vertragsfreiheit, die Wettbewerbsfreiheit, die Ausreisefreiheit, die Freiheit im Sexualbereich, das Recht zur Bestimmung über das eigene äußere Erscheinungsbild und die Freiheit der Gewissensentscheidung[654]. *Göbel* versucht das Selbstbestimmungsrecht allgemeiner zu beschreiben: „Es bedeutet die rechtlich prinzipiell anerkannte Möglichkeit des Einzelnen, mit den Gütern, die ihm nach den Regeln unserer Verfassungs- und Privatrechtsordnung zustehen, nach seiner freien Entscheidung zu verfahren“[655]. Darin könnte schon eine Erklärung für die unterschiedliche Reichweite des Selbstbestimmungsrechtes in Frankreich und Deutschland liegen. Wenn das Selbstbestimmungsrecht nur so weit gehen kann, wie es das Verfassungs- und das Privatrecht erlauben, müssen Unterschiede zwischen Frankreich und Deutschland bestehen, da Verfassungs- und Privatrecht nicht identisch sind, sondern auch historisch betrachtet unterschiedliche Wurzeln haben. Erwähnenswert ist an dieser Stelle das in Deutschland durch Artikel 2 II GG geschützte Rechtsgut der körperlichen Unversehrtheit. Dieses Recht wird weder in der französischen Menschen- und Bürgerrechtserklärung von 1789 noch in der Präambel der Verfassung von 1958 genannt. Erst 1994 wird das Prinzip der Unverletzlichkeit des Körpers (*l'inviolabilité du corps humain*) positivrechtlich erwähnt[656], allerdings nicht in der Präambel der französischen Verfassung, welche die Grundrechte (*libertés publiques*) nennt, sondern im Code civil. Artikel 16-1 al. 2 Code civil hat seit 1994 folgenden Inhalt: „*Le corps humain est inviolable*“. Diese voneinander abweichende Verankerung des Prinzips der Unverletzlichkeit des Körpers zeigt schon deutlich die Unterschiede des deutschen und französischen Rechtes, ohne dass sich daraus auch zwangsläufig eine unterschiedliche Gewährleistung der *Grundrechte* ergeben muss.

Das französische Recht kennt keine Differenzierung zwischen Körper und Person[657], weswegen der Körper nicht zur Disposition des Einzelnen steht. „*Je ne suis pas propriétaire de mon corps, puisque mon corps c'est moi en tant que je suis une personne juridique*“[658]. Daraus ergibt sich wiederum der Ausschluss jeglicher vermögensrechtlicher Verfügungsrechte über den eigenen Körper. Dass dieser Grundsatz der Indisponibilität des Körpers auch Ausnahmen kennt, haben die vorherigen Recherchen bereits gezeigt und wird durch die Artikel 16-3 und 16- 4 Code civil auch gesetzlich bestätigt. So darf im Medizinrecht von

---

654 *Hofmann*, in: Schmidt-Bleibtreu/Hofmann/Hopfauf, Artikel 2, Rn. 23.

655 *Göbel*, S. 21.

656 Siehe hierzu auch: *Nitschmann*, S. 163 ff.

657 *Nitschmann*, S. 165.

658 *Terré/Fenouillet*, Droit civil, Rn. 17.

der Unversehrtheit des eigenen Körpers und damit auch von dessen Indisponibilität abgewichen werden[659]. Diesen Ausnahmen sind jedoch enge Grenzen gesetzt. Zum einen zeigen sich diese an der Gestaltung des Artikels 16-1 Code civil. Aufgrund herber Kritik und der Befürchtung, dass durch die Neubestimmungen der Artikel 16 ff. Code civil die vermögensrechtliche Dispositionsbefugnis über den Körper preisgegeben werden könnte, bestimmt Artikel 16-1 al. 3 Code civil, dass diesem Grundsatz weiterhin eine hohe Geltung zukommt. So erklärt Artikel 16-1 al. 3 Code civil: „*Le corps humain, ses éléments et ses produits ne peuvent faire l'objet d'un droit patrimonial*"[660]. Zum anderen zeigen sich die starren Grenzen der Ausnahme von der Nichtverfügbarkeit des eigenen Körpers auch anhand der im deutschen Recht als Rechtfertigungsgrund anerkannten Einwilligung. Im deutschen Recht wird der Einwilligung sowohl im Zivil- als auch im Strafrecht eine hohe Geltung zugesprochen, ohne explizit gesetzlich genannt zu werden. Lediglich das Strafrecht erwähnt, dass eine Körperverletzung gemäß § 228 StGB trotz Einwilligung rechtswidrig ist, wenn die Tat gegen die guten Sitten verstößt. Ein Paragraph, welcher klarstellt, dass die Einwilligung als Rechtfertigungsgrund anerkannt wird und unter welchen Voraussetzungen dies der Fall ist, fehlt. Dies gilt sowohl für das Strafrecht als auch für das Zivilrecht.

Im französischen Recht gibt es ebenfalls keine positivrechtlichen Regelungen der Einwilligung, bis auf die zuvor genannten Artikel im Code de la santé publique (Artikel L 1111-4 al. 3). Auch ein dem § 228 StGB vergleichbarer Tatbestand ist dem französischen Recht fremd. Der Einwilligung kommt im französischen Strafrecht keine die Rechtswidrigkeit beseitigende Wirkung zu. Der römische Grundsatz „*volenti non fit iniuria*" hat folglich keinerlei Auswirkungen auf das französische Strafrecht. Das liegt zum einen an der oben beschriebenen Indisponibilität des eigenen Körpers und zum anderen an der Ausrichtung des französischen Strafrechtes als *d'ordre public* (öffentliche Ordnung)[661]. Danach liegt es nicht im Ermessen des Einzelnen zu bestimmen, wann ein Verbrechen oder Vergehen bestraft wird, sondern dies ist allein Aufgabe des Staates[662]. Somit erklärt sich auch, warum ein Paragraph wie § 228 StGB im französischen Code pénal fehlt.

Es stellt sich die Frage, ob das französische Zivilrecht den Grundsatz „*volenti non fit iniuria*" anerkennt. Auffallend ist, dass auch die Suche nach dieser Antwort nicht einfach ist. So finden sich in den einschlägigen Zivilrechtsbüchern kaum Hinweise auf den im deutschen Recht so bekannten „*Volenti*"-

659 Zu denken ist hier über die Therapiebegrenzung hinaus auch an Transplantationen, Blut- und Samenspenden.

660 Der Körper, seine Elemente und seine Früchte dürfen nicht zum Inhalt eines Vermögensrechtes umgewandelt werden.

661 *Hübner/Constantinesco*, S. 134; *Archer*, Rn. 189.

662 *Archer*, Rn. 189.

Grundsatz. Letztendlich ist bei *Terré/Simler/Lequette* folgender Absatz zu lesen: *„Le consentement de la victime est aussi de nature à supprimer le caractère blâmable de l'acte dommageable, tout au moins lorsqu'il s'agit de dommages materièls. Alors s'applique nettement un adage traditionnel: „Volenti non fit iniuria". Lorsqu'ils s'agit des dommages corporels et quelles que soient les hésitations suscitées par l'analyse des droits d'une personne sur son corps, le droit français répugne à faire produire d'autre effet au consentement de la victime que celui d'une faute limitant la responsabilité de l'auteur du dommage, voire l'exonérant, mais ne supprimant pas, à proprement parler, sa faute*"[663]. Damit wird dem Grundsatz *„volenti non fit iniuria*" ausdrücklich eine Absage erteilt, zumindest wenn es sich um körperliche Schäden handelt. Somit spielt die Einwilligung auch im französischen Zivilrecht keine ausschlaggebende Rolle.

Dieses Beispiel zeigt, dass es die französischen Gesetze nur in stark begrenzten Ausnahmefällen erlauben, frei und selbstbestimmt über den eigenen Körper zu verfügen. In Deutschland ist eher das Gegenteil der Fall. Es ist demnach davon auszugehen, dass das deutsche Recht dem Einzelnen eine größere Verfügungsbefugnis über seinen eigenen Körper zugesteht, als es das französische Recht zulässt. So erklärt sich anhand der Definition des Selbstbestimmungsrechtes nach *Göbel* auch, warum dieses unterschiedlich stark gewährleistet wird. Danach kann das Selbstbestimmungsrecht nur in dem Umfang anerkannt werden, wie es das einschlägige Rechtssystem zulässt. Das französische Recht und die Jurisprudenz stufen die Einwilligung nicht als Rechtfertigungsgrund ein und gestatten dem Einzelnen nur in ganz seltenen Fällen, über seinen eigenen Körper frei zu verfügen. In Deutschland wird die Einwilligung dagegen anerkannt. Dem Einzelnen wird in begrenzten Situationen erlaubt, über den eigenen Körper zu verfügen. So muss der Schutzbereich des deutschen Selbstbestimmungsrechtes bereits als weiter beschrieben werden, woraus konsequenterweise auch ein unterschiedlicher Schutzumfang resultieren muss. Dies könnte eine mögliche Erklärung für die unterschiedliche Reichweite des Selbstbestimmungsrechtes in Frankreich und Deutschland sein.

II. Unterschiedliches Arzt-Patienten-Verhältnis in Deutschland und Frankreich

Als weiterer Lösungsansatz, um die Unterschiede zu erklären, könnte ein unterschiedliches Arzt-Patienten-Verhältnis in Frankreich und Deutschland in Betracht kommen. Zu denken wäre daran, dass das Arzt-Patienten-Verhältnis in Frankreich eventuell stärker ausgeprägte paternalistische Züge aufweisen könnte. Auf der einen Seite steht der Einzelne, welchem nur wenige Dispositionsmöglichkeiten über seinen eigenen Körper zugesprochen werden. Auf der ande-

663 *Terré/Simler/Lequette*, Rn. 738.

ren Seite steht die Ärzteschaft, welche Jahrhunderte lang lediglich den Patienten als einen kranken Körper und nicht die dazugehörige Person erblickt hat[664]. Je mehr Rechte dem Einzelnen jedoch zustehen, über seinen Körper frei bestimmen zu können, umso weniger kann sich ein Arzt über den Willen des Patienten hinwegsetzen.

E. Vorbildfunktion der „*loi sur la fin de vie*"?

Des Weiteren ist zu klären, ob die französische „*loi sur la fin de vie*" als Vorbild für die deutsche Gesetzgebung angesehen werden kann. Zu berücksichtigen ist zum einen, dass die eingeschränkte Reichweite des Selbstbestimmungsrechtes sicherlich nicht vorteilhaft sein kann. Zum anderen ist zu hinterfragen, ob ein wie im französischen Recht existierendes selbständiges Gesundheitsgesetzbuch (*Code de la santé*) in Deutschland überhaupt möglich ist. Schließlich darf nicht außer Acht gelassen werden, dass die „*loi sur la fin de vie*" in das bestehende CSP integriert wurde. Hier muss eine kurze Auseinandersetzung mit dem französischen Gesundheits- bzw. Medizinrecht[665] erfolgen. Ebenso wie in Deutschland ist für das französische Gesundheits- bzw. Medizinrecht sowohl das Zivil-, Straf- als auch Verfassungsrecht ausschlaggebend. Darüber hinaus kommt, wie in Deutschland, der Rechtsprechung eine hohe Bedeutung zu. Anders als in Deutschland existiert seit 1953 in Frankreich ein Gesundheitsgesetzbuch, der CSP. Dieser enthält Regelungen zum allgemeinen Gesundheitsschutz, explizit hervorgehoben für Familie, Mütter und Kinder, sowie Regelungen zur Berufsausübung und Berufszulassung und den Einrichtungen des Gesundheitssystems. Es beinhaltet ebenso das Arzneimittelrecht und Regelungen zu Medizinprodukten. Integriert in den CSP ist zusätzlich der *Code de déontologie médical*. Dieser entspricht den Berufsordnungen der Bundesärztekammer. Dabei handelt es sich ebenfalls nur um untergesetzliches Recht, welchem keine eigene Rechtskraft zukommt. Deshalb können nur unmittelbar Rechte und Pflichten im Verhältnis zu den Berufsangehörigen entstehen.

In Deutschland existiert ein vergleichbares Gesetz nicht, welches weite Teilbereiche des Medizin- bzw. Gesundheitsrechtes erfasst. Stattdessen gibt es viele einzelne Gesetze wie zum Beispiel das Arzneimittelgesetz, das Apothekengesetz, das Gesetz über Medizinprodukte oder das Krankenhausfinanzie-

664 *Nitschmann*, S. 102, 166.

665 Die Begriffe Gesundheits-, Medizin- und Arztrecht werden sehr unterschiedlich definiert, so dass eine einheitliche Definition bis heute nicht existiert. Eine tiefere Auseinandersetzung mit den Definitionen ist im Rahmen dieser Arbeit nicht von besonderer Wichtigkeit, weswegen darauf auch verzichtet wird. Eine ausführlichere Darstellung hierzu bietet: *Quaas/Zuck*, „Medizinrecht", Rn.10 ff.

rungsgesetz[666]. Mitunter könnte das Fehlen eines einheitlichen Gesundheits- bzw. Medizinrechtsgesetzbuches damit erklärt werden, dass dem Bund keine generelle Gesetzgebungskompetenz für das Gesundheitswesen zukommt. Die Gesetzgebungsbefugnis beschränkt sich auf die ausdrücklich in Artikel 74 I Nr. 11, 12, 19, 19a, 26 a GG genannten Regelungskomplexe. Wichtig sind dabei vor allem die in Nummer 19 aufgezählten Bereiche der Zulassung zu ärztlichen und anderen Heilberufen und zum Heilgewerbe, des Apothekenwesens, der Arzneien, der Medizinprodukte, der Heilmittel, der Betäubungsmittel und der Gifte. Dabei fällt auf, dass zwar die Zulassung zum Arztberuf Bundessache ist, die Berufsausübung dagegen in den Zuständigkeitsbereich der Bundesländer fällt. Daher ist ein dem französischen Recht vergleichbares Gesundheits- bzw. Medizinrechtsgesetzbuch nicht in dem dort gewährleisteten Umfang möglich, da nicht alle einschlägigen Bereiche in die Gesetzgebungskompetenz des Bundes fallen. Ein vergleichbares Gesetz über die Rechte des Einzelnen am Ende seines Lebens würde allerdings gemäß Artikel 74 I Nr. 11 GG in die Gesetzgebungskompetenz des Bundes fallen, so dass diesbezüglich keine Hinderungsgründe bestehen würden.

Die „*loi sur la fin de vie*“ ist teilweise gelungen und somit durchaus als vorbildlich anzusehen. Hierzu zählt vor allem das explizite Hervorheben der Rechte der Personen, welche im ersten Kapitel des Gesetzes aufgelistet werden. Dabei ist positiv anzumerken, dass das Gesetz nicht mehr von Patient (*patient*) spricht, sondern allgemein von Person (*personne*) oder von der kranken Person (*personne malade*). Besondere Beachtung verdient Artikel L 1110-2 CSP[667], welcher klarstellt, was an sich selbstverständlich sein sollte, nämlich, dass die Würde des kranken Menschen ebenso geschützt werden muss wie die des Gesunden. Ebenso gelungen ist Artikel L 1110-5 al. 2, 3 CSP, welcher zum einen die Einwilligung als notwendige Voraussetzung für einen ärztlichen Eingriff darstellt und zum anderen die Bindung des Arztes an den Willen der Person festhält, und zwar auch dann, wenn dies zu einer Lebensgefährdung führt. Die somit auch gesetzlich legitimierte Therapiebegrenzung lebenserhaltender Maßnahmen ist für das deutsche Recht besonders interessant. Dem deutschen Gesetzgeber fiel es auf diesem Gebiet äußerst schwer, die ohnehin akzeptierte Therapiebegrenzung auch gesetzlich zu regeln. Ebenso als positiv ist zu bewerten, dass der französische Gesetzgeber die Therapiebegrenzung, unabhängig von einem bereits eingesetzten Sterbeprozess, erlaubt und für den Fall der Therapiebegrenzung eine palliative Versorgung vorsieht. Vorbildlich ist auch die Unterscheidung zwischen Personen, welche zur Willensäußerung fähig sind, und denjenigen, die dazu nicht mehr in der Lage sind, und den minderjährigen und betreuten

666 Siehe unter: www.bmg.bund.de/cln_110/nn_1168298/DE/Service/Suche/Gesetze/Krankenhaeuser/krankenhaeuser__node.html?__nnn=true.

667 Artikel L 1110-2 CSP: „La personne malade a droit au respect de sa dignité“.

Personen. Auch in Deutschland würde sich eine derartige Differenzierung anbieten. Weiterhin verdient die gesetzliche Fixierung der so genannten indirekten Sterbehilfe in Artikel L 1110-5 al. 5 CSP Anerkennung. So wird klargestellt, unter welchen Voraussetzungen diese erlaubt ist. Generell kann die „*loi sur la fin de vie*" auch aus einem strafrechtlichen Blickwinkel überzeugen. Schließlich werden so die strittigen Fragen, ob eine Therapiebegrenzung oder die indirekte Sterbehilfe strafbar ist oder nicht, geklärt und zwar zu Gunsten der Straffreiheit für den Arzt. Anhand der Kombination der genannten Artikel des CSP und des Artikels 122-4 Code pénal (*autorisation de la loi*) gelingt die Einordnung, ob ein Sachverhalt als straffrei oder strafbar zu bewerten ist, sehr leicht. Hier könnte der deutsche Gesetzgeber durchaus auch über die Schaffung eines Rechtfertigungsgrundes wie Artikel 122-4 Code pénal nachdenken.

Meines Erachtens muss aber auch betont werden, dass die „*loi sur la fin de vie*" nicht alle Schwierigkeiten und Probleme berücksichtigt hat. Negativ und folglich nicht vorbildlich sind die unterschiedlichen Begrifflichkeiten, welche verwendet werden (*tout/d'un/de/obstination déraisonnable*). So wird stellenweise nicht klar, ob bei willensäußerungsunfähigen Personen alle lebenserhaltenden Maßnahmen abgebrochen werden dürfen oder nur diejenigen, welche unter den unbestimmten Begriff *obstination déraisonnable* fallen. Ein Gesetz sollte hier ganz deutlich festlegen, welche lebenserhaltenden Maßnahmen abgebrochen werden dürfen und welche nicht.

Sehr zu kritisieren ist, dass der französische Gesetzgeber sich zwar bemüht hat, das Selbstbestimmungsrecht des Einzelnen zu stärken und dies im Hinblick auf willensäußerungsfähige Personen auch gelungen ist. Insgesamt betrachtet bleibt die Gewährleistung des Selbstbestimmungsrechtes weit hinter dem deutschen Standard zurück. Die Alleinbefugnis des französischen Arztes zu entscheiden, wann lebenserhaltende Maßnahmen bei einer zur Willensäußerung unfähigen Person abgebrochen werden sollten, ist mit dem deutschen Selbstbestimmungsrecht nicht zu vereinbaren. Dieses verlangt, dass auch der vorher geäußerte Wille oder der mutmaßliche Wille des Patienten erforscht und beachtet werden muss. Die französischen Bestimmungen zur Therapiebegrenzung bei zur Willensäußerung unfähigen Personen sind daher keineswegs als vorbildlich anzusehen. Eng damit verbunden ist die Tatsache, dass Patientenverfügungen im französischen Recht keine Bindungswirkung zukommt. Durch eine Patientenverfügung kann der Einzelne auf bevorstehende Situationen, in denen er sich nicht mehr äußern kann, Einfluss auf die Art und Weise der medizinischen Versorgung nehmen. Wenn dies Sinn und Zweck von Patientenverfügungen ist, dann sollte diesen auch eine klare Bindungswirkung zu kommen, alles andere ist meines Erachtens sinnwidrig.

Die „*loi sur la fin de vie*" kann folglich nur teilweise als vorbildhaft bezeichnet werden und sollte dementsprechend auch nur insoweit Beachtung finden. Von einer absoluten Vorbildfunktion kann nicht gesprochen werden.

Siebentes Kapitel: Eigene Gesetzentwürfe zur Lösung der diskutierten Probleme

Es hat sich gezeigt, dass weder die zur Zeit in Deutschland diskutierten Gesetzesvorschläge, auch unter Berücksichtigung des neuen Patientenverfügungsgesetzes, noch das französische Recht vollkommen überzeugen können. Aus diesem Grund wird der Versuch unternommen, eine Lösung zu finden, welche die Defizite der genannten Regelungen überwinden kann.

A. Gesetzentwürfe

Auf der Grundlage der Analyse der deutschen und der französischen Rechtslage zur ärztlichen Therapiebegrenzung werden im Folgenden zwei Gesetzentwürfe vorgestellt, welche sowohl straf- als auch zivilrechtliche Neuregelungen vorsehen.

I. Gesetzentwurf zur Änderung des StGB

Strafgesetzbuch in der Fassung der Bekanntmachung vom 13. November 1998 (BGBl. I S. 3322), zuletzt geändert durch Artikel 1 des Gesetzes vom 13. August 2008 (BGBl. I S. 1690), wird wie folgt geändert:

1. § 216 wird wie folgt ergänzt:

§ 216 Tötung auf Verlangen
(1) Unverändert: Ist jemand durch das ausdrückliche und ernstliche Verlangen des Getöteten zur Tötung bestimmt worden, so ist auf Freiheitsstrafe von sechs Monaten bis zu fünf Jahren zu erkennen.

(2) Unverändert: Der Versuch ist strafbar.

(3) Verschreibt oder verabreicht ein Arzt schmerzstillende Medikamente, welche unvermeidlich eine lebensverkürzende Wirkung haben, handelt dieser nicht rechtswidrig, wenn dies dem Willen oder dem mutmaßlichen Willen des tödlich Erkrankten entspricht.

2. § 217 StGB wird eingefügt:

§ 217 StGB Assistierter Suizid
(1) Das Verschreiben und das Aushändigen eines tödlich wirkenden Medikamentes sind nicht rechtswidrig, wenn dies dem ausdrücklichen, ernsthaften und freien Willen des tödlich erkrankten Patienten entspricht und das Medikament selbständig, ohne fremde Hilfe, eingenommen werden kann.

(2) Wer den assistierten Suizid eines anderen aus Gewinnsucht unterstützt, wird mit Freiheitsstrafe bis zu fünf Jahren oder mit Geldstrafe bestraft.

3. § 217 a wird eingefügt:

§ 217 a Therapiebegrenzung lebenserhaltender Maßnahmen
(1) Die Therapiebegrenzung ist nicht rechtswidrig, wenn die Abstandnahme von lebenserhaltenden oder der Verzicht auf lebenserhaltende Maßnahmen medizinisch indiziert ist. Therapiebegrenzung ist die nachträgliche Abstandnahme von lebenserhaltenden oder der anfängliche Verzicht auf lebenserhaltende Maßnahmen.

(2) Die ärztliche Therapiebegrenzung lebenserhaltender Maßnahmen bei einwilligungsverweigerungsfähigen Personen ist nicht rechtswidrig, wenn die Abstandnahme lebenserhaltender oder der Verzicht auf lebenserhaltende Maßnahmen dem ausdrücklichen Willen des Patienten entspricht.

(3) Die ärztliche Therapiebegrenzung lebenserhaltender Maßnahmen bei einwilligungsverweigerungsunfähigen (auch betreuten) Personen ist nicht rechtswidrig, wenn diese dem mutmaßlichen Willen der Person entspricht. § 223 a III StGB gilt entsprechend.

(4) Die ärztliche Therapiebegrenzung lebenserhaltender Maßnahmen bei einwilligungsverweigerungsunfähigen Minderjährigen ist nicht rechtswidrig, wenn dies dem Willen der gesetzlichen Vertreter entspricht. Bei einwilligungsverweigerungsfähigen Minderjährigen sollte ein Konsens zwischen dem Willen der gesetzlichen Vertreter und des Minderjährigen gefunden werden.

(5) Die Absätze I - IV gelten unabhängig von der Art und dem Stadium der Erkrankung. Unabhängig ist, auf welche lebenserhaltenden Maßnahmen verzichtet werden soll oder welche lebenserhaltenden Maßnahmen abgebrochen werden sollen.

(6) In den Fällen des Absatzes I - IV tritt an die Stelle von Lebenserhaltung die palliativ-medizinische Versorgung.

4. § 223 a wird eingefügt:

§ 223 a Medizinische Eingriffe
(1) Nehmen Ärzte oder das Pflegepersonal medizinische Handlungen vor, obwohl diese nicht dem ausdrücklichen oder dem mutmaßlichen Willen des Patienten entsprechen, ist mit einer Freiheitsstrafe bis zu fünf Jahren oder mit Geldstrafe zu bestrafen.

(2) Ein medizinischer Eingriff darf nur mit dem ausdrücklichen Willen der erkrankten einwilligungsfähigen Person vorgenommen werden. Die Einwilligungsfähigkeit richtet sich nach der konkreten Einsichts- und Urteilsfähigkeit des Patienten.

(3) Ist der Patient nicht mehr einwilligungsfähig, dürfen medizinische Eingriffe nur dann vorgenommen werden, wenn diese dem mutmaßlichen Willen entsprechen. Der mutmaßliche Wille ist anhand schriftlicher und mündlicher Äußerungen des Patienten zu ermitteln. Sollten solche nicht vorliegen, sind religiöse und ethische Wertvorstellungen und die allgemeine Lebenseinstellung der Person zu berücksichtigen. Sollte der mutmaßliche Wille auf diese Weise nicht feststellbar sein, sind das Alter, die Art der Krankheit, die Lebenserwartung und die Heilungsaussichten zu berücksichtigen.

II. Gesetzentwurf zur Änderung des BGB

Das Bürgerliche Gesetzbuch in der Fassung der Bekanntmachung vom 2. Januar 2002 (BGBl. I S. 42, ber. S. 2909 und BGBl. I 2003, S. 738), wird wie folgt geändert:

1. § 1896 II S. 3 wird wie folgt eingefügt:

§ 1896 Voraussetzungen
(1) Unverändert: Kann ein Volljähriger auf Grund einer psychischen Krankheit oder einer körperlichen, geistigen oder seelischen Behinderung seine Angelegenheiten ganz oder teilweise nicht besorgen, so bestellt das Vormundschaftsgericht auf seinen Antrag oder von Amts wegen für ihn einen Betreuer. Den Antrag kann auch ein Geschäftsunfähiger stellen. Soweit der Volljährige auf Grund einer körperlichen Behinderung seine Angelegenheiten nicht besorgen kann, darf der Betreuer nur auf Antrag des Volljährigen bestellt werden, es sei denn, dass dieser seinen Willen nicht kundtun kann.

(1a) Unverändert: Gegen den freien Willen des Volljährigen darf ein Betreuer nicht bestellt werden.

(2) Ein Betreuer darf nur für den Aufgabenkreis bestellt werden, in dem die Betreuung erforderlich ist. Die Betreuung ist nicht erforderlich, soweit die Angelegenheiten des Volljährigen durch einen Bevollmächtigten, der nicht zu den in § 1897 III bezeichneten Personen gehört, oder durch andere Hilfen, bei denen kein gesetzlicher Vertreter bestellt wird, ebenso gut wie durch einen Betreuer besorgt werden können. *Eingefügt: Eine wirksam erstellte Patientenverfügung stellt eine andere Hilfe im Sinne des § 1896 II S. 2 dar, so dass eine Betreuerbestellung nicht zwingend notwendig ist.*

(3) Unverändert bleiben die Absätze III und IV.

2. § 1901 a wird wie folgt ergänzt:

§ 1901 a Patientenverfügung
(1) Jede einwilligungs- bzw. einwilligungsverweigerungsfähige Person kann für den Fall später eintretender Einwilligungsunfähigkeit bzw. Einwilligungsverweigerungsunfähigkeit schriftlich festlegen, welche medizinischen Maßnahmen vorgenommen (Einwilligung) oder unterbleiben (Einwilligungsverweigerung) sollen. Diese Anweisungen (Patientenverfügung) sind verbindlich, außer der Verfasser hat sie selbst widerrufen, es sei denn, es ist zu erkennen, dass der Verfasser an den Inhalt nicht mehr gebunden sein möchte oder der Verfasser zum Abfassen des Inhalts gezwungen wurde.

(2) Die verbindliche Patientenverfügung muss datiert, unterschrieben und frei von jeglichen äußeren Zwängen verfasst worden sein.

(3) Sollte ein Betreuer trotz Patientenverfügung bestellt sein, hat dieser der Patientenverfügung Geltung zu verschaffen und zu überprüfen, ob die beschriebene Situation auf die aktuelle Situation zutrifft. Liegt keine Patientenverfügung vor, hat der Betreuer den mutmaßlichen Willen des Betreuten zu ermitteln und danach zu entscheiden. Der mutmaßliche Wille ist anhand schriftlicher und mündlicher Äußerungen des Patienten zu ermitteln. Sollten solche nicht vorliegen, sind religiöse, ethische Wertvorstellungen und die allgemeine Lebenseinstellung des Patienten maßgeblich. Sollte der mutmaßliche Wille auf diese Weise nicht feststellbar sein, sind das Alter, die Krankheit, die Lebenserwartung und die Heilungsaussichten zu berücksichtigen.

(4) Absatz III gilt auch für Bevollmächtigte.

(5) Die Absätze I - IV gelten unabhängig von Art und Stadium einer Erkrankung des Verfassers. Somit kann eine einwilligungsverweigerungsfähige Person festlegen, dass für den Fall der Einwilligungsverweigerungsunfähigkeit auf alle lebenserhaltenden Maßnahmen verzichtet werden soll oder diese abgebrochen werden sollen.

(6) Der bisherige § 1901 a wird zu § 1901 b.

3. § 1904 wird wie folgt gefasst:

§ 1904 Vormundschaftliche Genehmigung
(1) Unverändert: Die Einwilligung des Betreuers in eine Untersuchung des Gesundheitszustands, einer Heilbehandlung oder eines ärztlichen Eingriffs bedarf der Genehmigung des Vormundschaftsgerichtes, wenn die begründete Gefahr besteht, dass der Betreute aufgrund der Maßnahme stirbt oder einen schweren und länger dauernden gesundheitlichen Schaden erleidet. Ohne die Genehmigung darf die Maßnahme nur durchgeführt werden, wenn mit dem Aufschub Gefahr verbunden ist.

(2) Die Einwilligungsverweigerung, lebenserhaltende Maßnahmen nicht einzuleiten oder nicht fortzusetzen, bedarf der vormundschaftlichen Genehmigung.

(3) Die Genehmigung ist nach Absatz I und II zu erteilen, wenn die Einwilligung, die Einwilligungsverweigerung oder der Widerruf der Einwilligung dem Willen des Betreuten entspricht.

(4) Eine Genehmigung ist nach Absatz I und II nicht erforderlich, wenn zwischen Betreuer und Arzt keine Unstimmigkeiten bestehen, welche Behandlungen oder Nichtbehandlungen dem Willen des Betreuten entsprechen.

(5) Die Absätze I - V gelten auch für einen Bevollmächtigten. Er kann in eine der in Absatz I Satz 1 oder Absatz II genannten Maßnahmen nur einwilligen, nicht einwilligen oder die Einwilligung widerrufen, wenn die Vollmacht diese Maßnahmen ausdrücklich umfasst und schriftlich erteilt ist.

III. Begründung der Gesetzesvorschläge

Die ausgearbeiteten Gesetzentwürfe sollen im Folgenden begründet werden, um zu verdeutlichen, dass auch nach Verabschiedung des Patientenverfügungsgesetzes noch Gesetzeslücken bestehen, die mit den vorgestellten Entwürfen geschlossen werden könnten.

1. Allgemeines

Ein einheitliches Gesetz wie die „*loi sur la fin de vie*" wäre sicherlich aus Gründen der Transparenz wünschenswert, es wäre dem deutschen Recht jedoch sehr fremd. Deswegen würde es sich anbieten, die neuen Regelungen in das BGB und das StGB einzuarbeiten. Vorzugswürdig erscheint hierbei als Standort im Zivilrecht das Betreuungsrecht und im StGB der Abschnitt der Körperverletzungs- und Tötungsdelikte. Natürlich könnte eine strafrechtliche Lösung auch anhand des französischen Modells vorgenommen werden und ein weiterer Rechtfertigungsgrund eingeführt werden. Dieser müsste dann klarstellen, dass keine rechtswidrige Tat vorliegt, wenn das Handeln oder Unterlassen von einem Gesetz ausdrücklich genehmigt oder vorgeschrieben wird. Dann müsste allerdings ein Paragraph im BGB die Therapiebegrenzung ausdrücklich genehmigen. Gegen eine solche Konstruktion sprechen jedoch gewichtige Einwände: Zum einen ruft ein solch weiter Rechtfertigungsgrund, aufgrund des im Dritten Reich erlaubten staatlichen Tötens, ein Unbehagen hervor. Eine derartige Konstruktion könnte schließlich dazu führen, dass staatlich vorgegebenes Töten nochmals als gerechtfertigt angesehen wird und unbestraft bleibt. Zum anderen erscheint jedoch auch das Betreuungsrecht des BGB nicht als geeigneter Standort, um festzulegen, in welchen Fällen eine Therapiebegrenzung geboten ist und in welchen Fällen nicht. Das Betreuungsrecht sollte Regelungen zum Inhalt haben, welche betreute oder bevollmächtigte Personen betreffen. Dazu würde dann aber die Gebotenheit der Therapiebegrenzung willensäußerungsfähiger oder minderjähriger Patienten nicht passen. Ebenso wäre auch die Gebotenheit der indirekten Sterbehilfe als Bestandteil des Betreuungsrechts unpassend. Deswegen bietet es sich an, die Gebotenheit der Therapiebegrenzung und deren Voraussetzungen im StGB zu verankern. Da das StGB die so genannte aktive Sterbehilfe durch § 216 StGB verbietet, wäre die Einführung weiterer Paragraphen sinnvoll. § 216 III StGB könnte zum Beispiel die Gebotenheit der indirekten Sterbehilfe festlegen und die nötigen Voraussetzungen dafür nennen. Ebenso würde sich die Klarstellung, ob der assistierte Suizid ge- oder verboten ist, im Rahmen des § 216 StGB systematisch gut verbinden lassen. Ein neu eingefügter § 217 StGB könnte den assistierten Suizid zum Inhalt haben. § 217 a StGB könnte die Gebotenheit der Therapiebegrenzung und deren Voraussetzung nennen. Des Weiteren sollte auf jeden Fall gesetzlich geregelt werden, dass im Falle einer Therapiebegrenzung der Patient mit der so genannten Basispflege und Palliativmedizin versorgt werden muss.

Die Integration dieser Vorschläge in das BGB ist etwas schwieriger. Als richtungsweisend bietet sich das Betreuungsrecht an. Allerdings sollten auch nur die Regelungen in das Betreuungsrecht integriert werden, welche auch wirklich die Betreuung oder Bevollmächtigung betreffen. Die Bindungswirkung einer Patientenverfügung und ihre Voraussetzungen gehören so gesehen nicht direkt in das Betreuungsrecht. Allerdings sollte eine Neuregelung ebenfalls zum Gegenstand haben, dass eine Betreuerbestellung nur dann notwendig ist, wenn keine wirksame Patientenverfügung vorliegt. In einem zweiten Absatz könnten dann die generelle Bindungswirkung und die dafür notwendigen Wirksamkeitsvoraussetzungen einer Patientenverfügung genannt werden. Meines Erachtens ist die Reichweitenbegrenzung einer Patientenverfügung auf bestimmte Krankheitsbilder abzulehnen, da die Therapiebegrenzung im StGB, unabhängig von bestimmten Krankheitsbildern und Krankheitsstadien, als geboten legitimiert sein soll. Alles andere wäre mit dem Selbstbestimmungsrecht des Einzelnen nicht zu vereinbaren. Ebenso sollte geklärt werden, in welchen Fällen das Betreuungsgericht die Therapiebegrenzung genehmigen muss. Dafür würde sich § 1904 BGB, welcher die Genehmigungsbedürftigkeit bei lebensgefährlichen medizinischen Maßnahmen vorschreibt, anbieten.

2. Einzelbegründung

Zunächst sollte das StGB klarstellen, dass medizinische Eingriffe nur mit dem ausdrücklichen Willen oder dem mutmaßlichen Willen des Patienten vorgenommen werden dürfen. Für diese Regelung ist der Standort der Körperverletzungsdelikte im 17. Abschnitt des StGB geeignet. Damit wäre der Streit um die Einordnung des ärztlichen Eingriffes als Körperverletzung oder als Persönlichkeitsverletzung letztendlich entschieden. Ein ärztlicher Eingriff ist danach eine tatbestandliche Körperverletzung, die aufgrund einer Einwilligung oder einer mutmaßlichen Einwilligung des Patienten nicht rechtswidrig ist. Gleichzeitig benennt § 223 a II, III StGB die Voraussetzungen der Einwilligungsfähigkeit und anhand welcher Kriterien der mutmaßliche Wille zu ermitteln ist. Der § 223 III StGB geht wegen der ausdrücklichen Nennung des mutmaßlichen Willens weiter als die französische „*loi sur la fin de vie*“, da diese den mutmaßlichen Willen nicht kennt. Der mutmaßliche Wille soll in erster Linie anhand von subjektiven Kriterien bestimmt werden. Erst wenn diese keine Anhaltspunkte bieten, soll auf objektive Kriterien, wie Lebensalter und Art der Krankheit, zurückgegriffen werden.

Der heutige § 216 I und II StGB bleiben unverändert, damit deutlich wird, dass die aktive Sterbehilfe weiterhin verboten ist. Der neu eingefügte § 216 III StGB lehnt die Rechtswidrigkeit der indirekten Sterbehilfe ab, wenn diese dem wirklichen oder dem mutmaßlichen Willen des tödlich Erkrankten entspricht. Unter diesen Voraussetzungen ist die indirekte Sterbehilfe schon jetzt erlaubt, allerdings existiert dafür kein Gesetz.

§ 217 StGB schlägt vor, dass der assistierte Suizid nicht rechtswidrig ist, wenn dieser dem ausdrücklichen, ernsthaften und freien Willen des tödlich erkrankten Patienten entspricht und das tödlich wirkende Medikament selbständig, also ohne fremde Hilfe, eingenommen werden kann. Dies nennt an sich nur, was ohnehin zurzeit erlaubt ist. Wichtig ist dabei, dass es sich um einen tödlich erkrankten Menschen handeln muss. Eine schwere Depression kann nicht ausreichen, um eine tödliche Krankheit anzunehmen. Ebenso sollte § 217 II StGB eine Strafe vorsehen, wenn der assistierte Suizid aus gewinnsüchtigen Motiven durchgeführt wird. Das StGB kennt das Tatbestandsmerkmal der Gewinnsucht bereits (§§ 236 IV Nr. 1, 283 a Nr. 1 StGB). Fraglich ist weiterhin, ob nur der ärztlich assistierte Suizid gerechtfertigt werden kann oder ob dies auch für jeden Dritten gelten soll. Nach der heutigen Rechtslage wird auch der Dritte nicht nach § 216 StGB bestraft, wenn er lediglich als Gehilfe fungierte. Letztendlich ist dies auch ein Grund für die Straffreiheit des Arztes, da auch dieser nur als Gehilfe auftritt. Deswegen sollte auch gesetzlich eine Gleichstellung zwischen einem ärztlich assistierten Suizid und einem lediglich assistierten Suizid erfolgen.

§ 217 a StGB hat stark Artikel L 1111-4 CSP zum Vorbild, wie die Aufteilung der Absätze in einwilligungsfähige, einwilligungsunfähige, bei betreuten und minderjährigen Patienten erkennen lässt. Zusätzlich wird ausdrücklich definiert, was unter einer Therapiebegrenzung zu verstehen ist: Die nachträgliche Abstandnahme von oder der anfängliche Verzicht auf alle lebenserhaltenden Maßnahmen. Zwar wurden die Ungenauigkeiten der „*loi Leonetti*" bezüglich der Frage, welche Maßnahmen als lebenserhaltende Maßnahmen abgebrochen oder auf welche verzichtet werden kann, kritisiert. Dennoch sollte auch im deutschen Recht keine Definition des Begriffes „lebenserhaltende Maßnahme" aufgenommen werden. Dies sollte weiterhin im Ermessen der behandelnden Ärzte stehen. Eine abschließende Definition wird auch aufgrund des medizinischen Fortschrittes niemals möglich sein. Klarzustellen ist aber, dass sowohl auf Wunsch des äußerungsfähigen als auch des äußerungsunfähigen, betreuten oder minderjährigen Patienten alle Maßnahmen, die zur Lebenserhaltung notwendig sind, abgebrochen oder nicht eingeleitet werden. Letztendlich liegt auch hier der große Kritikpunkt der „*loi Leonetti*": Ein äußerungsfähiger Patient darf verlangen, dass alle lebenserhaltenden Maßnahmen abgebrochen oder unterlassen werden, während bei einem äußerungsunfähigen Patienten nur die Maßnahmen unterlassen werden dürfen, welche der so genannten *obstination déraisonnable* entsprechen. Diese Differenzierung ist für das deutsche Recht abzulehnen.

Wichtig ist, dass die Voraussetzungen genannt werden, wann eine Therapiebegrenzung bei einwilligungsfähigen, einwilligungsunfähigen, betreuten und einwilligungsunfähigen Minderjährigen geboten ist. Bei Minderjährigen muss nach dem neuen § 217 a StGB zwischen einwilligungsverweigerungsfähigen und einwilligungsverweigerungsunfähigen Minderjährigen unterschieden werden. Nur eine solche Differenzierung schützt das Selbstbestimmungsrecht der Heranwachsenden hinreichend. Ebenfalls an den Artikeln des CSP orientiert ist Absatz VII, nach welchem an die Stelle der Lebenserhaltung die palliativmedizinische Versorgung tritt.

Sehr wichtig ist meines Erachtens, dass § 217 a StGB ausdrücklich darauf hinweist, dass eine Therapiebegrenzung, unabhängig von Art und Stadium der Krankheit, geboten ist. Auf die Irreversibilität oder den zeitnahen Todeseinritt kommt es nicht an.

§ 1896 II BGB wird dahingehend verändert, dass bei Vorliegen einer wirksamen Patientenverfügung eine Betreuerbestellung als nicht zwingend notwendig angesehen wird. Fast alle Reformvorhaben beschäftigten sich zwar eingehend damit, dass der bestellte Betreuer die wirksame Patientenverfügung umzusetzen hat, aber nicht damit, ob eine Betreuerbestellung überhaupt notwendig ist, wenn eine wirksame Patientenverfügung existiert. Doch die Patientenverfügung bindet nicht nur den Betreuer, sondern auch die behandelnden Ärzte und Pflegeteams. Liegt eine wirksame Patientenverfügung vor und bestehen keinerlei Zweifel, welche lebenserhaltenden Maßnahmen der Patient wünschte oder ablehnte, ist eine Betreuerbestellung nicht erforderlich. Schließlich können auch die Ärzte und Pflegeteams den Willen des Patienten umsetzen, indem sie die entsprechenden Maßnahmen unterlassen, abbrechen oder vornehmen.

§ 1901 a BGB hat eine Definition einer Patientenverfügung zum Inhalt und nennt deren Voraussetzungen. In Grundzügen ist § 1901 a BGB an Artikel L 1111-11 CSP angelehnt. Allerdings geht § 1901 a BGB darüber hinaus. Danach kann jede einwilligungsfähige Person eine Patientenverfügung erstellen, die Voraussetzung der Volljährigkeit nach Artikel L 1111-11 CSP ist nicht maßgeblich. Wichtig ist meines Erachtens, dass klargestellt wird, dass die Patientenverfügung für jedermann verbindlich ist und nicht nur für den Betreuer oder Bevollmächtigten. Sollte ein Betreuer oder Bevollmächtigter dennoch bestellt sein, legt § 1901 a III, IV BGB fest, dass diese die Patientenverfügung überprüfen müssen und bei Vorliegen der beschriebenen Situation umzusetzen haben. Sollte keine Patientenverfügung vorliegen, müssen Betreuer und Bevollmächtigter den mutmaßlichen Willen des Betroffenen ermitteln.

Voraussetzung für eine verbindliche Patientenverfügung ist, dass diese datiert, unterschrieben und frei von jeglichen äußeren Zwängen verfasst worden ist. Ärztliche Aufklärungsgespräche sind vor dem Erstellen einer Patientenverfügung anzuraten, sollten aber nicht verpflichtend sein.

§ 1904 III BGB stellt klar, dass eine vormundschaftliche Genehmigung grundsätzlich erforderlich ist, außer wenn gemäß § 1904 III BGB keine Unstimmigkeiten zwischen Arzt und Betreuer bestehen, welche Behandlungen oder Nichtbehandlungen dem Willen des Betreuten entsprechen. Gemäß § 1904 V BGB gelten die § 1904 I-IV BGB auch für einen Bevollmächtigten entsprechend.

B. Anwendung der hier vorgestellten Gesetzesvorschläge auf die Fallbeispiele

In den Fallbeispielen A und B geht es um den anfänglichen Verzicht lebenserhaltender Maßnahmen und den nachträglichen Abbruch lebenserhaltenden Maßnahmen einwilligungsverweigerungsfähiger Patientinnen. Die behandelnden Ärzte wüssten aufgrund des neu eingefügten § 217 StGB, dass alle medizinischen Maßnahmen eine Einwilligung der Patientin voraussetzen. Lehnen die Patientinnen alle medizinischen Maßnahmen ab, obwohl sie gemäß § 217 StGB einwilligungsfähig beziehungsweise einwilligungsverweigerungsfähig sind, wüssten die Ärzte und Juristen, dass die Nichtvornahme oder der Abbruch dieser Handlungen nach § 217 a II, III StGB geboten wäre und deswegen keine Sanktionen in Betracht kommen könnten.

Im Fallbeispiel C geht es um den Abbruch der künstlichen Ernährung und Beatmung eines bewusstlosen 80-jährigen Patienten. Gemäß § 217 a IIII StGB wüssten die Ärzte und Juristen, dass eine Therapiebegrenzung geboten wäre, wenn diese dem mutmaßlichen Willen des Patienten entsprochen hätte. Wie der mutmaßliche Wille zu ermitteln ist, legen die § 217 II StGB und § 1901 a III BGB fest.

Entspräche der mutmaßliche Wille der Therapiebegrenzung, können gemäß § 217 a IV StGB keine Sanktionen folgen. Liegt eine Patientenverfügung vor, in welcher der Patient ausdrücklich die künstliche Ernährung oder künstliche Beatmung ablehnt, müssen der Betreuer oder die Bevollmächtigten des Patienten diesen Willen umsetzen so, wie die Ärzte sich an die Angaben in der Patientenverfügung halten müssen. Wann eine Patientenverfügung wirksam ist, regelt § 1901 a BGB. Gemäß § 1904 a III BGB wäre bekannt, dass eine vormundschaftliche Genehmigung nur dann erforderlich wäre, wenn sich Betreuer, Bevollmächtigter oder Ärzte nicht über den in einer Patientenverfügung festgehaltenen Willen des Patienten einigen können. Beachten die Ärzte eine Patientenverfügung nicht, obwohl diese allen Anforderungen des § 1901 a BGB gerecht wird, machen sich die Ärzte gemäß § 217 III BGB strafbar.

Im Fallbeispiel D geht es um die Therapiebegrenzung eines minderjährigen oder eines betreuten Patienten, welcher irreversibel bewusstlos ist. Als nach mehreren Monaten keine gesundheitliche Besserung eintritt, entscheiden sich die Eltern/Betreuer für den Abbruch der künstlichen Ernährung. Auch hier hilft der Gesetzentwurf weiter. § 217 a IV StGB und § 1901 a III BGB stellen klar, dass der mutmaßliche Wille des betreuten oder minderjährigen Patienten maßgeblich ist, da der Patient einwilligungsunfähig beziehungsweise einwilligungsverweigerungsunfähig ist. Entspräche der Abbruch der künstlichen Ernährung dem mutmaßlichen Willen des Patienten müssen der Betreuer, Eltern und Ärzte diesen Willen auch umsetzen. Eine Bestrafung kann dann gemäß § 217 a III und IV StGB nicht mehr folgen.

In dem letzten Fallbeispiel geht es zum einen um den Wunsch einer 52-jährigen Patientin, mittels eines Medikaments getötet zu werden, welcher auch nach diesem Gesetzentwurf unverändert verboten bleibt. Zum anderen geht es lediglich um den Wunsch, ein Rezept für ein Medikament zu erhalten, welches sich die Patientin selbst injizieren kann. Der neu eingefügte § 217 b StGB macht deutlich, dass der Arzt, welcher das Medikament verschreibt, nicht bestraft werden kann. Daher entfallen auch zivilrechtliche Ansprüche.

C. Unterschiede zwischen dem verabschiedeten Patientenverfügungsgesetz und den eigenen Entwürfen

Das verabschiedete Patientenverfügungsgesetz und die hier dargestellten Entwürfe decken sich stellenweise. Dies betrifft vor allem den Punkt, dass eine Patientenverfügung und der mutmaßliche Wille unabhängig von der Art und des Stadiums der Krankheit beachtet werden müssen. Der Gesetzgeber geht allerdings davon aus, dass nur volljährige Personen eine Patientenverfügung erstellen können, während nach dem hier entwickelten Gesetzesvorschlag die Einwilligungsfähigkeit ausreicht. Ein 17-jähriger einwilligungsfähiger Patient könnte daher auch eine wirksame Patientenverfügung erstellen.

Ein großer Unterschied besteht weiter darin, dass die Patientenverfügung nach § 1901 a BGB explizit nur im Zusammenspiel mit einem Betreuer oder einem Bevollmächtigten zur Geltung kommt. Der hier vorgeschlagene Entwurf dagegen stellt die Patientenverfügung als Instrument in den Vordergrund, unabhängig davon, ob ein Betreuer oder ein Bevollmächtigter existiert. Er stellt ausdrücklich dar, dass nach § 1896 II BGB eine Betreuerbestellung nicht zwingend notwendig ist, wenn eine Patientenverfügung vorliegt. Diese müsste dann von den Ärzten überprüft werden. Bei Zweifeln könnten die Ärzte oder das Pflegeteam das Betreuungsgericht anrufen.

Nach dem hier vorgeschlagenen Entwurf ist der mutmaßliche Wille anhand einer dreistufigen Prüfung zu ermitteln. Zunächst sollen früher schriftlich oder mündlich geäußerte Behandlungswünsche herangezogen werden. Sollten diese nicht vorliegen, spielen ethische und religiöse Wertvorstellungen und die allgemeine Lebenseinstellung des Patienten eine entscheidende Rolle. Sollten auch diese Kriterien zu keinem Ergebnis führen, sollten auch objektive Kriterien wie das Alter, die Art der Krankheit, die Lebenserwartung und die Heilungsaussichten berücksichtigt werden. § 1901 a II BGB sieht dagegen vor, dass insbesondere frühere mündliche oder schriftliche Äußerungen, ethische oder religiöse Überzeugungen und sonstige persönliche Wertvorstellungen des Betreuten maßgeblich sind. Durch die Verwendung des Wortes „insbesondere“ wird deutlich, dass der Gesetzgeber diese Kriterien nur als Beispiele und gerade nicht als abschließende Anhaltspunkte verstehen will. Allerdings müssen konkrete Anhaltspunkte für die Annahme des mutmaßlichen Willens für oder gegen eine Therapiebegrenzung vorliegen. Konkrete Anhaltspunkte können sich jedoch niemals anhand objektiver Kriterien ergeben. Falls keine konkreten Anhaltspunkte für einen mutmaßlichen Willen vorhanden sind, ist der Grundsatz *in dubio pro vita* einschlägig. Nach dem hier vorgeschlagenen Entwurf könnten Betreuer/Bevollmächtigte und Ärzte den mutmaßlichen Willen auch anhand objektiver Kriterien ermitteln. Wenn das Alter, die Heilungsaussichten und die Krankheit für eine Therapiebegrenzung sprechen, ist diese geboten. Ein weiterer großer Unterschied ist darin zu sehen, dass der Entwurf auch Änderungen im StGB zum Inhalt hat.

Schlussbetrachtungen

Betont werden muss am Ende dieser Arbeit, dass Gesetze allein nicht ausreichen, um alle Probleme, die mit der Sterbehilfe verbunden sind, lösen zu können. Schließlich verkörpern Gesetze lediglich Ver- oder Gebote. Dagegen können Gesetze die moralischen Bedenken, die bei den Fragen über die Zulässigkeit bzw. Gebotenheit der Sterbehilfe von großer Bedeutung sind, nicht beantworten. Dies zeigt sich deutlich an dem im Jahre 2008 begangenen Freitod von *Chantal Sébire*. Die „*loi sur la fin de vie*" konnte zwar die Rechtslage dahingehend klären, dass sie keinen Anspruch auf einen ärztlich begleiteten Suizid geltend machen konnte. Es konnte aber ihren Freitod sowie die anschließenden Diskussionen über das Pro und Contra der gesetzlich erlaubten oder verbotenen Sterbehilfe nicht verhindern. Diese Fragen werden sicherlich aufgrund des medizinisch-technischen Fortschrittes auch zukünftig niemals leicht zu beantworten sein. Dies gilt nicht nur für die hier vorgestellten Länder, sondern weltweit. Ein Interview-Gespräch der Zeitschrift „*Der Spiegel*" mit dem Philosophen *Wilhelm Schmid* über die Sterbehilfe hat mich während der Schlussphase meiner Arbeit besonders berührt. Anstatt an dieser Stelle Thesen und Ergebnisse zu wiederholen bzw. zu vertiefen, möchte ich meine Arbeit mit einem Zitat von *Wilhelm Schmid* beenden: „Nur was irgendwann aufhört, ist auch schön und kostbar[668]".

668 *Schmid*, in: „Der Spiegel", Heft 52/2008, S. 134 (138), siehe unter: http://wissen.spiegel.de/wissen/dokument/81/31/dokument.html?titel=%22Der+Tod+macht+das+Leben+klarer%22&id=62781318&top=SPIEGEL&suchbegriff=wilhelm+schmid&quellen=&qcrubrik=gesellschaft.

Literaturverzeichnis

Achenbach, Hans, Beteiligung am Suizid und Sterbehilfe - Strukturen eines unübersichtlichen Problemfeldes, in: Jura 2002, S. 542-548.

Alberts, Hermann, Sterbehilfe, Vormundschaftsgericht und Verfassung, in: NJW 1999, S. 835-836.

Alt-Maes, Françoise, La loi sur la fin de vie devant le droit pénal, in: Juris Classeur Périodique 2006, N° 10-11, S. 483-489.

Alt-Maes, Francoise, Le respect de la dignité au centre des pratiques et de la loi sur la fin de vie, in: Gazette du Palais 2006, S. 1658-1664.

Antonowicz, Gilles, Fin de vie, Paris 2007.

Antonowicz, Gilles, Euthanasie, l'alternative judiciaire, Paris, Budapest, Turin 2004.

Archer, Frédéric, Le consentement en droit pénal de la vie humaine, Paris, Budapest, Turin 2003.

Arzt, Gunther/Weber, Ulrich, Strafrecht, Besonderer Teil, Bielefeld 2000.

Aumonier, Nicolas/Beignier, Bernard/Letellier, Philippe, L'euthanasie, 3. Auflage, Paris 2006.

Aurenche, Sophie, L'euthanasie, la fin du tabou?, Paris 1999.

Bamberger, Heinz-Georg/Roth, Herbert, Kommentar zum BGB, Band 1, 2. Auflage, München 2007; Band 2/3, 2. Auflage, München 2008.

Baumann, Jürgen/Weber, Ulrich/Mitsch, Wolfgang, Strafrecht, Allgemeiner Teil, 11. Auflage, Bielefeld 2003.

Beaupré de, Aline Cheynet, La loi sur la fin de vie, in: Recueil Dalloz 2005, S. 164-165.

Bellivier, Florence/Noiville, Christine, Nouvelles frontières de la santé, Paris 2006.

Bernsmann, Klaus, Der Umgang mit irreversibel bewusstlosen Personen und das Strafrecht, in: ZRP 1996, S. 87-92.

Berthiau, Denis, La fin de vie, Paris 2007.

Bienwald, Werner/Sonnenfeld, Susanne/Hoffmann, Birgit, Kommentar zum Betreuungsrecht, 4. Auflage, Bielefeld 2005.

Bouloc, Bernard, Droit pénal général, 19. Auflage, Paris 2005.

Brosey, Dagmar, Der Wille des Patienten entscheidet, in: BtPrax 2009, S. 175-177.

Brun, Philippe, Responsabilité civile extracontractuelle, Paris 2005.

Capitant, Henri/Terré, François/Lequette, Yves, Les grands arrêts de la jurisprudence civile, 11. Auflage, Paris 2000.

Chauvaux, Didier, Transfusion contre la volonté du patient, in: Revue française de droit administratif 2002, S. 146-156.

Chong, Hyon-Mi, Sterbehilfe und Strafrecht, Dissertation, Freiburg 1998.

Coehlo, José, Droits des malades et fin de vie: Une passerelle législative vers l'euthanasie indirecte à la morphine, in: Gazette du Palais 2005, S. 760-767.

Coeppicus, Rolf, Behandlungsabbruch, mutmaßlicher Wille und Betreuungsrecht, in: NJW 1998, S. 3381-3387.

Conte, Philippe, Droit pénal spécial, 3. Auflage, Paris 2007.

Conte, Philippe/du Chambon, Patrick, Droit pénal général, 6. Auflage, Paris 2002.

Damrau, Jürgen/Zimmermann, Walter, Betreuung und Vormundschaft, 2. Auflage, Stuttgart, Köln, Berlin 1995.

Delebecque, Philippe/Pansier, Fréderic-Jérôme, Droit des obligations, 2. Auflage, Paris 2003.

Desportes, Frédéric/le Gunehec, Francis, Droit pénal général, 12. Auflage, Paris 2005.

Deutsch, Erwin, Medizinrecht, 4. Auflage, Berlin, Heidelberg, New York 1999.

Deutsch, Erwin, Das Persönlichkeitsrecht des Patienten, in: AcP 192 (1992), S. 161-180.

Dölling, Dieter, Zulässigkeit und Grenzen der Sterbehilfe, in: MedR 1987, S. 6-12.

Dorsner-Dolivet, Annick, La responsabilité du médecin, Paris 2006.

Doublet, Yves-Marie, La loi du 22 avril 2005 relative aux droits des malades et à la fin de vie, in: Petites Affiches 2005, N° 124, S. 6-11.

Dubouis, Louis, Doit-on sanctionner le médecin qui respecte le refus du malade de consentir à un traitement? Note sous Conseil d'Ètat, 29 juillet 1994, in: Revue de droit sanitaire et social 1995, S. 57-61.

Dunet-Larousse, Emmanuel, L'euthanasie: Signification et qualification au regard du droit pénal, in: Revue de droit sanitaire et social 1998, S. 265-283.

Engisch, Karl, Konflikte, Aporien und Paradoxien bei der rechtlichen Bewertung der ärztlichen Sterbehilfe, in: Festschrift für Eduard Dreher, herausgegeben von Hans-Heinrich Jescheck u. a., Berlin, New York 1977, S. 309-330.

Engisch, Karl, Suizid und Euthanasie nach deutschem Recht, in: Suizid und Euthanasie als human- und sozialwissenschaftliches Problem, herausgegeben von Albin Eser, Stuttgart 1976, S. 312-322.

Engisch, Karl, Tun und Unterlassen, in: Festschrift für Wilhelm Gallas, herausgegeben von Karl Lackner u.a., Berlin 1973, S. 163-196.

Erman, Walter, Handkommentar zum BGB in zwei Bänden, 12. Auflage, Köln 2008.

Fenaux, Henri, Anmerkungen zum Urteil vom 26. April 1988 des Cour de Cassation, in: D. 1990, S. 479-484.

Flour, Jacques/ Aubert, Jean-Luc/ Savaux, Éric, Les obligations, 2. Le fait juridique, 11. Auflage, Paris 2005.

Fischer, Thomas, Kommentar zum StGB und Nebengesetzen, 55. Auflage, München 2008.

Gallas, Wilhelm, Zum gegenwärtigen Stand der Lehre vom Verbrechen, in: ZStW 67 (1955), S. 1-47.

Gattegno, Patrice, Droit pénal spécial, 6. Auflage, Paris 2005.

Geilen, Gerd, Euthanasie und Selbstbestimmung Nr. 446, in: Recht und Staat, Band 441-446, 1975.

Giesen, Dieter, Ethische und rechtliche Probleme am Ende des Lebens, in: JZ 1990, S. 929-943.

Göbel, Alfred A., Die Einwilligung im Strafrecht als Ausprägung des Selbstbestimmungsrechts, Frankfurt am Main 1992.

Gössel, Karl-Heinz/Dölling, Dieter, Strafrecht, Besonderer Teil 1, 2. Auflage, Heidelberg 2004.

Gronemeyer, Reimer, Sterben in Deutschland, Frankfurt am Main 2007.

Gropp, Walter, Strafrecht, Allgemeiner Teil, 3. Auflage, Berlin, Heidelberg, New York 2005.

Guillon, Claude/Bonniec le, Yves, Suicide mode d'emploi histoire, technique, actualité, Paris 1982.

Haft, Fritjof, Strafrecht, Allgemeiner Teil, 9. Auflage, München 2004.

Hahne, Meo-Micaela, Die Rechtsprechung des XII. Zivilsenats des Bundesgerichtshofs zur Frage der Patientenautonomie am Ende des Lebens, in: DRiZ 2005, S. 244-247.

Heide, Jochen, Medizinische Zwangsbehandlungen, Dissertation Köln, Berlin 2001.

Herzberg, Rolf Dietrich, Straffreie Beteiligung am Suizid und gerechtfertigte Tötung auf Verlangen, in: JZ 1988, S. 182-189.

Herzberg, Rolf Dietrich, Der Fall Hackethal: Strafbare Tötung auf Verlangen? in: NJW 1986, S. 1635-1644.

Herzberg, Rolf Dietrich, Grundfälle zur Lehre von Täterschaft und Teilnahme, in: JuS 1975, S. 171-175.

Heyers, Johannes, Passive Sterbehilfe bei entscheidungsunfähigen Patienten und das Betreuungsrecht, Dissertation Göttingen, Berlin 2001.

Hirsch, Hans Joachim, Behandlungsabbruch und Sterbehilfe, in: Festschrift für Karl Lackner, herausgegeben von Wilfried Küper, Berlin, New York 1987, S. 597-620.

Hirsch, Hans Joachim, Einwilligung und Selbstbestimmung, in: Festschrift für Hans Welzel, herausgegeben von Günther Stratenwerth u.a., Berlin 1974, S. 775-800.

Hocquet-Berg, Sophie, Le texte sur la fin de vie: une loi pour les malades ou ... pour les médecins?, in: Responsabilité civile et assurances 2005, S. 47-48.

Höfling, Wolfram, Das neue Patientenverfügungsgesetz, in: NJW 2009, S. 2848-2852.

Höfling, Wolfram, Forum: Sterbehilfe zwischen Selbstbestimmung und Integritätsschutz, in: JuS 2000, S. 111-118.

Hollenbach, Axel, Grundrechtschutz im Arzt-Patienten-Verhältnis, Dissertation Konstanz, Berlin 2003.

Holzhauer, Heinz, Patientenautonomie, Patientenverfügung und Sterbehilfe, in: FamRZ 2006, S. 518-528.

Hufen, Friedhelm, Verfassungsrechtliche Grenzen des Richterrechts, in: ZRP 2003, S. 248-252.

Hübner, Ulrich/Constantinesco, Vlad, Einführung in das französische Recht, 4. Auflage, München 2001.

Ingelfinger, Ralph, Grundlagen und Grenzbereiche des Tötungsverbotes, Köln, Berlin, München 2004.

Jauernig, Othmar, Kommentar zum BGB, 13. Auflage, München 2009.

Jescheck, Hans-Heinrich/Weigend, Thomas, Lehrbuch des Strafrechts, Allgemeiner Teil, 5. Auflage, Berlin 1996.

Joecks, Wolfgang, Studienkommentar zum StGB, 8. Auflage, München 2009.

Jourdain, Patrice, Les principes de la responsabilité civile, 6. Auflage, Paris 2003.

Kantianis, Anastassios, Palliativmedizin als Sterbebegleitung nach deutschem und griechischem Recht, Dissertation Göttingen, Frankfurt am Main 2005.

Keilbach, Heinz, Vorsorgeregelung zur Wahrung der Selbstbestimmung bei Krankheit, im Alter und am Lebensende, in: FamRZ 2003, S. 969-982.

Kielwein, Gerhard, Unterlassung und Teilnahme, in: GA 10 (1955), S. 225-232.

Krey, Volker/Heinrich, Manfred, Strafrecht, Besonderer Teil, Band 1, 14. Auflage, Stuttgart 2008.

Kühl, Kristian, Strafrecht, Allgemeiner Teil, 6. Auflage, München 2008.
Kutzer, Klaus, Der Vormundschaftsrichter als „Schicksalsbeamter"?, in: ZRP 2003, S. 213-216.

Lackner, Karl/Kühl, Kristian, Kommentar zum StGB, 26. Auflage, München 2007.
Laufs, Adolf/Uhlenbruck, Wilhelm, Handbuch des Arztrechts, 4. Auflage, München 2010.
Laufs, Adolf, Arztrecht, 5. Auflage, München 1993.
Landau, Herbert, Heiligkeit des Lebens und Selbstbestimmung im Sterben, in: ZRP 2005, S. 50-54.
Larguier, Jean/Conte, Philippe/Larguier, Anne-Marie, Droit pénal spécial, 13. Auflage, Paris 2005.
Larguier, Jean, Droit pénal général, 19. Auflage, Paris 2003.
Larroumet, Christian, Droit civil, Tome III, 2e partie, 6. Auflage, Paris 2007.
Laude, Anne/Mathieu, Bertrand/Tabuteau, Didier, Droit de la santé, Paris 2007.
Legros, Bérengère, L'euthanasie et le droit, 2. Auflage, Bordeaux 2006.
Legros, Bérengère, Note zu Cour de Cassation vom 19. Februar 1997, in: Recueil Dalloz 1998, S. 237-236 (Jurisprudence).
Leonetti, Jean, Vivre ou laisser mourir, Paris 2005.
Leroyer, Anne-Marie/Rochfeld, Judith, Législation française, in: Revue trimistrielle de droit civil 2005, S. 645-652.
Levasseur, George, Abstention de porter secours, in: Revue science criminelle et droit pénal comparé 1987, S. 203-204.
Levasseur, George/Chavanne, Albert/Montreuil, Jean/Bouloc, Bernard, Droit pénal général et procédure pénale, 13. Auflage, Paris 1999.
Lilie, Hans, Hilfe zum Sterben, in: Festschrift für Erich Steffen, herausgegeben von Erwin Deutsch/u.a., Berlin, New York 1995, S. 273-288.
Lipp, Volker, „Sterbehilfe" und Patientenverfügung, in: FamRZ 2004, S. 317-324.
Liszt, Franz v., Lehrbuch des deutschen Strafrechts, 26. Auflage, Berlin 1932.
LK-Jähnke, Burkhard, Großkommentar zum StGB in neun Bänden, 11. Auflage, Berlin 2003/2005/2006.

Malabat, Valérie, Droit pénal spécial, Paris 2003.
Malaurie, Philippe/Laurent, Aynès/Stoffel-Munck, Philippe, Les obligations, 3. Auflage, Paris 2007.
Mascala, Corinne, Faits justificatifs, in: Juris Classeur Périqodique 2003 I, S. 8 ff.

Maurach, Reinhart/Schroeder, Friedrich-Christian/Maiwald, Manfred, Strafrecht, Besonderer Teil (Teilband 1), 10. Auflage, Heidelberg 2009.

Mayer, Karl-Georg, Medizinische Maßnahmen an Betreuten, Würzburg 1996.

Mazeaud, Denis/Pierre, Philippe/Mestre, Jacques, Droit de la responsabilité, Reuil-Malmaison 2006.

Menzel, Hartmut, Kriterien für einen Behandlungsabbau, in: Suizid und Euthanasie als human- und sozialwissenschaftliches Problem, herausgegeben von Albin Eser, Stuttgart 1976, S. 143-150.

Merkel, Reinhard, Behandlungsabbruch und mutmaßliche Einwilligung, in: ZStW 107 (1995), S. 545-557.

Merkel, Reinhard, Teilnahme am Suizid - Tötung auf Verlangen - Euthanasie, in: Reinhard Merkel/Rainer Hegelsmann, Zur Debatte über Euthanasie, Frankfurt am Main 1991, S. 71-127.

Michael, Nadja, Forschung an Minderjährigen, Dissertation Heidelberg-Mannheim, Berlin 2005.

Mitsch, Wolfgang, Grundfälle zu den Tötungsdelikten, in: JuS 1995, S. 787-791.

Moreau, Jacques/Truchet, Didier, Droit de la santé, 6. Auflage, Paris 2004.

Münchener Kommentar-Rebmann, Kurt/Säcker, Franz-Jürgen/Rixecker, Roland, Münchener Kommentar zum BGB in elf Bänden, 5. Auflage, München 2007.

Münchener-Kommentar-Joecks, Wolfgang/Miebach, Klaus, Münchener Kommentar zum StGB in fünf Bänden, München 2003

Nickel, Lars Christoph, Genehmigung eines Behandlungsabbruchs durch das Vormundschaftsgericht, in: MedR 1998, S. 519-522.

Nitschmann, Kathrin, Das Arzt-Patient-Verhältnis im „modernen" Gesundheitssystem, Dissertation Saarbrücken, Baden-Baden 2007.

Nomos-Kommentar-Kindhäuser,Urs /Neumann, Ulfried /Paeffgen, Hans-Ulrich, Nomos-Kommentar zum StGB in zwei Bänden, 2. Auflage, Baden-Baden 2005.

Nomos-Kommentar-Jurgeleit, Andreas, Nomos-Kommentar zum Betreuungsrecht, Baden-Baden 2006.

Ohly, Ansgar, „Volenti non fit iniuria" Die Einwilligung im Privatrecht, Tübingen 2002.

Oorschot v., Birgitt / Lipp,Volker / Tietze, Andrea / Nickel, Nicole / Simon, Alfred, Einstellungen zur Sterbehilfe und zu Patientenverfügungen, in: Medizinische Wochenzeitschrift 2005, S. 261-265.

Otto, Harro, Patientenautonomie und Strafrecht bei der Sterbebegleitung, in: NJW 2006, S. 2217-2222.

Otto, Harro, Grundkurs Strafrecht, Die einzelnen Delikte, 7. Auflage, München 2005.

Otto, Harro, Grundkurs Strafrecht, Allgemeine Strafrechtslehre, 7. Auflage, Berlin 2004.

Otto, Harro, Die strafrechtliche Problematik der Sterbehilfe, in: Jura 1999, S. 434-441.

Palandt, Otto, Kommentar zum BGB, 67. Auflage, München 2008.

Palandt, Otto, Kommentar zum BGB, 69. Auflage, München 2010.

Paulin, Christoph, Droit pénal général, 5. Auflage, Paris 2007.

Peillot, Line/Urbansky, Pascale, Droit pénal général, Paris 2002.

Penneau, Jean, La responsabilité du médecin, 3. Auflage, Paris 2004.

Posselt-Wenzel, Helly, Medizinische Eingriffe bei geistig behinderten Menschen, Dissertation Passau, Frankfurt am Main u. a. 2004.

Prütting, Hanns/Wegen, Gerhard/Weinreich, Gerd, Kommentar zum BGB, 3. Auflage, Köln 2008.

Pschyrembel, Willibald, Klinisches Wörterbruch, 261. Auflage, Berlin, New York 2007.

Quass, Michael/Zuck, Rüdiger, Medizinrecht, München 2005.

Rassat, Michèle-Laure, Droit pénal spécial, 5. Auflage, Paris 2006.

Reipschläger, Christiane, Die Einwilligung Minderjähriger in ärztliche Heileingriffe und die elterliche Personensorge, Dissertation Hamburg, Frankfurt am Main, u.a. 2004.

Renault-Brahinsky, Corinne, Droit des obligations, 4. Auflage, Paris 2006.

Rengier, Rudolf, Strafrecht, Besonderer Teil, 10. Auflage, München 2009.

Rieger, Gregor, Die mutmaßliche Einwilligung in den Behandlungsabbruch, Dissertation München, Frankfurt am Main 1998.

Robert, Jacques-Henri/Tzitzis, Stamatios, Euthanasie et responsabilité médicale, Paris 2006.

Roßner, Hans-Jürgen, Verzicht des Patienten auf eine Aufklärung durch den Arzt, in: NJW 1990, S. 2291-2296.

Roxin, Claus, Täterschaft und Teilnahme, 8. Auflage, Berlin 2006.

Roxin, Claus, Strafrecht, Allgemeiner Teil I, 4. Auflage, München 2006.

Roxin, Claus, Strafrecht, Allgemeiner Teil II, München 2003.

Roxin, Claus, Zur strafrechtlichen Behandlung der Sterbehilfe, in: Medizinstrafrecht, herausgegeben von Claus Roxin/Ulrich Schroth, S. 92-119, 2. Auflage, Stuttgart u.a. 2001.

Roxin, Claus, Die Sterbehilfe im Spannungsfeld von Suizidteilnahme, in: NStZ 1987, S. 345-350.

Rudolphi, Hans-Joachim, „Examensklausur im Strafrecht“, in: Jura 1979, S. 39-48.

Sahm, Stephan, Sterbebegleitung und Patientenverfügung, Frankfurt am Main 2006.

Salvage, Philippe, Droit pénal général, 6. Auflage, Grenoble 2006.

Samson, Erich, Begehung und Unterlassung, in: Festschrift für Hans Welzel, herausgegeben von Günter, Stratenwerth u.a., Berlin, New York 1974, S. 587-603.

Sax, Walter, Zur rechtlichen Problematik der Sterbehilfe durch vorzeitigen Abbruch einer Intensivbehandlung, in: JZ 1975, S. 137-151.

Schmidt-Bleibtreu, Bruno/Hofmann, Hans/Hopfauf, Axel, GG-Kommentar zum Grundgesetz, 11. Auflage, Köln 2008.

Schneider, Christian, Tun und Unterlassen beim Abbruch lebenserhaltender Maßnahmen, Dissertation Erlangen-Nürnberg, Berlin 1997.

Schöllhammer, Lutz, Die Rechtsverbindlichkeit des Patiententestamentes, Dissertation Mainz, Berlin 1993.

Schönke, Adolf/Schröder, Horst, Strafgesetzbuch Kommentar, 27. Auflage, München 2006.

Schünemann, Bernd, Grund und Grenzen der unechten Unterlassungsdelikte, Göttingen 1971.

Schwab, Hans-Jörg, Täterschaft und Teilnahme bei Unterlassungen, Dissertation München, Frankfurt am Main 1995.

Seitz, Walter, Das OLG Frankfurt am Main und die Sterbehilfe, in: ZRP 1998, S. 417-421.

Simon, Alfred /Lipp, Volker /Titze, Andrea /Nickel, Nicole /Oorschot v., Birgitt, Einstellungen deutscher Vormundschaftsrichterinnen und -richter zu medizinischen Entscheidungen und Maßnahmen am Lebensende: erste Ergebnisse einer bundesweiten Befragung, in: MedR 2004, S. 303-307.

Spickhoff, Andreas, Anmerkung zu BGH 17. 3. 2003, in: JZ 2003, S. 739-741.

Stratenwerth, Günther /Kuhlen, Lothar, Strafrecht, Allgemeiner Teil I, 5. Auflage, München 2004.

SK-Kommentar-Rudolphi, Hans-Joachim/Horn, Eckhard/Günther, Hans-Ludwig/Samson, Erich, Systematischer Kommentar zum StGB in 5 Bänden, München 2009.

Struensee, Eberhard, Handeln und Unterlassen, Begehungs- und Unterlassungsdelikte, in: Festschrift für Walter Stree und Johannes Wessels, herausgegeben von Wilfried Küper u.a., Heidelberg 1993, S. 133-159.

Szelies, Elmar, Zivilrechtliche Neuregelungen der passiven Sterbehilfe und Sterbebegleitung, in: ZRP 2001, S. 388.

Taupitz, Jochen, Empfehlen sich zivilrechtliche Regelungen zur Absicherung der Patientenautonomie am Ende des Lebens? in: Gutachten A zum 63. Deutschen Juristentag in Leipzig 2000, München 2000.

Thias, Axel, Möglichkeiten und Grenzen eines selbstbestimmten Sterbens durch Einschränkung und Abbruch medizinischer Behandlung, Dissertation Göttingen, Frankfurt am Main 2004.

Tröndle, Herbert, Strafrechtlicher Lebensschutz und Selbstbestimmungsrecht durch Patienten, in: Festschrift für Hans Göppinger, herausgegeben von Hans-Jürgen Kerner u.a. Berlin 1990, S. 595-610.

Ulsenheimer, Klaus, Arztstrafrecht in der Praxis, 4. Auflage, Heidelberg 2008.

Véron, Michel, Droit pénal spécial, 11. Auflage, Paris 2006.

Vialla, François, Droits des malades en fin de vie, in: Recueil Dalloz 2005, S. 1797-1799.

Vollmert, Daniel, Richter über Leben und Tod?, Dissertation Köln, Hamburg 2005.

Von Coelln, Sybille, Das „rechtliche Einstehenmüssen" beim unechten Unterlassungsdelikt", Dissertation Passau, Berlin 2008.

Welsch, Sylvie, Responsabilité du médecin, 2. Auflage, Paris 2003.

Welzel, Hans, Das deutsche Strafrecht, Berlin 1969.

Wessels, Johannes/Beulke, Werner, Strafrecht, Allgemeiner Teil, 39. Auflage, Heidelberg 2009.

Wessels, Johannes/Hettinger, Michael, Strafrecht, Besonderer Teil, 33. Auflage, Heidelberg 2009.